GONGGONGWEISHENG SHIJAN ZHONG DE
XINGFA WENTI YANJIU

彭文华◎主　编
吕小红　崔仕绣◎副主编

公共卫生事件中的
刑法问题研究

中国政法大学出版社

2021·北京

图书在版编目（CIP）数据

公共卫生事件中的刑法问题研究/彭文华主编. —北京：中国政法大学出版社，2021.12
ISBN 978-7-5764-0168-4

Ⅰ.①公… Ⅱ.①彭… Ⅲ.①公共卫生－突发事件－刑法－研究－中国 Ⅳ.①D924.04

中国版本图书馆CIP数据核字(2021)第227411号

出 版 者	中国政法大学出版社
地　　址	北京市海淀区西土城路 25 号
邮寄地址	北京 100088 信箱 8034 分箱　邮编 100088
网　　址	http://www.cuplpress.com（网络实名：中国政法大学出版社）
电　　话	010-58908586(编辑部) 58908334(邮购部)
编辑邮箱	zhengfadch@126.com
承　　印	北京中科印刷有限公司
开　　本	720mm×960mm　　1/16
印　　张	15.75
字　　数	250 千字
版　　次	2021 年 12 月第 1 版
印　　次	2021 年 12 月第 1 次印刷
定　　价	69.00 元

目 录
CONTENTS

精准把握刑事政策与准确适用刑法规则的关系

——以办理涉疫刑事案件为例

黄京平*

截至 2020 年 3 月 4 日，全国检察机关介入、办理抗拒疫情防控措施造成新冠病毒传播类犯罪（含以危险方法危害公共安全罪、过失以危险方法危害公共安全罪、妨害传染病防治罪）共 330 件 406 人，而在最高人民检察院发布的依法办理妨害新冠肺炎疫情防控犯罪典型案例中，此类犯罪案例却都是妨害传染病防治罪案例。其中传达的信息或许有多个方面，但谨慎适用危害公共安全犯罪的罪名，依法准确适用妨害传染病防治罪，是最重要的内容。这样的司法判断，实际上是精准把握政策与准确适用法律协调统一的过程。办理抗拒疫情防控措施造成新冠病毒传播类犯罪，需要正确处理政策把握与法律适用的关系，所有涉疫违法犯罪案件的正确办理，都要以两者关系的最优协调为条件。法治思维是两者关系高度统一的根本所在。

以法治思维正确协调政策把握与法律适用的关系，必须对刑事政策做必要的细化理解，进而才能从关键节点、细微之处把握刑事政策对刑法适用的实际作用。刑事政策分为法外政策与法内政策，也就是影响立法的政策与影响司法的政策。办理涉疫违法犯罪案件所强调的政策，是刑事司法政策。刑事司法政策有两个主要作用路径：一个是制定司法解释（含规范文件）或明确政策指引，这是一种类型化的作用；另一个是政策观念参与刑法适用的过程，这是一种个别化的作用。不同路径发挥作用的刑事政策所形成的影响规模、影响范围有着明显的区别。刑事司法政策的实施主体不同是造成这种差

---

* 中国人民大学法学院教授，博士生导师，法学博士。

别的主要原因。最高司法机关有权制定司法解释，最高人民检察院有权明确全国检察机关必须遵行的具体政策指引，是效力最高的政策实施主体。与之对应的政策实施主体是具体办案的司法官，在某种意义上，依法享有的自由裁量权正是司法官将政策因素融入刑法适用过程的渊源。

刑事司法政策的不同作用路径和不同实施主体决定了政策实施与刑法适用的不同关系，或者政策作用与规则适用相互关系的模式差异。在涉疫违法犯罪案件的办理过程中，司法机关尤其需要注意这一点。以抗拒疫情防控措施造成新冠病毒传播类犯罪的认定为例，最高人民法院、最高人民检察院、公安部、司法部（以下简称"两高两部"）《关于依法惩治妨害新型冠状病毒感染肺炎疫情防控违法犯罪的意见》（本文以下简称《意见》）激活妨害传染病防治罪的司法适用，实际是刑事政策直接作用、充分作用的结果。《意见》为该罪与以危险方法危害公共安全罪的界限、该罪与过失以危险方法危害公共安全罪的关系提供了基本的司法认定标准。适用这样的司法规则办理具体案件，司法官的基本职责就是精准区别罪名、严格入罪标准、妥当确定刑罚，没有依据刑事政策进行从严调控的权力和空间。因为，必要的刑事司法政策已经充分体现在《意见》之中，以及为保证其准确适用而不断细化的政策指引之中。其中，《意见》适用的细化操作规则与具体政策指引很难界分，对司法办案具有相同的约束力，司法官没有额外再做政策衡量、从严调控的权限。最高人民检察院采用多种形式（包括答记者问、典型案例、业务培训等），不断明确抗拒疫情防控措施造成新冠病毒传播类犯罪的认定细则、政策指引，值得充分肯定。换言之，按照政策指引，除极少量确实应当认定为以危险方法危害公共安全罪的案件，具体办案的司法官无权再以适用刑事政策为由，任意启动过失以危险方法危害公共安全罪追究刑事责任，更不能降低妨害传染病防治罪的入罪门槛，只能严格把握该罪的构成条件，控制入罪规模。这就是刑事司法政策类型化作用的重要体现。

刑事司法政策的类型化作用，必然引出的相关话题是，司法官无权降低妨害传染病防治罪的入罪判断标准，但可否在具体案件的判断中酌情体现从宽政策？答案应该是肯定的。简要的理由，大致有以下几点：第一，在疫情防控期间，"决不能为了体现从严从快的打击要求，人为降低犯罪标准、模糊一般违法与刑事犯罪的界限"，这是刑事司法政策的底线。适用一个实际以司法解释激活的罪名，要想严守入罪标准，在司法判断中清晰区分违法行为与犯罪行为的界限，妥当的司法操作方式便是适当从宽把握入罪认定标准。在《意见》和相应细化规则、政策指引尚未明确基本罪量标准的情况下，适度从宽把握入罪标准、严格控制入罪的案件数量是罪刑法定原则的实践路径。第二，妨害传染病防治罪是典型的法定犯。一个平常处于休眠状态的罪名，因为突发公共卫生事件，一夜之间被司法解释实际激活，抗拒疫情防控措施造成新冠病毒传播的行为有了新的罪名规制。对包括司法官、行为人在内的所有社会成员而言，妨害传染病防治罪的司法适用都无异于是一个与新型冠状病毒肺炎一样的"紧急事件"。暂且不论具体案件中违法性认识的判断问题，仅就由刑法规定和司法解释构成的规则体系而言，其预防功能理应优先于惩治功能，一般预防功能理应优先于特殊预防功能。也就是说，适用妨害传染病防治罪的司法活动，重心不在于惩处多少人，而在于教育多数人，规制社会成员的行为，使公众的行为符合疫情防控的规范。以尽可能少的惩处数量，获取最大的威慑、预防、规范效果应该是司法的妥当目标。每一个具体案件的办理都能够达到以案明法、以案释法的辐射效果，比案件本身更有价值。第三，具体的刑事司法政策，不仅作用于刑事案件办理，而且还对办理类型相同、性质有别的违法案件具有指导意义。正是这种完整意义的刑事政策观，才使得我国在禁止降低入罪门槛的同时，允许依法酌情从宽认定行为性质，对可诉可不诉、可判可不判的案件，不以犯罪论处，依法认定为相应的违法行为。这是完整意义的刑事司法政策的从宽一面。对在疫情防控初期防控措施尚不完善，或者正常社会认知尚未形成，或者受恐慌、惧怕心理支配，或者对防控措施理解偏差等情形下所实施的行为，更应作从宽认定的判断。第四，"拒绝执行卫生防疫机构依照传染病防治法提出的防控措施"构成犯罪的行为，本身就以发生于"疫情防控期间"为基本构成要件。所以，对此类行为定罪处刑，不能将行为发生于"疫情防控期间"作为从重的因素。

对涉疫情防控犯罪，能否一律依法从严惩处，是办理涉疫违法犯罪案件必须直面的问题。贯穿其中的主线是特定犯罪的一般社会危害性与疫情防控时期的特殊危害性的相互关系，以及这两类危害性在司法判断过程中的作用形式。对此，我们可以从以下几方面把握：第一，现实的司法判断依据，通常包括立法规定和司法解释。司法解释明确规定的入罪标准和升档量刑标准，对司法判断结果具有实际的约束力。影响或制约司法解释制定的刑事司法政策大致可被分为平义政策（政策倾向性不明显）、从严政策和从宽政策。适用受平义政策影响的司法解释，司法官具有从严调节适用或从宽调节适用的政策空间，当这种适时调节的倾向已由政策指引明确时，应遵从政策指引。绝大多数司法解释的制定都是以平义政策为基础的。对于受从严政策或从宽政策影响的司法解释，司法官几乎没有进行政策调控的空间。所以，受适用平义政策影响的司法解释，可以将疫情防控时期的特殊危害性作为依法从严惩治的理由。例如，在疫情防控时期，暴力伤医、制假售假、哄抬物价、借机诈骗等犯罪行为具有明显的特殊危害性，对这些犯罪依法从严惩处，在刑事司法政策上理由充分，不容置疑。第二，以政策指引为形式的类型化作用，以及刑事司法政策的个别化作用，都不能任意降低司法解释确定的入罪标准、升档量刑标准，只能在构成犯罪、达到相应量刑幅度的基础上酌情从重处罚。换言之，依法从严惩治涉疫情防控犯罪的总体政策精神要求任何受政策衡量因素影响的定罪量刑活动，均应以司法解释规定的入罪标准、升档量刑标准为边界。第三，并不是所有发生在疫情防控期间的犯罪都具有比一般社会危害性更严重的特殊社会危害性。例如，交通肇事案件、醉驾案件等。只有严重破坏与疫情防控息息相关的正常医疗秩序、防疫秩序、市场秩序和社会秩序的犯罪（如暴力伤医、制假售假、哄抬物价、借机诈骗等），才具有特殊社会危害性。这些犯罪是应当从严惩治的对象。第四，需要特别注意的是，在疫情防控期间的不同阶段，精准把握司法政策的施策方向、施策力度、施策范围，与准确适用刑法的实质精神相一致。区别对待、适时调整是刑事司法政策的灵魂。最高人民检察院的具体政策指引强调，办理涉物价犯罪案件，对刑事政策的把握应当与疫情防控进展、复工复产所需要的市场环境动态协调；疫情防控初期和攻坚阶段的政策重心与疫情防控形势趋缓向好阶段的政策倾向应当有所区别。对涉疫案件适用刑事政策做这样的基本安排无疑是正确的。刑事司法政策的调控方向与刑法适用的基本目的高度融合是以法治思维办理涉疫案件追求的结果。

（原文载于《检察日报》2020 年 4 月 21 日）

我国传染性疾病刑法治理体系的检视与完善

梅传强[*]

一、问题的提出：疫情"大考"亟待刑法回应

新型冠状病毒肺炎（COVID-19，本文以下简称"新冠肺炎"）作为典型的重大传染性疾病，一经爆发便迅速演变成新中国成立以来，在我国发生的传播速度最快、感染范围最广、防控难度最大的一次重大突发公共卫生事件，同时，也一跃成为我国在推进国家治理体系和治理能力现代化进程中的一次重大危机和空前大考。虽然在党中央的坚强领导和全国上下的共同努力下，此次疫情得到了有效防控，举国一盘棋的制度优势也得到了集中凸显，但在充分肯定这种制度优势和治理效能的同时，我们也要正视疫情防控过程中暴露出的问题和不足。在继续加大技术性防控力度、提升科学防控能力的同时，更要注重制度供给侧的结构性改革，不断加强制度性防控的规范供给，尤其是法律制度层面的规范供给，为传染性疾病治理体系和治理能力现代化提供制度支撑和规范保障。

法治是治国理政的基本方式，在现代国家治理中居于主导地位。2020年2月5日，习近平总书记在中央全面依法治国委员会第三次会议上的讲话中强调："疫情防控越是到最吃劲的时候，越要坚持依法防控，在法治轨道上统筹推进各项防控工作"，"从立法、执法、司法、守法各环节发力，全面提高依法防控、依法治理能力，为疫情防控工作提供有力法治保障"。[1]这一重要讲话深刻阐述了法治在传染性疾病疫情防控中的重要作用，也充分说明了运用

---

* 西南政法大学法学院教授，博士生导师，法学博士，重庆市高校哲学社会科学协同创新团队"国家毒品问题治理研究创新团队"负责人。本文系西南政法大学强化公共卫生法治保障专项研究成果。
〔1〕"学习强国"学习平台，访问日期：2020年2月6日。

法治思维和法治方式开展传染性疾病疫情防控工作的重要性，为我国传染性疾病疫情防控工作提供了根本遵循。

实现传染性疾病依法防控的基础和前提是要有完备的法律规范体系。刑法作为社会治理的重要手段，是国家传染性疾病治理体系的重要组成部分，在传染性疾病治理实践中发挥着不可替代的作用。然而，透过此次疫情"大考"我们可以发现，在预防公共卫生风险、治理传染性疾病方面，我国《刑法》存在明显漏洞，在规制部分涉疫情犯罪行为时，还存在力有不逮和适用冲突的问题。刑法规范供给与疫情防控需求之间出现了明显错位，极有必要从科学立法的视角加以积极回应。本文拟在系统梳理传染性疾病刑法治理规范体系的基础上，透过新冠肺炎疫情防控实践，检视传染性疾病刑法治理规范体系的不足和缺陷，并尝试提出相应的立法建议，以期为我国传染性疾病刑法治理体系的完善提供学理参考。

二、传染性疾病刑法治理体系的规范图景

从我国《刑法》[1]规定的罪名体系来看，涉及传染性疾病治理的罪名可以被分为两类：一类是直接以传染性疾病防治为内容的罪名，如"妨害传染病防治罪""传染病防治失职罪"，这些罪名直接面向的是传染性疾病的防治，规制的也是传染性疾病防治中出现的相关行为；另一类则是传染性疾病防治实践中适用频率较高的普通罪名，如"非法经营罪""诈骗罪""妨害公务罪""生产、销售伪劣产品罪"等，这些罪名主要对传染性疾病疫情防控期间制假售假、哄抬物价、诈骗、聚众哄抢等各类违法犯罪行为进行打击，维护疫情防控期间的社会秩序。相比之下，后者的范围要比前者更加宽泛，为了更加集中地研讨，下文主要对直接以传染性疾病防治为内容的相关罪名进行梳理和考察，以窥我国传染性疾病刑法治理规范图景的全貌。

（一）传染性疾病刑法治理的立法演进

从立法演进脉络来看，1979 年《刑法》中直接反映传染病防治的罪名仅有一个，即第 178 条规定的"妨害国境卫生检疫罪"，[2]主要对违反国境卫

---

〔1〕《刑法》，即《中华人民共和国刑法》，为表述方便，本书中涉及的我国法律直接使用简称，省去"中华人民共和国"字样，全书统一，不再赘述。

〔2〕 1979 年《刑法》第 178 条规定："违反国境卫生检疫规定，引起检疫传染病的传播，或者有引起检疫传染病传播严重危险的，处三年以下有期徒刑或者拘役，可以并处或者单处罚金。"

生检疫规定，引起检疫传染病的传播，或者有引起检疫传染病传播严重危险的行为进行打击，防止传染性疾病的跨国输入。1997年，在对《刑法》进行全面修订时，立法者对传染性疾病的治理体系也进行了完善：一方面，在妨害国境卫生检疫罪中增加了单位犯罪的规定，[1]即单位犯本罪的，对单位判处罚金，并对其直接负责的主管人员和其他直接责任人员进行相应的处罚；另一方面，新增了"妨害传染病防治罪""传染病菌种、毒种扩散罪""传染病防治失职罪"，并将"违反国家规定，向土地、水体、大气排放、倾倒或者处置有放射性的废物、含传染病病原体的废物、有毒物质或者其他危险废物，造成重大环境污染事故，致使公私财产遭受重大损失或者人身伤亡的严重后果"的行为纳入了"重大环境污染事故罪"的规制范围。

2001年通过的《刑法修正案（三）》，对传染性疾病治理的罪刑体系进行了进一步完善：一是将投放传染病病原体的行为作为新增的第291条之一"投放虚假危险物质罪"的行为类型之一；二是将"非法制造、买卖、运输、储存传染病病原体，危害公共安全"的行为纳入了"非法制造、买卖、运输、储存危险物质罪"的规制范畴；三是将盗窃、抢夺传染病病原体的行为纳入了"盗窃、抢夺危险物质罪"的规制范畴；四是将抢劫传染病病原体的行为纳入了"抢劫危险物质罪"的规制范畴；五是将"投放虚假的传染病病原体""编造传染病威胁的恐怖信息""明知是编造的传染病威胁的恐怖信息而故意传播"的行为分别纳入了"投放虚假危险物质罪"和"编造、故意传播虚假恐怖信息罪"的规制范畴。2011年《刑法修正案（八）》对"重大环境污染事故罪"进行了修改，根据修改后的内容，违反国家规定，排放、倾倒或者处置含传染病病原体的废物，严重污染环境的，处3年以下有期徒刑或者拘役，并处或者单处罚金；后果特别严重的，处3年以上7年以下有期徒刑，并处罚金。

从以上立法演进轨迹我们可以清晰地看出，从1979年《刑法》的出台到1997年《刑法》的全面修订，再到《刑法修正案（三）》和《刑法修正案

---

[1] 1997年《刑法》第332条规定："违反国境卫生检疫规定，引起检疫传染病传播或者有传播严重危险的，处三年以下有期徒刑或者拘役，并处或者单处罚金。单位犯前款罪的，对单位判处罚金，并对其直接负责的主管人员和其他直接责任人员，依照前款的规定处罚。"

（八）》的部分修正，我国的传染性疾病刑法治理体系整体上经历了从无到有、从零碎到相对系统的过程，尤其是 1997 年《刑法》的全面修订和《刑法修正案（三）》的及时补充，使我国传染性疾病刑法治理体系得到了进一步的完善。从传染性疾病防控实践来看，无论是 2003 年"非典"疫情的防控，还是此次新冠肺炎疫情的治理，这些规范在打击涉疫犯罪方面都发挥了非常重要的作用，有力维护了疫情防控期间的防控秩序，为最终战胜疫情提供了坚实的刑法保障。

（二）传染性疾病刑法治理的罪名体系

梳理我国现行《刑法》规范可知，直接体现传染性疾病防治的相关罪名主要分布在《刑法》分则第二章（危害公共安全罪）、第六章（妨害社会管理秩序罪）和第九章（渎职罪）中，共涉及 10 个条文 11 个罪名。具体见下表：

序号	章节	条文	罪名	行为
1	第二章 危害公共 安全罪	第 114 条、 第 115 条	投放危险物质罪	投放传染病病原体
2		第 125 条第 2 款	非法制造、买卖、运输、储存危险物质罪	非法制造、买卖、运输、储存传染病病原体
3		第 127 条第 1 款	盗窃、抢夺危险物质罪	盗窃、抢夺传染病病原体
4		第 127 条第 2 款	抢劫危险物质罪	抢劫传染病病原体
5	第六章 妨害社会 管理秩序罪 第一节 扰乱公共 秩序罪	第 291 条之一	投放虚假危险物质罪	投放虚假的传染病病原体
			编造、故意传播虚假恐怖信息罪	编造传染病威胁的恐怖信息，或者明知是编造的传染病威胁的恐怖信息而故意传播

序号	章节	条文	罪名	行为
6	第六章 妨害社会 管理秩序罪 第三节 危害公共 卫生罪	第330条	妨害传染病防治罪	1. 供水单位供应的饮用水不符合国家规定的卫生标准的； 2. 拒绝按照疾病预防控制机构提出的卫生要求，对传染病病原体污染的污水、污物、场所和物品进行消毒处理的； 3. 准许或者纵容传染病病人、病原携带者和疑似传染病病人从事国务院卫生行政部门规定禁止从事的易使该传染病扩散的工作的； 4. 出售、运输疫区中被传染病病原体污染或者可能被传染病病原体污染的物品，未进行消毒处理的； 5. 拒绝执行县级以上人民政府、疾病预防控制机构依照传染病防治法提出的预防、控制措施的
7		第331条	传染病菌种、毒种扩散罪	从事实验、保藏、携带、运输传染病菌种、毒种的人员，违反国务院卫生行政部门的有关规定，造成传染病菌种、毒种扩散
8		第332条	妨害国境卫生检疫罪	违反国境卫生检疫规定，引起检疫传染病传播或者有传播严重危险
9	第六章 妨害社会 管理秩序罪 第六节 破坏环境 资源保护罪	第338条	污染环境罪	违反国家规定，排放、倾倒或者处置含传染病病原体的废物，严重污染环境的
10	第九章 渎职罪	第409条	传染病防治失职罪	从事传染病防治的政府卫生行政部门的工作人员严重不负责任，导致传染病传播或者流行的

从上表的统计来看，在我国《刑法》中，直接以传染性疾病防治为内容

的罪名分布较为集中，规制的行为范围也相对比较广泛。同时，从规制的具体内容和罪名设置来看，主要表现出了以下三个方面的特征：

第一，注重源头防控，对涉及传染病病原体的相关犯罪行为进行重点规制。众所周知，传染病病原体是诱发传染病的直接原因，传染病病原体一旦泄露，极易引发传染性疾病的传播和扩散，进而容易引发严重的公共卫生安全事件。因此，对防治传染性疾病来说，控制传染病病原体是非常重要的。从立法上看，我国《刑法》也充分认识到了这一点，将传染病病原体与毒害性、放射性物质相等同，列入危险物质的范畴，并集中规定在"危害公共安全罪"一章，主要对投放、非法制造、非法买卖、非法运输、非法储存、盗窃、抢夺、抢劫传染病病原体的行为进行严厉打击。

第二，注重过程防控，对妨害传染性疾病疫情防控的行为进行重点规制。传染性疾病疫情的防控，既要注重源头防控，也要注重过程防控。传染性疾病疫情一旦爆发，过程防控就会显得非常重要，过程防控的好坏直接决定了疫情能否被有效控制。因此，对传染性疾病疫情防控期间的妨害防治行为进行打击、维护疫情防控秩序是刑法的必然之责。从我国《刑法》的规定来看，立法者也非常注重过程防控，重点打击的行为包括五类：一是供水单位供应的饮用水不符合国家规定的卫生标准的；二是拒绝按照疾病预防控制机构提出的卫生要求，对传染病病原体污染的污水、污物、场所和物品进行消毒处理的；三是准许或者纵容传染病病人、病原携带者和疑似传染病病人从事国务院卫生行政部门规定禁止从事的易使该传染病扩散的工作的；四是出售、运输疫区中被传染病病原体污染或者可能被传染病病原体污染的物品，未进行消毒处理的；五是拒绝执行县级以上人民政府、疾病预防控制机构依照传染病防治法提出的预防、控制措施的。

第三，注重行政违法，通过行政犯的模式规制妨害传染性疾病防治的行为。一般而言，行政犯是指以违反前置性法律规定为入罪前提的犯罪类型，其罪状设置"不但需要有'违反国家规定'等前置违法条件过滤，而且罪状中的部分构成要素也常交由行政法规设定和充实"。[1]从上表的统计来看，无论是妨害传染病防治罪、妨害国境卫生检疫罪，还是传染病菌种、毒种扩散罪，在罪状设计上都分别有"违反传染病防治法的规定""违反国境卫生检疫

---

[1] 孙国祥："行政犯违法性判断的从属性和独立性研究"，载《法学家》2017 年第 1 期。

规定"和"违反国务院卫生行政部门的有关规定"的表述，这充分说明它们都属于行政犯的范畴，在入罪时都以行为违反了传染性疾病防治相关行政性法律法规为前提，而且在具体认定上需要注意行政不法与刑事不法的区分和衔接。

三、传染性疾病刑法治理体系的实践检视

从前述梳理可知，我国传染性疾病刑法治理规范体系主要是在 1997 年《刑法》全面修订的基础上，历经 2001 年《刑法修正案（三）》的部分修正建构起来的，距今已有近二十年的时间没有修改。尽管这些规范在传染性疾病防控方面发挥了积极作用，但从当前我国传染性疾病的防治和公共卫生安全的保护需要来看，这些规范表现出了明显的滞后性，尤其是透过此次新冠肺炎疫情防控"大考"我们可以清晰地看到，我国传染性疾病刑法治理规范体系存在诸多漏洞，在规制相关涉疫情犯罪行为时陷入了力有不逮、适用冲突的尴尬局面。限于篇幅，本文拟对以下几个比较突出的问题予以检视。

（一）妨害传染病防治罪的适用尴尬

根据《刑法》第 330 条的规定，妨害传染病防治罪规制的主要对象是违反《传染病防治法》的规定，引起了甲类传染病传播或者有传播严重危险的行为。对于甲类传染病范围的认定，应当按照我国《传染病防治法》和国务院的有关规定确定。而从我国《传染病防治法》的规定来看，甲类传染病目前仅规定了鼠疫、霍乱两种。这意味着，妨害传染病防治罪只能在与鼠疫、霍乱这两种甲类传染病防治相关的案件中适用，并不能适用于其他传染病防治案件。新冠肺炎疫情发生后，国家卫生健康委员会于 2020 年 1 月 20 日发布了 2020 年 1 号公告，明确将新冠肺炎纳入我国《传染病防治法》规定的乙类传染病，并决定采取甲类传染病的预防、控制措施。[1]这说明，新冠肺炎并不属于甲类传染病，只是按照甲类传染病的标准采取相应的预防、控制措施。因此，严格按照文理解释和罪刑法定原则的要求，妨害传染病防治罪并不能适用于妨害新冠肺炎的相关案件。

---

〔1〕"国家卫健委发布 2020 年 1 号公告：新型冠状病毒肺炎纳入法定传染病管理"，载中国医疗网：http://med.china.com.cn/content/pid/156925/tid/1021，访问日期：2020 年 3 月 6 日。

但是，无论是媒体报道的相关案例，还是司法机关发布的典型案例，对于拒绝执行卫生防疫机构等依照传染病防治法规定提出的预防、控制措施，造成新冠肺炎传播的行为，都存在以妨害传染病防治罪立案处理的情形。2020年2月6日，"两高两部"印发的《意见》指出："其他拒绝执行卫生防疫机构依照传染病防治法提出的防控措施，引起新型冠状病毒传播或者有传播严重危险的，依照刑法第三百三十条的规定，以妨害传染病防治罪定罪处罚。"事实上，在此之前，最高人民检察院、公安部于2008年6月25日出台的《关于公安机关管辖的刑事案件立案追诉标准的规定（一）》[本文以下简称《追诉标准（一）》]第49条也规定："违反传染病防治法的规定，引起甲类或者按照甲类管理的传染病传播或者有传播严重危险，涉嫌下列情形之一的，应予立案追诉：……本条和本规定第五十条规定的'甲类传染病'，是指鼠疫、霍乱；'按甲类管理的传染病'，是指乙类传染病中传染性非典型肺炎、炭疽中的肺炭疽、人感染高致病性禽流感以及国务院卫生行政部门根据需要报经国务院批准公布实施的其他需要按甲类管理的乙类传染病和突发原因不明的传染病。"

显然，无论是"两高两部"的《意见》，还是最高人民检察院、公安部的《追诉标准（一）》，都对拒绝执行防控措施造成新冠肺炎传播的行为按妨害传染病防治罪处理持肯定意见。这种观点和立场，相当于司法机关通过司法规范性文件的方式，将"按照甲类管理的传染病"解释进了"甲类传染病"的范畴，明显扩张了《刑法》第330条规定的妨害传染病防治罪的适用范围。但是，按照文义解释和一般理解，无论如何解释，"甲类传染病"都无法包含"按照甲类管理的传染病"。事实上，按照《传染病防治法》的规定，"甲类传染病"仅指鼠疫和霍乱，"按照甲类管理的传染病"是指"对乙类传染病中传染性非典型肺炎、炭疽中的肺炭疽和人感染高致病性禽流感，采取本法所称甲类传染病的预防、控制措施"。这说明，"按照甲类管理的传染病"实际上是乙类传染病中的部分传染病，只是在防控措施上按照甲类传染病的标准和要求进行防控，并不能将"按照甲类管理的传染病"与甲类传染病相等同。

因此，《意见》和《追诉标准（一）》都存在越权解释的嫌疑，它们与罪刑法定原则之间的龃龉是非常明显的。众所周知，无论是司法解释，还是司法规范性文件，都不能超越刑法条文基本的语义范围对其进行解释，这既是罪刑法定的基本要求，也是司法解释和规范性文件应当坚守的底线。尽管面对汹涌而来的新冠肺炎疫情，防控任务极为紧迫，对妨害新冠肺炎疫情防控的违法犯罪行为进行打击也极为必要，但在具体认定犯罪和判处刑罚时，仍应当坚持罪刑法定原则，回归到刑法规定，进行理性、规范的评价，不能因为疫情就降格适用刑法或者拔高认定行为性质。疫情防控越是吃紧，越要坚持依法认定。但存在的尴尬是，如果严格按照罪刑法定，将妨害传染病防治罪限定在鼠疫和霍乱这两种甲类传染病防治中，那么妨害传染病防治罪的适用范围将极为狭小，根本无法在此次新冠肺炎疫情防控中发挥作用，这对疫情防控而言显然是极为不利的。

（二）涉野生动物违法行为的规制不足

无论是此前发生在我国的"非典"、高致病性禽流感和本次的新冠肺炎，还是发生在其他国家和地区的埃博拉（Ebola）、中东呼吸综合征（Middle East Respiratory Syndrome）等重大传染性疾病，都被科学证明多数病原体来自野生动物或与之相关。例如，非洲绿猴、果子狸、蝙蝠等携带 MERS、SARS、H7N9 等病毒，特别是从蝙蝠体内分离的病毒多达 130 多种。人类与野生动物的密切接触，是诱发传染性疾病的重要原因，尤其是捕食野生动物的行为，极大地增加了传染病病毒的感染和传播风险。自 2001 年以来，在世界卫生组织（World Health Organization，WHO）确认的 1100 多起具有全球影响的传染病事件中，有超过 70% 是人兽共患传染病，来自野生动物的人兽共患传染病发生率随着时间推移正在上升。[1]因此，防止野生动物疫源疫病向人类传播，保护人类健康和公共卫生安全，最简单、直接、有效的方法，就是通过一系列手段使人们与野生动物保持必要的"安全距离"，建立健全人们"不敢捕、不敢养、不敢食"的体制机制，并最终在社会上促成"不愿捕、不愿养、不愿食"的文化氛围。

从我国的现实情况来看，滥食野生动物的陋习一直存在，非法猎捕、非法交易野生动物的行为也屡禁不止，尤其是随着商业的愈加发达和人民物质生活条件的不断改善，近年来，在市场上掀起了"野味"热潮，部分人把食用"野味"当成身份、地位的象征和消费炫耀的资本。受此不良现象的影响

---

〔1〕 陈翔、胡志斌主编：《高等学校新型冠状病毒肺炎防控指南》，人民卫生出版社 2020 年版，第 3 页。

和供需关系的支配，市场上也悄然形成了庞大的"野味产业"，野生动物及其制品的交易极为频繁，对我国市场经济秩序和公共卫生安全造成了极大威胁。因此，严厉打击涉野生动物的违法犯罪行为，坚决阻断野生动物疫源疫病向人类传播的可能途径，是实现传染性疾病源头治理的重要举措。正因为如此，本次新冠肺炎疫情爆发后，2020 年 2 月 24 日，第十三届全国人民代表大会常务委员会第十六次会议表决通过了《关于全面禁止非法野生动物交易、革除滥食野生动物陋习、切实保障人民群众生命健康安全的决定》（本文以下简称《全面禁止非法野生动物交易的决定》），旗帜鲜明地确立了全面禁食野生动物的修法方向。

刑法是打击犯罪的直接依据和重要保障。对涉野生动物相关违法犯罪行为的打击，刑法不能缺席。从我国现行《刑法》规定来看，涉及野生动物的罪名共有 5 个，分别为：走私珍贵动物、珍贵动物制品罪（第 151 条），非法捕捞水产品罪（第 340 条），危害珍贵、濒危野生动物罪（第 341 条），非法猎捕、收购、运输、出售陆生野生动物罪（第 341 条），非法狩猎罪（第 341 条）。同时，为打击非法收购野生动物的行为，封堵《刑法》实施中的漏洞，2014 年 4 月 24 日，第十二届全国人民代表大会常务委员会第八次会议还通过了《全国人民代表大会常务委员会关于〈中华人民共和国刑法〉第三百四十一条、第三百一十二条的解释》。进一步明确："知道或者应当知道是国家重点保护的珍贵、濒危野生动物及其制品，为食用或者其他目的而非法购买的，属于刑法第三百四十一条第一款规定的非法收购国家重点保护的珍贵、濒危野生动物及其制品的行为。知道或者应当知道是刑法第三百四十一条第二款规定的非法狩猎的野生动物而购买的，属于刑法第三百一十二条第一款规定的明知是犯罪所得而收购的行为。"

但令人遗憾的是，从前述罪名和立法解释的具体内容来看，我国《刑法》主要打击的是涉及国家重点保护的珍贵、濒危野生动物和没有合法来源证明的野生动物的相关违法犯罪行为，并没有过多地涉及针对疫源疫病野生动物的相关行为。进言之，我国现行《刑法》规定的涉野生动物罪名，在立法目的上突出强调的是对珍贵、濒危野生动物资源和野生动物狩猎管理秩序的保护，在立场上秉持的是基于生物多样性和生态平衡的生态安全保护，并没有从预防重大传染性疾病的目的和维护公共卫生安全的立场，对涉疫源、疫病野生动物的相关违法行为进行规制。例如，在现有的刑法体系下，只要行为人收购、运输、出售的是不属于国家重点保护的珍贵、濒危野生动物及其制品，猎捕野生动物的行为也没有违反相关狩猎法律法规的禁止性规定，即使发现这些野生动物携带有极易引起传播的传染病病毒，或者已经现实地引发了重大传染性疾病的传播，也没法对这些行为进行有针对性的刑事处罚。[1]显然，现行《刑法》对涉疫源、疫病野生动物相关行为规制的不足，充分说明我国对野生动物疫源疫病引发的公共卫生安全威胁不够重视，这不仅会导致难以对涉疫源、疫病野生动物的相关违法行为进行严厉打击，而且会导致无法从源头对传染性疾病进行防控。

（三）生物安全风险防范的应对乏力

生物安全是指国家能够有效应对生物因子及相关因素的威胁，确保人民群众生命健康、国家生物资源和生物多样性相对处于没有危险的状态。[2]与之相对应，生物安全风险是指与生物有关的因子对国家社会、经济、公共健康与生态环境所产生的危害或潜在风险。[3]生物安全风险涉及的范围很广，重大传染性疾病、生物基因编辑、生物实验室事故、特殊生物资源消失、外来物种入侵、生化武器袭击、生物恐怖袭击等都可以被纳入生物安全风险的范畴。生物安全风险属于典型的非传统安全威胁，当前已经成为全世界、全人类共同面临的重大生存和发展威胁之一。基于此，各国也都在加紧完善有关生物安全防范的制度体系，积极构筑生物安全防线。例如，美国对生物安全问题就极为敏感，并在国家安全战略高度积极应对生物安全问题，2018年以来先后发布了《国家生物防御战略》《美国卫生安全国家行动计划》《国家卫生安全战略实施计划 2019—2022》。

生物安全风险事关国家安全、经济发展和社会大局，具有极大的破坏力

---

〔1〕 或许有学者认为，对于经营疫源疫病野生动物及其制品的行为，如果野生动物不属于国家重点保护动物，则可以按照非法经营罪对行为人进行定罪处罚。"两高两部"的《意见》也认为可以将"违反国家规定，非法经营非国家重点保护野生动物及其制品"的行为认定为非法经营罪。这虽然给当前疫情防控中出现的非法经营非国家重点保护野生动物及其制品案件的处理提供了思路，但存在的问题也是非常明显的，因为非国家重点保护野生动物及其制品属于并非许可经营的限制买卖物品，此种认定思路，有滥用非法经营罪的嫌疑。

〔2〕 "生态环境部：疫情暴露生物安全治理能力不足"，载第一财经：https://www.yicai.com/news/100524777.html，访问日期：2020年3月9日。

〔3〕 孟庆川："将生物安全提升至国家安全高度，意味着什么?"，载海外网：http://opinion.ha-iwainet.cn/n/2020/0306/c353596-31736341.html，访问日期：2020年3月9日。

和危害性。一旦发生生物安全事故，不仅会造成大量的人员伤亡和财产损失，而且会形成群体性的社会恐慌，进而对国民经济发展和社会安全稳定造成极大冲击。因此，在当前风险社会的大背景下，生物安全的"弦"要时刻处于绷紧状态，防范和化解生物安全风险、建立健全生物安全治理体系应当成为国家治理的重要任务。本次新冠肺炎疫情发生后，生物安全风险防范问题引起了党和国家的高度重视。2020年2月14日，习近平总书记在中央全面深化改革委员会第十二次会议上强调："要从保护人民健康、保障国家安全、维护国家长治久安的高度，把生物安全纳入国家安全体系，系统规划国家生物安全风险防控和治理体系建设，全面提高国家生物安全治理能力。"〔1〕这一重要论述为我国防范和化解生物安全风险、提升国家生物安全治理能力的制度设计指明了方向。与此同时，科技部也紧急出台了《关于加强新冠病毒高等级病毒微生物实验室生物安全管理的指导意见》，要求各主管部门加强对实验室（特别是对病毒）的管理，确保生物安全。

生物安全风险的防范，要以法治作为后盾，将法治思维和法治方法贯穿始终，从立法、执法、司法、守法各环节发力，尽快完善我国生物安全法制体系。此次新冠肺炎疫情的爆发和应对，暴露了当前我国生物安全治理体系和治理能力的不足，尤其是"现有法律法规系统性、针对性不强，造成管理无法可依、缺乏操作性的局面"。〔2〕不仅处于前阶的行政性法律规范层面缺乏一部从整个生物安全的角度，对生物安全管理作出全面、系统规定的综合性立法，而且从处于"最后一道防线"的刑事法律层面来看，也没有构筑全面打击涉生物安全违法犯罪行为、维护国家生物安全的罪刑体系。从我国现行《刑法》的规定来看，除为了防止传染病菌种、毒种扩散，第331条规定的"传染病菌种、毒种扩散罪"将"从事实验、保藏、携带、运输传染病菌种、毒种的人员，违反国务院卫生行政部门的有关规定，造成传染病菌种、毒种扩散"的行为作为犯罪处理外，没有其他直接涉及生物安全的罪名。即使从仅有的传染病菌种、毒种扩散罪的规定来看，也只是规制传染病菌种、毒种在实验、保藏、携带、运输环节的扩散行为，对于采集、检

---

〔1〕 "学习强国"学习平台，访问日期：2020年2月15日。

〔2〕 "生态环境部：疫情暴露生物安全治理能力不足"，载第一财经：https://www.yicai.com/news/100524777.html，访问日期：2020年3月9日。

验、处置等环节的扩散行为也缺乏必要的规制。此外，从近年来发生的非法基因编辑[1]、售卖实验动物[2]等案件可以看出，非法编辑传染病病毒基因、非法开展传染病病毒实验、非法处置传染病病毒实验动物等行为也极易诱发传染性疾病传播，会对公共卫生安全造成极大威胁，亟待《刑法》对其进行规制。

（四）不报、缓报、谎报疫情的处罚失衡

实践证明，传染性疾病疫情的有效防控，就是跟时间赛跑，关键在于尽早控制传染源、积极切断传播途径、全面保护易感人群，对传染病人要早发现、早诊断、早报告、早隔离。因此，传染病疫情发生后，及时发现疫情并积极、如实上报，在疫情防控中至关重要。其不仅是地方和国家疫情防控部门对疫情进行精准研判和科学决策的重要依据，更是将疫情控制在初期的小范围之内，避免大范围扩散传播的关键之举。相反，如果传染病疫情发生后，负有疫情上报职责的相关人员基于种种自私考虑或者担责顾忌，不报或者缓报、谎报疫情信息，不仅会使上级有关部门难以及时知晓和掌握疫情动态，错失疫情防控的最佳时机，而且也会给上级相关部门的疫情研判和防控决策造成不良干扰，最终会使小疫酿成大祸，给公众的生命健康、社会安全稳定和国家经济发展造成难以挽回的重大损失。因此，对负有疫情报告职责的人员故意不报、缓报、谎报疫情信息的行为进行严厉打击，确保疫情发生后相关疫情信息能够被及时、准确地上报到国家决策层面，对完善我国公共卫生安全体系而言具有非常重要的现实意义。

从我国现行《刑法》规定来看，其仅在第 139 条之一规定了"不报、谎报安全事故罪"，且主要规制的是"在安全事故发生后，负有报告职责的人员不报或者谎报事故情况，贻误事故抢救，情节严重"的行为，并没有专门针对传染病疫情防控中故意不报、缓报、谎报疫情信息的罪名。按照 2003 年 5

---

[1] 例如，在备受社会关注的"基因编辑婴儿"一案中，被告人贺某奎、张某礼、覃某洲等人多次将基因编辑技术应用于辅助生殖医疗，造成基因被编辑的婴儿出生。深圳市南山区人民法院对本案进行审理后认为，被告人未取得医生执业资格，追名逐利，故意违反国家有关科研和医疗管理规定，逾越科研和医学伦理道德底线，贸然将基因编辑技术应用于人类辅助生殖医疗，扰乱医疗管理秩序，情节严重，其行为已构成非法行医罪，并于 2019 年 12 月 30 日公开宣判。

[2] 例如，2020 年 1 月 3 日，吉林省松原市中级人民法院对中国工程院院士、中国农业大学教授李某一案进行了公开宣判，对被告人李某以贪污罪判处有期徒刑 12 年，并处罚金人民币 300 万元。在法院认定事实中，就存在李某出售课题研究过程中淘汰的实验受体猪、牛等行为。

月 13 日最高人民法院、最高人民检察院出台的《关于办理妨害预防、控制突发传染病疫情等灾害的刑事案件具体应用法律若干问题的解释》第 16 条的规定，在预防、控制突发传染病疫情等灾害期间，从事传染病防治工作的相关人员，[1]在代表政府卫生行政部门行使职权时，严重不负责任，导致传染病传播或者流行，情节严重的，应当以传染病防治失职罪定罪处罚。其中，"隐瞒、缓报、谎报或者授意、指使、强令他人隐瞒、缓报、谎报疫情、灾情，造成传染范围扩大或者疫情、灾情加重的"属于情节严重的情形之一。最高人民检察院于 2006 年 7 月 26 日施行的《关于渎职侵权犯罪案件立案标准的规定》也将"在国家对突发传染病疫情等灾害采取预防、控制措施后，隐瞒、缓报、谎报或者授意、指使、强令他人隐瞒、缓报、谎报疫情、灾情，造成传染范围扩大或者疫情、灾情加重的"作为传染病防治失职罪立案的情形之一。

由此可见，从司法机关的立场来看，对于故意不报、缓报、谎报疫情的行为，应当按照传染病防治失职罪定罪处罚。但是，从《刑法》第 409 条的具体规定来看，防治传染病失职罪主要规制的是"从事传染病防治的政府卫生行政部门的工作人员严重不负责任，导致传染病传播或者流行，情节严重"的行为，配置的最高法定刑仅为 3 年有期徒刑。无论从本罪是由一般玩忽职守罪中分化而来的立法沿革来看，还是从本罪与滥用职权罪的关系、罪状中"严重不负责任"的表述以及法定刑的配置来看，都充分说明本罪属于过失犯罪。[2]显然，对于故意不报、缓报、谎报疫情信息，贻误疫情防控时机，导致传染病大范围扩散，造成人员伤亡和重大财产损失的行为，如果按照属于过失犯罪的传染病防治失职罪定罪处罚，不仅在主观要件上会突破罪刑法定原则的限制，而且在处罚上也难以做到罪刑相适应。因为即使按照本罪上限 3 年有期徒刑进行处罚，也难以与故意不报、缓报、谎报疫情行为的社会危害性（尤其是给公共卫生安全造成的危害结果）相均衡。

---

〔1〕 这些人员具体包括：在预防、控制突发传染病疫情等灾害期间，从事传染病防治的政府卫生行政部门的工作人员，或者在受政府卫生行政部门委托代表政府卫生行政部门行使职权的组织中从事公务的人员，或者虽未列入政府卫生行政部门人员编制但在政府卫生行政部门从事公务的人员。

〔2〕 参见谢望原、吴光侠："传染病防治失职罪研究"，载《中国法学》2003 年第 4 期。

四、传染性疾病刑法治理体系的完善进路

党的十八大以来，党中央高度重视全面依法治国，持续推进科学立法、严格执法、公正司法、全民守法。坚持全面依法治国，已经成为中国特色社会主义国家制度和国家治理体系的显著优势。而依法治国的前提是有法可依，这就要求我们要紧密结合社会的最新发展和时代的紧迫需要，不断加强各领域的立法，在规范层面积极构建完备、系统、前瞻的法律制度体系。此次新冠肺炎疫情"大考"暴露出了我国公共卫生安全法治体系存在的制度漏洞和短板，亟待加强相关立法。立足于当前打击涉疫犯罪的紧迫需要和未来传染性疾病防控的长远规划，织密传染性疾病防控的刑事法网、提升涉疫犯罪的刑法治理能力势在必行。

（一）对妨害传染病防治罪的规制范围进行扩容

妨害传染病防治罪本属于疫情防控的核心罪名，承担着打击妨害传染病防治行为的重要任务，但从新冠肺炎疫情防控实践来看，基于立法上的滞后性和规制范围的有限性，该罪在适用上出现了突破罪刑法定的尴尬。因此，有必要从立法上对妨害传染病防治罪进行适当的扩容。具体而言，可以从两方面展开：

第一，应将"采取甲类传染病预防、控制措施的乙类传染病"明确纳入妨害传染病防治罪的适用范围。如前所述，若将妨害传染病防治罪的适用范围仅限于甲类传染病（即鼠疫和霍乱），会使得该罪的适用范围极为狭小，而且随着现代传染病防治技术的发展和防治体制机制的完善，鼠疫和霍乱这两种甲类传染病大范围爆发的概率比较低，而像传染性非典型肺炎、炭疽中的肺炭疽、人感染高致病性禽流感，以及此次爆发的新冠肺炎等采取甲类传染病预防、控制措施的乙类传染病，却有着较高的爆发率，是公共卫生安全的重大隐患。而且，从此次新冠肺炎疫情防控实践来看，即使是乙类传染病，在防控实践中确实也存在诸多妨害防治行为需要刑法进行规制。因此，妨害传染病防治罪的适用范围应该扩张为"甲类传染病和采取甲类传染病预防、控制措施的乙类传染病"。

第二，具体妨害传染病防治的行为不宜直接在《刑法》中列举，而应由前置性的《传染病防治法》具体规定。从目前《刑法》第330条列举的五类妨害传染病防治的行为来看，其实际上是直接照搬1989年《传染病防治法》

第 35 条规定的妨害传染病防治的违法行为。[1]但从现行《传染病防治法》的规定来看，历经 2004 年和 2013 年的两次修正，其第八章第 65 条至第 77 条规定的妨害传染病防治的违法行为类型有几十种，已经远远超过了 1989 年规定的四种类型，而且本次新冠肺炎疫情防控结束后，很可能还要根据防控经验和实际需要进行补充和修正。这说明，我国《刑法》所规定的妨害传染病防治的犯罪行为类型与现行《传染病防治法》规定的妨害传染病防治的违法行为类型之间存在脱节，尚未形成有机衔接。这不仅在形式上有损法规范的体系化和法秩序的统一性，而且在实践中也严重制约了《刑法》对妨害传染病防治行为的打击。因此，为了避免列举式立法"挂一漏万"的弊端，同时与前置性的《传染病防治法》保持紧密衔接，《刑法》在规制妨害传染病防治的违法行为时，不宜采用列举式立法，而应该基于本罪属于行政犯的特性，采取空白罪状的形式予以规定，依托《传染病防治法》对具体的犯罪行为类型进行认定。

综上，立法者可以将《刑法》第 330 条修改为："违反传染病防治法的规定，引起甲类传染病或者采取甲类传染病预防、控制措施的乙类传染病传播或者有传播危险的，处三年以下有期徒刑或者拘役；后果特别严重的，处三年以上七年以下有期徒刑。单位犯前款罪的，对单位判处罚金，并对其直接负责的主管人员和其他直接责任人员，依照前款的规定处罚。甲类传染病和采取甲类传染病预防、控制措施的乙类传染病的范围，依照《中华人民共和国传染病防治法》和国务院有关规定确定。"

（二）加强涉疫源疫病野生动物违法行为的打击

对涉疫源、疫病野生动物违法行为的打击是从源头治理传染性疾病疫情的重要举措。如前所述，受以往野生动物相关立法"重保护、轻管理"的观念影响，我国现行《刑法》也没有对涉疫源、疫病野生动物的相关违法行为进行系统规制，导致相当一部分涉疫源、疫病野生动物的违法行为长期游离

---

〔1〕 1989 年《传染病防治法》第 35 条规定："违反本法规定，有下列行为之一的，由县级以上政府卫生行政部门责令限期改正，可以处以罚款；有造成传染病流行危险的，由卫生行政部门报请同级政府采取强制措施：（一）供水单位供应的饮用水不符合国家规定的卫生标准的；（二）拒绝按照卫生防疫机构提出的卫生要求，对传染病病原体污染的污水、污物、粪便进行消毒处理的；（三）准许或者纵容传染病病人、病原携带者和疑似传染病病人从事国务院卫生行政部门规定禁止从事的易使该传染病扩散的工作的；（四）拒绝执行卫生防疫机构依照本法提出的其他预防、控制措施的。"

在《刑法》的打击范围之外。因此，《刑法》立法应该摒弃以往仅注重珍贵、濒危野生动物保护的单一立场，进而转向珍贵、濒危野生动物保护和疫源、疫病野生动物管理并重的复合立场，对涉及疫源、疫病野生动物的行为进行全链条打击，努力实现保护生态安全与公共卫生安全的有机统一，积极回应传染性疾病疫情防控的现实需要。具体而言，可以从以下几方面展开：

第一，增设"非法食用野生动物、野生动物制品罪"。现行的《野生动物保护法》关于禁食野生动物的规定，仅限于国家重点保护的野生动物和没有合法来源、未经检疫合格的其他保护类野生动物，并没有涉及疫源、疫病野生动物。因此，在《全面禁止非法野生动物交易的决定》已经明确确立了全面禁止食用野生动物基调的基础上，《刑法》也应该积极增设"非法食用野生动物、野生动物制品罪"。根据罪刑相适应原则，该罪的构成要件和法定刑可以规定为："违反相关法律规定，食用未经国家依法许可食用或者检验检疫不合格的野生动物及其制品，情节严重的，处三年以下有期徒刑、拘役或者管制，并处罚金。"

第二，增设"非法猎捕、杀害、饲养疫源疫病野生动物罪"和"非法收购、运输、出售、寄递、携带疫源疫病野生动物、疫源疫病野生动物制品罪"。增设"非法食用野生动物、野生动物制品罪"主要是从消费端遏制滥食疫源、疫病野生动物及其制品的行为。除此之外，还应该遏制供应端的相关行为，增设"非法猎捕、杀害、饲养疫源疫病野生动物罪"和"非法收购、运输、出售、寄递、携带疫源疫病野生动物、疫源疫病野生动物制品罪"。这两个罪可以在一个条文中予以规定。根据罪刑相适应原则，构成要件和法定刑可以规定为："非法猎捕、杀害、饲养国家规定的疫源疫病野生动物的，或者非法收购、运输、出售、寄递、携带国家规定的疫源疫病野生动物及其制品的，处五年以下有期徒刑或者拘役，并处罚金；情节严重的，处五年以上十年以下有期徒刑，并处罚金；情节特别严重的，处十年以上有期徒刑，并处罚金或者没收财产。疫源疫病野生动物的范围，依照相关法律法规和国务院有关规定确定。"

第三，增设"非法生产疫源疫病野生动物制品罪"。近年来，为了迎合"野味潮"和刺激野味消费，市场上对野生动物进行加工生产的行为层出不穷，野生动物制品也是琳琅满目。这种行为不仅严重破坏了野生动物资源，而且在一定程度上增加了野生动物疫源、疫病向人类传播的可能性。因此，在《全面禁止非法野生动物交易的决定》已经全面禁食野生动物的基础上，有必要在我国《刑法》中增设"非法生产疫源疫病野生动物制品罪"，对非法生产疫源疫病野生动物制品的行为进行打击。根据罪刑相适应原则，该罪的构成要件和法定刑可以规定为："非法生产疫源疫病野生动物制品，情节严重的，处三年以下有期徒刑、拘役或者管制，并处或者单处罚金。单位犯前款罪的，对单位判处罚金，并对其直接负责的主管人员和其他直接责任人员，依照前款的规定处罚。"

第四，增设"走私疫源疫病野生动物、疫源疫病野生动物制品罪"。从近年来查获的走私犯罪案件来看，走私野生动物及其制品的案件处于高发状态，而我国现行《刑法》仅规定了"走私珍贵动物、珍贵动物制品罪"。这导致走私国家重点保护的珍贵野生动物及其制品之外的其他野生动物及其制品的行为难以得到有效规制，给野生动物疫源、疫病向人类传播留下了路径。因此，从预防野生动物疫源、疫病的角度讲，我国有必要在《刑法》中增设"走私疫源疫病野生动物、疫源疫病野生动物制品罪"。根据罪刑相适应原则，该罪的构成要件和法定刑可以规定为："走私国家禁止进出口的疫源疫病野生动物及其制品的，处五年以上十年以下有期徒刑，并处罚金；情节特别严重的，处十年以上有期徒刑或者无期徒刑，并处没收财产；情节较轻的，处五年以下有期徒刑，并处罚金。"

（三）加强生物安全刑法保障体系建设

新冠肺炎疫情在全球范围内的爆发，充分说明了生物安全问题确实已经成为一种全世界、全人类面临的重大生存和发展威胁。习近平总书记在中央全面深化改革委员会第十二次会议上的讲话也明确要求，要把生物安全纳入国家安全体系。这意味着，要将新冠肺炎疫情这一公共卫生安全事件上升到生物安全、国家安全的高度予以治理。[1]如前所述，刑法作为社会"防卫法"和"后盾法"，在打击涉生物安全犯罪、维护国家生物安全方面应发挥积极作用，但透过新冠肺炎疫情的防控我们可以明显地看到，我国《刑法》在这方面的规范有待完善，亟待通过立法予以修正和填补。具体而言，可以从以下几方面展开：

第一，将采集、检验、处置传染病菌种、毒种的行为纳入传染病菌种、

---

〔1〕 李文良："把生物安全纳入国家安全体系意味着什么"，载《光明日报》2020年3月2日。

毒种扩散罪的规制范畴。从现行《刑法》第331条的规定来看，仅规制实验、保藏、携带、运输传染病菌种、毒种环节导致传染病菌种、毒种扩散的行为，尚未将采集、检验、处置传染病菌种、毒种环节的行为纳入规制范围，而这些环节行为也同样存在导致传染病菌种、毒种扩散的可能。因此，从严密法网的角度讲，有必要将前述行为纳入传染病菌种、毒种扩散罪的规制范畴。据此修改后的条文内容则为："从事采集、检验、实验、保藏、携带、运输、处置传染病菌种、毒种的人员，违反国务院卫生行政部门的有关规定，造成传染病菌种、毒种扩散，后果严重的，处三年以下有期徒刑或者拘役；后果特别严重的，处三年以上七年以下有期徒刑。"

第二，增设"非法编辑传染病病毒基因罪"。从现代生物技术的角度讲，通过人为编辑和重组，使已有传染病病毒的感染性增强或者直接制造出超级实验室病毒，在技术上不存在任何障碍，如果对此缺乏严格的限制或者不对其中的非法编辑行为进行严厉打击，将会对公共卫生安全构成前所未有的威胁。而从现行《刑法》规定来看，对此却缺乏针对性的规制，这从"基因编辑婴儿"一案中被告人贺某奎等人最终也只能以非法行医罪进行定罪处罚就可见一斑。因此，有必要在我国《刑法》中增设"非法编辑传染病病毒基因罪"。根据罪刑相适应原则，该罪的构成要件和法定刑可以规定为："违反有关禁止传染病病毒基因编辑的国家规定，非法从事传染病病毒基因编辑，情节严重的，处三年以下有期徒刑、拘役或者管制，并处或者单处罚金；情节特别严重的，处三年以上七年以下有期徒刑，并处罚金；造成传染病病毒大范围传播或者人员死亡的，处十年以上有期徒刑、无期徒刑或死刑，并处没收财产。"

第三，增设"非法开展传染病病毒实验罪"。无论是实验环境、实验设备、实验规程，还是实验单位和实验人员的资质，开展传染病病毒相关的实验都对此有非常高的标准和非常严格的要求，其中的主要目的就是防止实验室传染病病毒泄露。而非法开展的传染病病毒实验，往往达不到实验要求，不仅容易造成实验室病毒泄露，而且还容易被不法人员利用或者控制。显然，非法开展传染病病毒实验，会对公共卫生安全构成极大威胁。因此，应在我国《刑法》中增设"非法开展传染病病毒实验罪"。根据罪刑相适应原则，该罪的具体罪状和法定刑可以规定为："违反有关传染病病毒实验的规定，非法从事传染病病毒实验，情节严重的，处三年以下有期徒刑、拘役或者管制，并处或者单处罚金；情节特别严重的，处三年以上七年以下有期徒刑，并处罚金；造成传染病病毒大范围传播或者人员死亡的，处十年以上有期徒刑、无期徒刑，并处罚金或者没收财产。"

第四，增设"非法处置传染病病毒实验动物罪"。实验动物是开展相关医学实验或者生物实验必不可少的实验用品，尤其是在传染性疾病研究过程中，可以借助实验动物探索传染性疾病的发病机制，寻找预防和治疗方法。由于在实验过程中，实验动物会感染或者携带传染病病毒，因此，需要严格按照实验规程和要求，对淘汰的实验动物进行无害化的妥当处置，以防传染病病毒泄露和扩散。但从近年来发生的部分案例来看，随意处置实验动物的案例时有发生，在部分案例中，实验人员为了牟利甚至会直接将淘汰的实验动物向市场销售。非法处置传染病病毒实验动物的行为，无疑会增加传染病病毒泄露和传播的风险。鉴于此，为了预防传染病病毒通过实验动物向社会传播，有必要在我国《刑法》中增设"非法处置传染病病毒实验动物罪"。根据罪刑相适应原则，该罪的构成要件和法定刑可以规定为："违反有关传染病病毒实验动物处置的规定，非法处置传染病病毒实验动物，情节严重的，处三年以下有期徒刑、拘役或者管制，并处或者单处罚金；情节特别严重的，处三年以上七年以下有期徒刑，并处罚金。"

（四）增设不报、缓报、谎报疫情信息罪

如前所述，在传染性疾病疫情防控中，故意不报、缓报、谎报疫情信息的行为具有严重的社会危害性，不仅会使疫情防控错失最佳时机，而且会给上级防控部门的决策造成干扰。因此，要对故意不报、缓报、谎报疫情信息的行为进行严厉打击，以防其成为传染性疾病疫情防控中制造"人祸"的推手。而从现行《刑法》规定来看，用防治传染病失职罪来规制故意不报、缓报、谎报疫情信息的行为，不仅在主观上存在突破罪刑法定的嫌疑，而且在处罚上也会出现罪刑失衡。因此，从严密传染性疾病防治刑事法网的角度来看，有必要参照《刑法》第139条之一规定的"不报、谎报安全事故罪"，在《刑法》第六章第五节"危害公共卫生罪"中增设"不报、缓报、谎报疫情信息罪"。本罪具体的构成要件和法定刑可以规定为："在甲类和乙类传染病疫情发生后，负有报告职责的人员违反传染病防治的相关法律规定，故意不报、缓报或者谎报疫情信息，贻误疫情防控，情节严重的，处五年以下有期徒刑或者拘役；情节特别严重的，处五年以上十年以下有期徒刑。"

　　总之,《刑法》在打击涉疫犯罪、维护疫情防控秩序方面发挥着不可替代的作用,积极完善传染性疾病刑法治理体系具有非常重要的意义。诚然,传染性疾病刑法治理体系的完善是一项系统工程,不仅涉及《刑法》体系内部的调整和完善,而且还要与前置性的《野生动物保护法》《传染病防治法》,以及生物安全方面的法律法规保持协调一致。本文仅从立法视角提出了部分完善建议,以供学界研讨和立法参考,但传染性疾病刑法治理体系完善本身是一个未竟的话题,需要学界的持续关注和立法的不断回应。

疫情防控中的罪名冲突及其竞合

李晓明[*]

新型冠状病毒肺炎（COVID-19，本文以下简称"新冠肺炎"）疫情发生后，2020年2月6日最高人民法院、最高人民检察院、公安部、司法部（本文以下简称"两高两部"）针对国内疫情颁布《关于依法惩治妨害新型冠状病毒感染肺炎疫情防控违法犯罪的意见》（本文以下简称《意见》），2020年3月13日"两高两部"及海关总署又针对境外输入性病例颁布《关于进一步加强国境卫生检疫工作依法惩治妨害国境卫生检疫违法犯罪的意见》（本文以下简称《国境卫生防疫意见》），适用中不仅与2003年5月14日最高人民法院、最高人民检察院（本文以下简称"两高"）当时针对非典型肺炎（本文以下简称"非典"）颁布的《关于办理妨害预防、控制突发传染病疫情等灾害的刑事案件具体应用法律若干问题的解释》（本文以下简称《解释》）存在矛盾与差异，国内病例与境外输入性病例在法律适用上也不尽一致，甚至引发了《刑法》相关罪名间的冲突与竞合。如同样是"确诊病例"和"疑似病例"，依照《意见》就要定"以危险方法危害公共安全罪"，而依照《解释》只能定"过失以危险方法危害公共安全罪"。再比如，同样是"引起……传播或者有传播严重危险的"，依照《意见》针对国内人员就要定"妨害传染病防治罪"，而依照《国境卫生防疫意见》针对境外输入人员只能定"妨害国境卫生检疫罪"。还比如，针对"故意投放"和"故意传播"，依照《刑法》第114条的规定要定"投放危险物质罪"，而根据《意见》和《解释》的规定只能定"以危险方法危害公共安全罪"。而且这些冲突与竞合究竟是法条竞

---

* 苏州大学王健法学院教授，博士生导师，法学博士，苏州大学国家监察研究院院长、刑事法研究中心主任。

合还是想象竞合，又将在极大程度上影响对具体罪名的选择与适用。故本文将就这些罪名的竞合问题进行法教义学上的分析，以此解决罪名的准确认定问题。

众所周知，罪名竞合问题属于刑法学中的罪数理论，不仅关乎刑法适用和定罪，而且关乎准确量刑和公正。而罪数理论又是刑法学体系中理论性较强的问题之一，更是刑事司法的重大实践和难题。传统意义上的罪名竞合有法条竞合和想象竞合之分，这是通过研究法条关系从而将二者类型化的。[1]法条竞合是指一个犯罪行为同时触犯具有包容或交叉关系的数个法条或罪名，最终只选择一个法条来定罪量刑的罪数形式。想象竞合是指一个犯罪行为同时触犯了多个罪名抑或满足了两个以上犯罪构成，最终选择其中较重的刑罚罪名进行处罚的罪数形式。二者的共同点是犯罪行为单一但触犯的法条却是多个，但实际上法条竞合并非真正意义上的竞合，又被称为"法条一罪"。故有人指出："法条竞合实际上是与法条本身和罪数有关的法律解释问题，是属于形式上的竞合。"[2]也有人主张，在分析法条关系的基础上需要"满足实质标准上的要求"[3]来区分法条竞合和想象竞合，也即"必须进一步判断该数个法条是否保护的是同一法益"，[4]如此才能最终判断是否属于法条竞合。笔者赞同后一种观点，即引进法益侵犯的同一性和不法的包容性作为区分法条竞合与想象竞合的实质标准极具合理性，即只有在一个行为侵犯了一个法条可包含的保护法益，且该法条可完全评价该行为的不法内容时才能认定为法条竞合，否则只能认定为想象竞合。本文认为，除坚持上述法条的"形式标准"和法益的"实质标准"外，是否也应考虑法益被侵犯及被包容的"程度"？正如有人指出的："只有当该犯罪行为的不法程度可以被一个法条所包容时，才可以认定为是法条竞合。"[5]以下本文将依据该形式与实质标准，讨论此次疫情防控中刑法规制的罪名竞合问题。

---

〔1〕 学界通常将法条关系划分为对立关系、包容关系、交叉关系和中立关系，一般认为对立关系不可能形成法条竞合，法条之间存在包容或者交叉关系才是法条竞合。而想象竞合中，犯罪行为往往侵犯了数个法条，甚至数个独立法益抑或构成数个独立罪名，但这些法条之间一般没有包容或者交叉关系。

〔2〕 吕英杰："刑法法条竞合理论的比较研究"，载《刑事法评论》2008 年第 2 期。

〔3〕 张明楷："法条竞合与想象竞合的区分"，载《法学研究》2016 年第 1 期。

〔4〕 [日] 山火正则："法条竞合的诸问题（一）"，载《神奈川法学》第 7 卷第 1 号。

〔5〕 张明楷："法条竞合与想象竞合的区分"，载《法学研究》2016 年第 1 期。

一、司法解释与《刑法》第114、115条罪名间的法条竞合及分析

《意见》涉及的罪名多达 33 个，但与疫情防控直接相关的罪名只有 2 个：一是《刑法》第 114 条规定的"以危险方法危害公共安全罪"（注意：《意见》没有涉及《刑法》第 115 条"过失以危险方法危害公共安全罪"）；二是《刑法》第 330 条规定的"妨害传染病防治罪"。这里先讨论第一个罪名。《意见》第 2 条第 1 项规定："……故意传播新型冠状病毒感染肺炎病原体，具有下列情形之一，危害公共安全的，依照刑法第一百一十四条、第一百一十五条第一款的规定，以以危险方法危害公共安全罪定罪处罚：1. 已经确诊的新型冠状病毒感染肺炎病人、病原携带者，拒绝隔离治疗或者隔离期未满擅自脱离隔离治疗，并进入公共场所或者公共交通工具的；2. 新型冠状病毒感染肺炎疑似病人拒绝隔离治疗或者隔离期未满擅自脱离隔离治疗，并进入公共场所或者公共交通工具，造成新型冠状病毒传播的。……"而《解释》第 1 条第 1 款却规定："故意传播突发传染病病原体，危害公共安全的，依照刑法第一百一十四条、第一百一十五条第一款的规定，按照以危险方法危害公共安全罪定罪处罚。"表面上看，两司法解释均以"以危险方法危害公共安全罪"定罪，但实际上二者存在较大差异。具体表现在：①传播对象不同，前者是"新型冠状病毒感染肺炎病原体"，后者是"突发传染病病原体"。②适用群体不同，前者适用于"确诊病例"和"疑似病例"这一特定群体，后者适用于不特定群体。并且，两司法解释所选罪名与《刑法》第 114 条"投放危险物质罪"存在冲突与竞合。

（一）"以危险方法危害公共安全罪"与"投放危险物质罪"间的法条竞合

根据《刑法》第 114 条的规定："放火、决水、爆炸以及投放毒害性、放射性、传染病病原体等物质或者以其他危险方法危害公共安全，尚未造成严重后果的，处三年以上十年以下有期徒刑。"由此可见，"以危险方法危害公共安全罪"实际上是放火罪、决水罪、爆炸罪、投放危险物质罪等"危害公共安全类罪"的一个兜底罪名，甚至"以危险方法危害公共安全罪"本身也已愈加成为刑法典中的一个"最为典型的口袋罪"。[1]且这里的"传染病病

---

[1] 陈兴良："口袋罪的法教义学分析：以以危险方法危害公共安全罪为例"，载《政治与法律》2013 年第 3 期。

原体等物质"与《意见》第 2 条第 1 项规定的"新型冠状病毒感染肺炎病原体"和《解释》第 1 条第 1 款规定的"突发传染病病原体"并无本质区别。如此,同样的"传播对象"却被确定为两个不同罪名,也就必然会造成两个罪名的冲突与竞合。

所谓以危险方法危害公共安全罪是指使用放火、决水、爆炸、投放危险物质等危险性相当的其他方法,危害公共安全的行为。[1]投放危险物质罪是指故意投放毒害性、放射性、传染病病原体等物质,危害公共安全的行为。[2]结合上述《刑法》第 114 条和两司法解释的规定,可以看出立法和司法解释所表述的两罪的行为特征有明显差异。《刑法》第 114 条表述的是"投放",而《意见》第 2 条第 1 项和《解释》第 1 条第 1 款均表述的是"故意传播"。那么,"投放"和"故意传播"究竟又有怎样的不同与差别呢?

所谓"投放"是指把东西投进去或把东西放进去,如"投放鱼饵"。[3]所谓"传播"是指广泛散布或播撒,如"传播花粉"。[4]客观地说,"投放"本身就是一种重要的传播方式,不仅行为上在客观地传播,而且主观上也在追求传播的目的,如果是"故意传播"则在主观上具有追求的主观动意,只不过其中有"直接故意"和"间接故意"之分,前者是追求"传播"目的的直接实现,而后者是放任"传播"目的的间接实现。虽然"投放"和"故意传播"无论在客观行为特征还是在主观目的追求上都并无本质区别,二者均具有投进或播撒的行为与动意。但仔细甄别,二者还是有细微差别的,后面将详述其差别。类似情形还表现在"生产、销售有毒、有害食品罪"与"投放危险物质罪"上。具体讲,在生产、销售的食品中掺入有毒、有害的物质,实际上也是一种"投放"行为,而且危害的都是公共安全,只是该种行为已另有独立罪名,也即普通罪名和特别罪名的关系,那么"以危险方法危害公共安全罪"与"投放危险物质罪"抑或也存在普通罪名和特别罪名的关系。依据上述法条竞合和想象竞合理论上的区分标准,不仅两罪是一种包容关系,

---

〔1〕 刘艳红主编:《刑法学》(第 2 版·下),北京大学出版社 2016 年版,第 37 页。

〔2〕 李晓明:《刑法学分论》,北京大学出版社 2017 年版,第 142 页。

〔3〕 中国社会科学院语言研究所词典编辑室编:《现代汉语词典》,商务印书馆 1978 年版,第 1147 页。

〔4〕 中国社会科学院语言研究所词典编辑室编:《现代汉语词典》,商务印书馆 1978 年版,第 161 页。

且在侵害法益"危害公共安全"问题上也具有一致性,甚至侵害法益的程度也大体相当并包容,显然"投放"要比"故意传播"具有更大的危险性和危害性,是典型的法条竞合关系。如果有证据或事实能够认定行为人具有"投放"行为,尤其是"投放危险物质罪"在法条中又先于"以危险方法危害公共安全罪"存在,故根据法条竞合"特别罪名优于普通罪名"的基本规则,尤其针对的是不特定群体最终应认定或适用"投放危险物质罪",这也是处理法条竞合罪名的通识或通常做法。

实事求是地讲,《刑法》第114条只规定有"以危险方法危害公共安全罪"的行为要素,并未规定该罪的具体行为结构与方式,导致"其他危险方法"的"兜底"没有明确限定,这与"罪刑法定原则"的要求当然是不匹配的。但从法教义学的原理看,应当坚持相当原则或同类解释原则,也即与放火、决水、爆炸、投放危险物质等方法危险性相当或属同类性质、危险与规模,否则不得入罪。司法实践或司法解释中也的确存在针对该罪《刑法》没有明文规定而入罪的情况,并使其成了危害公共安全罪的"兜底"条款或"兜底"罪名。虽然有司法解释的"明确",但我们认为,理念上还是应当秉持《刑法》的"谦抑性"。一方面,根据相当或同类解释原则,"以其他危险方法"必须与前面所列行为在性质、危险程度与规模上一致;另一方面,根据该罪所处地位,"以其他危险方法"只能是《刑法》第114条的"兜底",而非《刑法》分则第二章的"兜底"。在罪名间的区分原则上,如果某种行为符合其他已有明确规定的罪名,就应当认定为其他类型的犯罪,而不宜认定为"以危险方法危害公共安全罪"。[1]还有,根据《刑法》第114条和相关司法解释的规定,只要行为人实施了明文规定的"其他危险方法",即便"危害公共安全"尚未造成严重后果,也应成立"以危险方法危害公共安全罪"的既遂。这是因为:一是《刑法》第114条规定的就是行为犯或危险犯;二是《刑法》第115条规定的是结果加重犯,也即致人重伤、死亡或者使公私财产遭受重大损失则应加重对其的处罚。至于"以危险方法危害公共安全罪"的未遂,从《刑法》的立法精神看不存在实行终了的未遂。这是因为如果危险行为已经实行终了,那么在一定条件下就足以危害到不特定多人的生命、健康或重大财产的安全,也即应适用《刑法》第115条结果加重犯的规

---

〔1〕 张明楷:《刑法学》(第2版),法律出版社2003年版,第545页。

定。而且，这种结果一旦出现，损害也是十分巨大的，甚至是难以弥补或不可逆转的，因此无论行为最终是否真正引起损害结果的发生都应认定为犯罪的既遂。因此，"以危险方法危害公共安全罪"的未遂只能发生在行为人的行为尚未实行终了的初级阶段或时间段，即只有在该初级或着手阶段才能出现未遂。

两罪的区别也十分明显，尤其是在疫情下表现为：一是在具体行为方式与手段上，"以危险方法危害公共安全罪"在"疫情"下，无论是故意还是过失，均具体表现为"传播"；而"投放危险物质罪"不仅在"疫情"下，甚至在平时也都表现为"投放"。另外，就刑法教义学而言，"投放"本身更多表现为"故意"心态，很少或难以解释为"过失"，因为"投"本身就是明知而为之，显然是一种"故意"而非"过失"。二是在疫情特定情形下，"以危险方法危害公共安全罪"中的"拒绝隔离"是故意行为，但相对于造成的"传播"结果而言，多数人又持"过失"心理。然而，相对于"投放危险物质罪"而言，很难想象既然"投放"又说是"过失"或最终认定为"过失"，似乎逻辑上难以讲通，如是理论上应定性为"过失丢弃危险物质罪"。当然，任何事情也非绝对，难道"传播"就真的没有"故意"？也未必如此。

根据《刑法》第 114 条的规定，投放危险物质罪是指故意投放毒害性、放射性、传染病病原体等物质，危害公共安全的行为。[1]《刑法》第 114 条和第 115 条第 1 款规定，尚未造成严重后果的处 3 年以上 10 年以下有期徒刑，致人重伤、死亡或者使公私财产遭受重大损失的处 10 年以上有期徒刑、无期徒刑或者死刑。当然，根据《刑法》第 115 条第 2 款的规定，还存在过失投放危险物质罪的情况，具体是指由于行为人的过失而使放毒害性、放射性、传染病病原体等物质或者以其他危险方法致人重伤、死亡或者使公私财产遭受重大损失，危害公共安全的行为，处 3 年以上 7 年以下有期徒刑，情节较轻的处 3 年以下有期徒刑或者拘役。

显然，两罪的侵害法益具有同一性，而在行为手段上具有包容性。一方面，"以危险方法危害公共安全罪"的行为手段是"传播"，而"投放危险物质罪"的行为手段是"投放"，如上所述，"投放"本身就是传播的方式之一，从法条关系上讲，这种情况本身就是一种包容关系。另一方面，两罪显

---

〔1〕 李晓明：《刑法学分论》，北京大学出版社 2017 年版，第 142 页。

然都存在"故意"和"过失"两种主观心态，即均属于"复合式罪过形式"的成立要件，根据法条竞合的原则也应遵循特别罪名优于普通罪名的规则。

（二）以危险方法危害公共安全罪"故意"与"过失"罪过间的法条竞合

根据《解释》第1条第2款的规定："患有突发传染病或者疑似突发传染病而拒绝接受检疫、强制隔离或者治疗，过失造成传染病传播，情节严重，危害公共安全的，依照刑法第一百一十五条第二款的规定，按照过失以危险方法危害公共安全罪定罪处罚。"所谓过失以危险方法危害公共安全罪，是指过失使用以失火、决水、爆炸、投放危险物质等危险性相当的其他危险方法，致人重伤、死亡或使公私财产遭受重大损失，危害公共安全的行为。[1] 而《意见》第2条第1项除将"故意传播"的"确诊病例"和"疑似病例"认定为"以危险方法危害公共安全罪"外，如上所述，并未对"过失以危险方法危害公共安全罪"作出规定或解释。显然，两司法解释针对同为"确诊病例"和"疑似病例"的群体，却作出了"故意"和"过失"两个不同罪名的解释，即前者是"过失以危险方法危害公共安全罪"，而后者是"以危险方法危害公共安全罪"。二者在"传播"的行为主体、行为方式、故意内容上均存在不同。针对此种情况是否也需要依据法教义学理论或者参照刑法竞合理论来进行甄别、分析和认定呢？答案是肯定的，故本文也将对此作些分析。

首先，两罪的行为主体不同。认真比较两司法解释就会发现，《解释》表述的主体是泛指，即一切"故意传播突发传染病病原体"的人群，而《意见》表述的主体是特指，即只有"确诊病例"和"疑似病例"的行为人才可能构成"以危险方法危害公共安全罪"。当然，如上所述，无论是泛指还是特指，两司法解释均排除了《刑法》第114条规定的"投放危险物质罪"。尤其应当指出的是，《解释》第1条第2款又特别规定了"患有突发传染病或者疑似突发传染病而拒绝接受检疫、强制隔离或者治疗，过失造成传染病传播，情节严重，危害公共安全的，依照刑法第一百一十五条第二款的规定，按照过失以危险方法危害公共安全罪定罪处罚"。这也就排除了"确诊病例"和"疑似病例"行为人构成"以危险方法危害公共安全罪"的可能性。显然，其在行为主体上与《意见》第2条第1项的规定有明显冲突，从而导致两司

---

〔1〕 刘艳红主编：《刑法学》（第2版·下），北京大学出版社2016年版，第38页。

法解释在同主体情况下分别适用了"以危险方法危害公共安全罪"和"过失以危险方法危害公共安全罪"两个不同罪名。对此依据上述法条关系理论可知，两罪名显然是对立关系，因此需要依据法教义学理论来解决两者的冲突与矛盾。具体方案有二：一是遵循新法优于旧法的原则，尤其是《意见》是专门针对疫情防控公布的新释，此种情况下应当毫不犹豫地执行新释，这也是有着坚实的法教义学的司法逻辑与根据的。二是从另一层面讲，也可考虑在同等情况下作出有利于被告的选择，因为《解释》至今并没有宣布废止，根据法教义学刑法的"谦抑性原则"，为体现公平和保障人权，选择"过失以危险方法危害公共安全罪"也是情理之中的。综合两方案，本文更倾向于选择后一方案。因为立法者或司法解释者所造成的失误、矛盾或错误是不能让犯罪嫌疑人或被告人承担的。另外司法的更大价值在于造就或追求司法诚信，而非只追求个案公正或审判，也只有这样，整个社会和公民才能够更加信仰国家的法律。

其次，两罪的行为方式不同。根据《刑法》第114条的规定，从司法实践和相关法律解释可以看出，"以危险方法危害公共安全罪"的具体行为表现通常包括：①私设电网或用电捕鱼；②邪教人员自焚、爆炸；③传播突发传染病病原体或确诊病人及疑似病人拒绝接受检疫、强制隔离或治疗；④乘客抢夺方向盘、变速杆等操作装置或袭击、殴打、拉拽驾驶人员等妨害驾驶行为；⑤驾车撞人或肇事后继续冲撞；⑥驾驶人员与乘客发生纠纷违规操作或擅离职守，以及与乘客厮打、互殴危害公共安全；⑦向人群开枪、向高空抛物等危害公共安全的行为。[1]然而，对两司法解释进行比较，我们就会发现《解释》第1条第1款只是抽象地规定了"故意传播"和"危害公共安全"的行为，最终就认定为"以危险方法危害公共安全罪"。而《意见》第2条第1项不仅规定有"故意传播"和"危害公共安全"的行为，且规定了必须"进入公共场所"或"乘坐交通工具"的后续行为，"疑似病例"甚至还要有

---

〔1〕 详见《解释》，2009年9月11日最高人民法院《关于印发醉酒驾车犯罪法律适用问题指导意见及相关典型案例的通知》，2013年7月19日公安部《关于公安机关处置信访活动中违法犯罪行为适用法律的指导意见》，2017年1月25日"两高"《关于办理组织、利用邪教组织破坏法律实施等刑事案件适用法律若干问题的解释》，2019年1月8日"两高"、公安部《关于依法惩治妨害公共交通工具安全驾驶违法犯罪行为的指导意见》，2019年11月14日最高人民法院《关于依法妥善审理高空抛物、坠物案件的意见》《意见》等。

"造成新型冠状病毒传播的"后果，才能最终被认定为"以危险方法危害公共安全罪"。显然，虽然二者侵害的法益都是不特定多数人的生命、健康和重大公私财产的安全，但针对同一罪名两司法解释却提出了不同的定罪条件与标准，这是需要认真对待的。根据刑法教义学的原理和"罪刑法定原则"：一是对于有明文规定的刑法规范要执行明文规定，显然在两司法解释间，就"以危险方法危害公共安全罪"的行为特征而言，《意见》第2条第1项的规定就比《解释》第1条第2款的规定要详细得多、明确得多，尤其前者又是针对此次疫情防控的特别规定，故理应优先适用前者而非后者。二是既然《解释》第1条第2款之规定有"故意传播"和"危害公共安全"的行为，相对于《意见》第2条第1项具体规定的必须"进入公共场所"或"乘坐交通工具"的后续行为才能认定为"以危险方法危害公共安全罪"。显然，前者属于没有明文规定的抽象概念，不好随意扩张解释和理解，故属于"法无明文规定"的范畴，因此不应当随意执行和使用。当然，如上所述，根据《刑法》第114、115条的规定，"以危险方法危害公共安全罪"主观上既可以是故意也可以是过失，且犯罪目的和动机又可多种多样，如为报复泄愤而驾驶汽车冲向人群，为逃避"隔离"而传播传染性"病毒"，或者为了个人的其他目的等，无论出于何种目的和动机，都不会影响定罪，但会影响量刑。

最后，两罪的故意内容不同。诚然，上述《解释》第1条第2款规定的"过失以危险方法危害公共安全罪"不仅有立法根据，而且源于传统刑法理论及长期的司法实践，甚至有司法解释的明文规定。根据《刑法》第115条的规定："……致人重伤、死亡或者使公私财产遭受重大损失的，处十年以上有期徒刑、无期徒刑或者死刑。过失犯前款罪的，处三年以上七年以下有期徒刑；情节较轻的，处三年以下有期徒刑或者拘役。"由此可见，无论是"以危险方法危害公共安全罪"还是"投放危险物质罪"，都是有明确的过失犯罪的立法根据的。但我们注意到，《解释》第1条第2款又特别规定了"确诊病例"和"疑似病例"的人拒绝检疫、强制隔离或者治疗"过失造成传染病传播，情节严重"的构成"过失以危险方法危害公共安全罪"。显然，这是针对行为结果而言的定罪思维。而《意见》第2条第1项规定的"故意传播新型冠状病毒感染肺炎病原体"，虽然也是针对"确诊病例"和"疑似病例"的人，却认定为"以危险方法危害公共安全罪"。显然，这是针对行为内容而言的定罪思维。也就是说，同样是"主观故意"，相对于行为内容而言就属于

"故意犯罪"，相对于行为结果而言就属于"过失犯罪"，一个"故意"一个"过失"，不仅罪名相去甚远，且量刑相差很大，此种情况在传统刑法理论和司法实践中是一种颇具代表性的情形。类似情况及罪名如交通肇事罪，行为人违法交通规则如逆行、无照驾驶等很难说不是故意，因为其是明知违规违法而为之，但即便如此出现交通事故或许也是行为人所不愿看到的，故在传统刑法理论中此类针对行为后果而言的情况大都被认定为"过失"，在我国刑法教科书中一直以来也都将交通肇事罪的主观方面认定为过失。另外，值得关注的是，《意见》并没有对《刑法》第 115 条第 2 款规定的"过失以危险方法危害公共安全罪"作任何回应或解释，这就与《解释》第 1 条第 2 款形成了鲜明的对比。从法教义学上讲，一方面，应从有利于被告考虑，由于《解释》并未宣布废止，在其继续有效的情况下，尤其又有充分证据证明被告对案件结果并非故意或主动追求，就应认定"过失以危险方法危害公共安全罪"。另一方面，虽然《意见》没有"过失以危险方法危害公共安全罪"的规定，但《刑法》第 115 条明确规定有"过失以危险方法危害公共安全罪"，尤其是在有证据证明行为人针对案件结果的确只存在"过失"的情况下，也应认定为"过失以危险方法危害公共安全罪"，而不应以"以危险方法危害公共安全罪"追究刑事责任。根据《刑法》第 114 条的规定，"投放危险物质罪"也会出现此种情况，即"主观指向"抑或故意内容抑或过失结果的分离。就行为内容而言，无论"投放"抑或"传播"，行为人都不可能不具有故意的可能性，起码也是"间接故意"或对行为结果持"放任态度"。就行为结果而言，行为人也的确不想传染他人，因为该结果对其并非有益。显然，问题极其复杂，在未来理论与实践中应当引起高度重视。据此，我们主张，其类似交通肇事罪、以危险方法危害公共安全罪和投放危险物质罪等罪名，主观上均同时存在"故意"和"过失"，刑法理论上称其为"复合式罪过形式"。

当然，基于"复合式罪过形式"的复杂性，这里虽然限于篇幅不进行深入讨论，但由于"以危险方法危害公共安全罪"有故意和过失之分，故这里对其作些许分析。根据当时 2003 年的"非典"情况，《解释》第 1 条第 2 款将"患有"或"疑似"病人"拒绝接受检疫、强制隔离或者治疗""过失造成传染病传播"，且"情节严重""危害公共安全的"定"过失以危险方法危害公共安全罪"。也就是说，一是这里的"患有"与"疑似"病人没有区别，在定罪指向和适用罪名上显然与《意见》有很大不同。二是"患有"与"疑似"病人拒绝"检疫""隔治"必须"过失造成传染病传播"才构成"过失以危险方法危害公共安全罪",而对于"故意"行为则没有作答。或许是认为在《解释》第1条第1款中已经包括,但似乎"故意传播突发传染病病原体"又与"拒绝接受检疫、强制隔离或者治疗"的行为大相径庭,其中显然存在矛盾与冲突。三是《解释》第1条第2款规定有"过失以危险方法危害公共安全罪",而《意见》却没有作出明确规定。当然,这并不影响对《刑法》第115条第2款"过失以危险方法危害公共安全罪"的执行,因为《刑法》第115条第2款有明确规定,所以在疫情防控中如果存在"过失以危险方法危害公共安全罪"的情形便完全可以认定。对此,我们主张,既然《意见》没有回答"过失"行为的法律适用问题,不妨在疫情执法中继续适用《解释》第1条第2款的规定,也即认定"过失以危险方法危害公共安全罪",只是在"确诊病例"和"疑似病例"的处理上以及主观认定上要更加慎重,甚至应当按照《意见》第2条第1项所规定的"确诊病例"与"疑似病例"的医学标准严格执行。

二、司法解释与《刑法》330条罪名间的想象竞合及分析

（一）以危险方法危害公共安全罪与"妨害传染病防治罪"间的竞合

《意见》第2条第（一）项规定:"……其他拒绝执行卫生防疫机构依照传染病防治法提出的防控措施,引起新型冠状病毒传播或者有传播严重危险的,依照刑法第三百三十条的规定,以妨害传染病防治罪定罪处罚……"由此可见,与"以危险方法危害公共安全罪"相比,"妨害传染病防治罪"的行为主体是除"确诊病例"和"疑似病例"之外的"拒绝""防控措施"的人群,只要他们"引起新型冠状病毒传播"或者"有传播严重危险的",均有可能构成犯罪。根据《刑法》第330条的规定,所谓妨害传染病防治罪,是指违反传染病防治的规定,引起甲类传染病传播或者有传播严重危险的行为,侵犯的法益为国家对传染病防治的正常管理活动。[1]构成本罪处3年以下有期徒刑或者拘役,后果特别严重的处3年以上7年以下有期徒刑。显然,与"以危险方法危害公共安全罪"相比,"妨害传染病防治罪"的刑罚后果

---

〔1〕 李晓明:《刑法学分论》,北京大学出版社2017年版,第334页。

是相对较轻的，因此要谨慎对待和研究《解释》第 1 条与《意见》第 2 条规定罪名上的差异及区别，以合理区分两个司法解释间的冲突与竞合。

如上所述，两罪的关联性表现在犯罪主体具体针对的人群范围。一方面，根据《意见》第 2 条第 1 项的规定，以危险方法危害公共安全罪的犯罪主体是"确诊病例"和"疑似病例"拒绝"检疫""隔治"的人群，妨害传染病防治是除此之外"拒绝""防控措施"的人群。且根据《意见》第 2 条第 1 项的规定，在行为上表现为"拒绝"疫情"防控措施"。另一方面，从理论上讲，两罪在主观上均属于"复合式罪过形式"，也即既有故意可能也有过失可能，均可以构成本罪。尽管在此问题上学界存在较大争论，[1]但"妨害传染病防治罪"不可能完全排除"故意"的可能性。《刑法》第 330 条规定："违反传染病防治法的规定，有下列情形之一，引起甲类传染病以及依法确定采取甲类传染病预防、控制措施的传染病传播或者有传播严重危险的，处三年以下有期徒刑或者拘役；后果特别严重的，处三年以上七年以下有期徒刑：……（五）拒绝执行县级以上人民政府、疾病预防控制机构依照传染病防治法提出的预防、控制措施的。……甲类传染病的范围，依照《中华人民共和国传染病防治法》和国务院有关规定确定。"另外，根据《国家卫生健康委员会公告 2020 年第 1 号》（本文以下简称《2020 年 1 号公告》）第 1 条的规定，"将新型冠状病毒感染的肺炎纳入《中华人民共和国传染病防治法》规定的乙类传染病，并采取甲类传染病的预防、控制措施"。由此可见，同 2003 年的"非典"一样，在此次"疫情"下，两罪涉及的"新冠肺炎"也属于《刑法》对"甲类传染病"的管控范围，也可谓是于法有据。

根据《意见》第 2 条第 1 项"准确适用法律，依法严惩妨害疫情防控的各类违法犯罪"的规定，无论是"确诊病例"还是"疑似病例"均以"故意"犯罪论，也即都被认定为"以危险方法危害公共安全罪"。当然，"疑似病例"和"确诊病例"在构罪标准与条件上是有区别的。如上所述，前者不仅要"进入公共场所或者公共交通工具"且要求达到"造成新型冠状病毒传

---

〔1〕 例如，张明楷教授认为本罪为故意犯罪；叶峰先生认为本罪系过失犯罪；最高检研究室的李文峰副主任则认为本罪主观方面是混合过错。参见张明楷：《刑法学》（第 5 版），法律出版社 2016 年版，第 1120 页；中国检察理论研究所：《刑法新罪名通论》，中国法制出版社 1997 年版，第 266 页；李文峰："准确适用妨害传染病防治罪依法严惩拒抗拒疫情防控措施犯罪"，载《检察日报》2020 年 2 月 12 日。

播的"才能成立犯罪，而后者只要"有传播严重危险的"即可构成犯罪。因此，研究行为主体范围对于准确认定两罪及其量刑均十分重要。主要表现在：一是两罪所侵害的具体法益不同。前者是"社会公共安全"，而后者是"社会管理活动"，也即二者根本不是同一类罪，或者不具有法益侵害的同一性。二是两罪行为主体的人群范围不同。如上所述，前者是《意见》第 2 条第 1 项所规定的"确诊病例"和"疑似病例"的人群，而后者是第 2 条第 1 项所规定的"其他"人群，侵犯法益和对象不具有包容关系。三是两罪的量刑轻重也不尽相同。前者最高可判处死刑，而后者最高只有 7 年有期徒刑。四是两罪的主观方面不同。前者属于"复合式罪过形式"，既可能是故意也可能是过失；而后者按照传统刑法教科书的观点，只能由过失构成，目前在理论上争议甚大。按照一般法教义学和法条关系理论来分析，这是典型的想象竞合犯，要择一重罪进行处罚。也就是说，通常应选择"以危险方法危害公共安全罪"来进行定罪量刑。但由于《意见》第 2 条第 1 项严格区分了犯罪对象的类群，即"以危险方法危害公共安全罪"针对的对象是"确诊病例"和"疑似病例"，而"妨害传染病防治罪"是除"确诊病例"和"疑似病例"以外的"其他"拒绝防疫或隔治的人群，可以说，这也是区分两罪的根本点之一，故要想区分两罪便必须认真、深入地分析这些不同人群。

（二）"疑似病例"和"确诊病例"对相关罪名认定的影响

先说疑似病例，通常是指生命体征（如体温）、外表症状等与某疾病相似，即根据某传染病的症状和流行病学史的临床诊断，而没有进行实验室检查的病例。根据此次"疫情"病毒的传播状况，以及 2020 年 3 月 3 日国家卫生健康委员会发布的《新型冠状病毒肺炎诊疗方案（试行第 7 版）》关于"疑似病例"的界定，有流行病学史的任何一条，且符合临床表现中任意 2 条或无明确流行病学史但符合临床表现 3 条者为"疑似病例"："1. 流行病学史（1）发病前 14 天内有武汉市及周边地区，或其他有病例报告社区的旅行史或居住史；（2）发病前 14 天内与新型冠状病毒感染者（核酸检测阳性者）有接触史；（3）发病前 14 天内曾接触过来自武汉市及周边地区，或来自有病例报告社区的发热或有呼吸道症状的患者；（4）聚集性发病（2 周内在小范围如家庭、办公室、学校班级等场所，出现 2 例及以上发热和/或呼吸道症状的病例）。2. 临床表现（1）发热和/或呼吸道症状；（2）具有上述新型冠状病毒肺炎影像学特征；（3）发病早期白细胞总数正常或降低，淋巴细胞计数正常或减少。"

所谓确诊病例，是指出现某传染病的临床表现并有流行病学史，同时有一定的实验室检测结果者即为确诊病例。根据此次"疫情"病毒的传播状况，以及 2020 年 3 月 3 日国家卫生健康委员会发布的《新型冠状病毒肺炎诊疗方案（试行第 7 版）》关于"确诊病例"的界定。"疑似病例"同时具备以下病原学或血清学证据之一者为"确诊病例"：①实时荧光 RT-PCR 检测新型冠状病毒核酸阳性。②病毒基因测序，与已知的新型冠状病毒高度同源。③血清新型冠状病毒特异性 IgM 抗体和 IgG 抗体阳性；血清新型冠状病毒特异性 IgG 抗体由阴性转为阳性或恢复期较急性期 4 倍及以上升高。

诚然，由于此次"疫情"发现的"冠状病毒"是新种类，加之"疫情"紧急和突然，对其的认识是一个不断变化的过程。因此，自"疫情"爆发以来，截至目前，国家卫生健康委员会发布的"新型冠状病毒肺炎诊疗方案"共有 8 个版本。国家卫生健康委员会第一个版本是 1 月 16 日 [1 月 24 日《湖北省新型冠状病毒感染的肺炎诊疗方案（试行第 1 版）》]，第二个版本是 1 月 14 日，第三个版本是 1 月 22 日，第四个版本是 1 月 27 日，第五个版本是 2 月 8 日，第六个版本是 2 月 18 日，第七个版本是 3 月 3 日，第八个版本是 8 月 18 日（2021 年 4 月 14 日进行了修订）。之所以作此统计，是因为不同时间或版本的"疑似病例"和"确诊病例"的结论是完全不同的，正因为不同时间段医院所使用的版本不同，故就应该按照不同时间、不同版本和不同医院所确认的病人的结论为准。当然，具体情况或许又是非常复杂的，所以应依据每个病人所在医院的具体情况来认定确诊结论。

尤其要注意国家卫生健康委员会于 2020 年 2 月 18 日发布的《新型冠状病毒肺炎诊疗方案（试行第 6 版）》与此前地方（尤其是湖北）的标准不同的问题。作为重灾区的湖北（武汉）有 1 月 24 日发布的《湖北省新型冠状病毒感染的肺炎诊疗方案（试行第 1 版）》及其地方标准，作为主要灾区的浙江有 2020 年 2 月 1 日发布的《新型冠状病毒感染的肺炎诊疗方案（浙江临床经验版第一版）》及其地方标准等。那么，在认定时究竟是按照国家卫生健康委员会的标准来确定还是按照地方的标准来确定？这确实是执法与司法的一个难题。从客观性与公正性上讲，对于《新型冠状病毒肺炎诊疗方案（试行第 6 版）》的"疑似病例"和"确诊病例"，无论是地方标准还是国家标准均应认可，尤其应以病人所在医院当时的"病历"或出具的"诊断结论"

为准，否则容易引起混乱。

另外，要注意《新型冠状病毒肺炎诊疗方案（试行第 6 版）》第 9 条规定的"解除隔离标准需满足以下 4 个条件"："1. 体温恢复正常 3 天以上；2. 呼吸道症状明显好转；3. 肺部影像学显示急性渗出性病变明显改善；4. 连续两次呼吸道标本核酸检测阴性（采样时间至少间隔 1 天）。"在认定"疑似病例"和"确诊病例"时，不仅要依据病人所在医院出具的"诊断病历"或"诊断证明"，还要参照这些"隔离"的实质标准进行案情核定。

当然，2020 年 3 月 3 日之后，由于国家卫生健康委员会发布的《新型冠状病毒肺炎诊疗方案（试行第 7 版）》中有更加明确或成熟的"疑似病例"和"确诊病例"标准，故通常应执行国家标准。当然，每一个病人使用的是何种标准就应按何种标准认定，尤其应按照病人所在医院以及医院的病历记载为准，这样不仅便于操作而且相对公平。如果病人同时具有两个标准的结论或者两个标准发生冲突，建议从有利于被告出发，执行对被告有利的标准。

这些不同的时间、版本及不同的标准有可能导致在司法活动中要按照不同时期所确定的"疑似病例"和"确诊病例"执行，在具体操作上尤其应重视以病人所在医院或诊治部门给出的"医学结论"为准，要尽可能地给当事人一个公平和公正的待遇或结论。还有一个值得关注的问题，那就是在 2020 年 2 月 8 日国家卫生健康委员会发布的《新型冠状病毒肺炎诊疗方案（试行第 5 版）》中，除"确诊病例"和"疑似病例"外，还在湖北地区新增了"临床诊断病例"。具体是指"疑似病例具有肺炎影像学特征者"。也就是说，"临床诊断病例"就是实验室还没有最终确诊，也即尚未查到核酸检测阳性的检验报告，只是从肺炎影像学的特征和临床症状来看像"新冠肺炎"的病例。在此种情况下，应当将"临床诊断病例"视为"疑似病例"，而不能认定为"确诊病例"，因为这涉及各自不同的入罪标准问题。当然，近期"新冠肺炎"检测治疗实践中又出现了"无症状病例"的问题。我们认为，"无症状病例"在未被检测认定为"阳性"之前，既非"确诊病例"也非"疑似病例"。然而，在被检测认定为"阳性"之后就应认定为"确诊病例"，这是毫无疑问的，法律就应当这么刚性。

综上所述，对于"确诊病例"而言，"以危险方法危害公共安全罪"基本上是行为犯，即只要实施了拒绝"检疫""隔治"且"进入公共场所或者公共交通工具"即成立犯罪。而对于"疑似病例"而言，"以危险方法危害公共安全罪"有可能是结果犯，因为根据《意见》第 2 条第 1 项的规定，不仅要求拒绝"检疫""隔治"和"进入公共场所或者公共交通工具"，而且要求必须"造成新型冠状病毒传播"才可成立犯罪。至于"过失以危险方法危害公共安全罪"，根据《解释》第 1 条第 2 款的规定，也必须"过失造成传染病传播"才成立犯罪，这些具体标准需要在司法实践中予以认真把握和执行。至于"妨害传染病防治罪"则必须是除"确诊病例"和"疑似病例"以外的"其他"拒绝防疫或隔治的人群。只有如此，才能准确把握两罪的清晰界分，以便做到准确定罪量刑。

三、司法解释与《刑法》第 360、331、133 条罪名间的法条竞合及分析

根据《意见》和《解释》的规定，以危险方法危害公共安全罪还与以下罪名发生较大冲突和竞合。

（一）与"传播性病罪"的竞合：传播"对象"前者系"病毒"而后者系"性病"

《刑法》第 360 条规定："明知自己患有梅毒、淋病等严重性病卖淫、嫖娟的，处五年以下有期徒刑、拘役或者管制，并处罚金。"所谓传播性病罪，是指明知自己患有梅毒、淋病等严重性病而卖淫、嫖娟的行为。由此可见，传播性病的行为方式只能是卖淫、嫖娟两种。所谓卖淫，是指以获取金钱、财物为目的而把自己的肉体提供给他人以淫乱的行为。所谓嫖娟，是指以金钱、财物作为交换条件，而使他人提供肉体与自己淫乱的行为。淫乱行为主要是指性行为，但也不排除手淫、口淫或者其他与性接触有关的行为。[1] 这里需要澄清两点：一是除卖淫、嫖娟外用其他方式传播性病的，如通过通奸、强奸或在公共浴池洗澡以及同性恋行为等将性病传染给他人的行为如何定罪？二是除梅毒、淋病外，传播"艾滋病"如何定罪？根据 2017 年 7 月 21 日"两高"《关于办理组织、强迫、引诱、容留、介绍卖淫刑事案件适用法律若干问题的解释》第 12 条的规定："明知自己患有艾滋病或者感染艾滋病病毒而卖淫、嫖娟的，依照刑法第三百六十条的规定，以传播性病罪定罪，从重处罚。具有下列情形之一，致使他人感染艾滋病病毒的，认定为刑法第九十五条第三项'其他对于人身健康有重大伤害'所指的'重伤'，依照刑法第

---

〔1〕 李晓明：《刑法学分论》，北京大学出版社 2017 年版，第 386 页。

二百三十四条第二款的规定，以故意伤害罪定罪处罚：（一）明知自己感染艾滋病病毒而卖淫、嫖娼的；（二）明知自己感染艾滋病病毒，故意不采取防范措施而与他人发生性关系的。"另外，同样是传播"传染病"，该罪与"以危险方法危害公共安全罪"，甚至"妨害传染病防治罪"又是什么样的竞合关系呢？以下，本文将作些分析。

首先，在疫情防控下，"以危险方法危害公共安全罪"与"传播性病罪"是法条竞合关系。具体来讲，二者在行为对象和法益侵害上具有同一性和包容性，都具有传染"传染病"的行为，只不过前者传染的是突发流行性"传染病"，而后者传染的是"性病"。二者的区别表现在：①两罪的行为对象或人群范围不同，前者大都是不特定人，既包括亲密接触的家人、朋友等个体，也包括公共场所的不特定人群；后者除个别情况外（如公共浴室），传播的对象大都是与自己发生性关系或淫乱关系的特定对象。②两罪行为人的主观罪过不同，前者既可以是故意也可以是过失，而后者只能是故意，而且是直接故意。所谓"明知"，具体表现在有证据证明行为人曾到医院就医，被诊断为患有严重性病；或者根据本人的知识和经验，能够知道自己患有传染性病的；以及通过其他方式能够证明行为人是"明知"的。③两罪的量刑不同，前者是有无期徒刑或死刑，后者是5年以下有期徒刑、拘役或者管制。依据刑法竞合理论，两罪是典型的法条竞合关系，故应遵循特别罪名优于普通罪名的原则处理，如果传播对象是"性病毒"，只能认定为传播性病罪，否则以以危险方法危害公共安全罪论处。

其次，疫情防控下"妨害传染病防治罪"与"传播性病罪"也是法条竞合关系。具体来讲，二者在侵害法益上具有同一性和包容性，而且行为方式都具有传播"传染病"的行为，只不过前者传播的是突发流行性"传染病"，主要是指甲类传染病，即鼠疫、霍乱、2003年的"非典"和2020年的"新冠肺炎"。而后者是传播"性病"，主要是梅毒、淋病以及艾滋病等。二者的区别表现在：①两罪的行为对象或人群范围不同，前者大都是不特定人，既包括亲密接触的家人、朋友等个体，也包括公共场所的不特定人群；后者除个别情况外（如公共浴室），传播的对象大都是与自己发生性关系或淫乱关系的特定对象。②两罪行为人的主观罪过不同，传统观点认为前者是过失犯罪，而后者是故意犯罪，而且是直接故意。③两罪的量刑不同，前者最高是7年有期徒刑，而后者是5年以下有期徒刑、拘役或者管制。依据刑法竞合理论，两罪也是典型的法条竞合关系，故应遵循特别罪名优于普通罪名的原则处理，如果传播对象是"性病毒"，只能认定为传播性病罪，否则以妨害传染病防治罪论处。

（二）与"传染病菌种、毒种扩散罪"的竞合：前者系一般主体而后者系特殊主体

《刑法》第331条规定："从事实验、保藏、携带、运输传染病菌种、毒种的人员，违反国务院卫生行政部门的有关规定，造成传染病菌种、毒种扩散，后果严重的，处三年以下有期徒刑或者拘役；后果特别严重的，处三年以上七年以下有期徒刑。"所谓传染病菌种、毒种扩散罪，是指从事实验、保藏、携带、运输传染病菌种、毒种的人员违反国务院卫生行政部门的有关规定，造成传染病菌种、毒种扩散，后果严重的行为。[1]根据2008年6月25日最高人民检察院和公安部发布的《关于公安机关管辖的刑事案件立案追诉标准的规定（一）》第50条的规定，包括甲、乙、丙三类"传染病"的菌种、毒种扩散。这就与《刑法》第114、330条规定的"以危险方法危害公共安全罪"和"妨害传染病防治罪"均有法益侵害和犯罪对象上的同一性和包容性，而且行为方式上也具有传播、传染和扩散上的近似，故本文将讨论三者之间的法条关系。

首先，在疫情防控下"以危险方法危害公共安全罪"与"传染病菌种、毒种扩散罪"是一种法条竞合关系。如上所述，二者在行为对象和法益侵害上具有同一性和包容性。表现在：①二者都具有传染"传染病"病毒的行为，只不过前者传染的是突发流行性"传染病"病毒，而后者传染的是甲、乙、丙等病毒的"菌种、毒种"。②两罪的行为对象都是不特定的人群，即在公共场所或实验、保藏、携带、运输的过程中造成病毒传播或扩散的人群。二者的区别表现在：①犯罪主体不同，前者是一般主体，后者是特殊主体，即只有从事实验、保藏、携带运输传染病菌种、毒种的人员才能成为后者的主体。②主观罪过不同，前者是"复合式罪过形式"，后者是过失犯罪。③量刑不同，前者最高是无期徒刑或死刑，后者最高是7年以下有期徒刑。依据刑法竞合理论，两罪也是典型的法条竞合关系，故应遵循特别罪名优于普通罪名的原则来处理，如果传播对象是甲、乙、丙等病毒的"菌种、毒种"且主体是特殊主体，只能认定为传染病菌种、毒种扩散罪，否则以以危险方法危害

---

〔1〕 刘艳红主编：《刑法学》（第2版·下），北京大学出版社2016年版，第402页。

公共安全罪论处。

其次，疫情防控下"妨害传染病防治罪"与"传染病菌种、毒种扩散罪"也是法条竞合关系。二者在侵害法益上具有同一性和包容性：前者传播的是突发流行性"传染病"，主要是指甲类传染病，即鼠疫、霍乱、2003 年的"非典"和 2020 年的"新冠肺炎"；后者传播的是甲乙丙等病毒的"菌种、毒种"。而且行为方式都具有传染"传染病"的行为，只不过前者是"传播"，而后者是"扩散"。二者的区别表现在：①两罪的行为对象不完全相同，前者是突发流行性"传染病"，主要是指甲类传染病，即鼠疫、霍乱、2003 年的"非典"和 2020 年的"新冠肺炎"；后者传播的是甲乙丙等病毒的"菌种、毒种"。②两罪的主体不同，前者是不特定的任何公民；后者是特定的从事实验、保藏、携带、运输传染病菌种、毒种的人员。依据刑法竞合理论，两罪也是典型的法条竞合关系，故应遵循特别罪名优于普通罪名的原则来处理，如果传播对象是甲、乙、丙等病毒的"菌种、毒种"且是特殊主体只能认定为传染病菌种、毒种扩散罪，否则以妨害传染病防治罪论处。

（三）与"危险驾驶罪"的竞合：前者系行为实害犯罪而后者系行为危险犯罪

《刑法》第 133 条之一规定："在道路上驾驶机动车，有下列情形之一的，处拘役，并处罚金：（一）追逐竞驶，情节恶劣的；（二）醉酒驾驶机动车的；（三）从事校车业务或者旅客运输，严重超过额定乘员载客，或者严重超过规定时速行驶的；（四）违反危险化学品安全管理规定运输危险化学品，危及公共安全的。机动车所有人、管理人对前款第三项、第四项行为负有直接责任的，依照前款的规定处罚。有前两款行为，同时构成其他犯罪的，依照处罚较重的规定定罪处罚。"所谓危险驾驶罪，是指在道路上驾驶机动车，追逐竞驶、情节恶劣，或者在道路上醉酒驾驶机动车，或者在道路上从事校车业务或者旅客运输，严重超过额定乘员载客或者严重超过规定时速行驶，或者违反危险化学品安全管理规定运输危险化学品、危及公共安全的行为；机动车所有人、管理人对在道路上从事校车业务或者旅客运输，严重超过额定乘员载客或者严重超过规定时速行驶，或者违反危险化学品安全管理规定运输危险化学品、危及公共安全的行为负有直接责任的行为。[1]显然，危险驾

---

［1］ 李晓明：《刑法学分论》，北京大学出版社 2017 年版，第 139 页。

驶行为实际上是对公共安全法益存在一种潜在威胁，其只是一种可能存在的危险状态，未必就一定造成危害公共安全结果的发生。根据 2013 年 12 月 18日 "两高"、公安部《关于办理醉酒驾驶机动车刑事案件适用法律若干问题的意见》第 1、2 条的规定，"醉酒驾驶"的血液酒精含量达到 80 毫克/100 毫升以上的即构成该罪，血液酒精含量达到 200 毫克/100 毫升以上的将从重处罚。

　　"以危险方法危害公共安全罪"与"危险驾驶罪"也是一种典型的法条竞合关系。表现在：①两罪在行为特征上具有包容性，不仅都具有危害"公共安全"的行为，而且危险驾驶车辆就是以其他方法危害公共安全的行为之一，只不过《刑法修正案（八）》将其罪名独立出来而已。②两罪的行为对象和所侵害的法益具有同一性，不仅都威胁到了"公共安全"，而且都与公共场所、交通工具有关，也即均是在这些领域给社会上的不特定人群造成危险。③两罪在法教义学理论上均属于"行为犯"或"危险犯"，也即只要实施某种行为或存在一定的危险状态就构成犯罪，如果实际造成损害则加重处罚或认定更重的罪名予以处罚。④两罪存在竞合关系。如在传播病毒或"酒驾"过程中行为性质或犯意有可能转化，尤其是在危害公共安全问题上存在重合，即一开始或许是过失传播病毒或酒后驾驶，后来抑或转为故意传播病毒或者进行追逐竞驶等危险行为。这说明行为人实施的并非一个行为而是先后多个行为，故有可能前一个行为成立危险驾驶罪，后一个行为成立以危险方法危害公共安全罪，甚至两罪互换或数罪并罚。当然，如果行为人一开始就有危害公共安全的心理，并实施了可能造成不特定多数人伤亡或者财产损失的危险行为，则只能成立以危险方法危害公共安全罪。

　　两罪的区别表现在：①在针对"驾驶行为"的考量上，两罪规定的"行为犯"的种类不同。前者实施的是实害行为，《刑法》第 114 条规定"尚未造成后果"即可定罪，如果"造成后果"则加重处罚，由此可见，其属于实害犯。而后者要求的只是一种危险行为，如果"造成后果"定"以危险方法危害公共安全罪"或者"交通肇事罪"，显然要更换为具有实害要求的罪名。当然，必须是驾驶车辆"横冲直撞"，甚至造成了人群或车辆损失才构成"以危险方法危害公共安全罪"。而"危险驾驶罪"只要实施了"酒驾"行为，是否真正造成了损害后果并不影响定罪，也即不需要出现实害结果。当然，在具体案件中，不仅要实质性地判断行为人的行为是否具有危害公共安全的危险，还要判断该危险行为是否足以造成或危害到公共安全。比如，虽然喝了酒，但在漫无边际的沙漠道路上驾驶，几乎没有人员或车辆，在这样的情形下，很难认定其为"危险驾驶罪"，或许可能造成自身的车毁人亡，但能否将此种情况确认为危害公共安全则要另当别论。因此，后者要判断"酒驾"对不特定多数人的人身安全、重大财产安全是否造成紧迫或现实的危险？这当然需要综合考虑涉案车辆的行驶、车况、路况、酒驾的时间、事发路段的行人及车流量等状况，以及可能造成的危害后果的危险状况或风险。②两罪行为人的主观罪过不同，前者既可以是故意也可以是过失，即属于"复合式罪过形式"，而后者只能是故意犯罪。③两罪的刑罚不同，前者最高有无期徒刑或死刑，后者只是拘役并处罚金。所以，两罪具有许多方面的不同。因此，在实际工作中要认真慎重区分两罪并进行具体选择。

四、司法解释相互之间涉及罪名的想象竞合及法教义学分析

（一）《刑法》第 332 条"妨害国境卫生检疫罪"的理解及其认定

《刑法》第 332 条规定："违反国境卫生检疫规定，引起检疫传染病传播或者有传播严重危险的，处三年以下有期徒刑或者拘役，并处或者单处罚金。单位犯前款罪的，对单位判处罚金，并对其直接负责的主管人员和其他直接责任人员，依照前款的规定处罚。"据此，所谓妨害国境卫生检疫罪，是指自然人或者单位违反国境卫生检疫规定，引起检疫传染病传播或者有传播严重危险的行为。[1] 显然，该罪是典型的空白罪状。根据《国境卫生检疫法》第 20 条第 1 款的规定："对违反本法规定，有下列行为之一的单位或者个人，国境卫生检疫机关可以根据情节轻重，给予警告或者罚款：（一）逃避检疫，向国境卫生检疫机关隐瞒真实情况的；（二）入境的人员未经国境卫生检疫机关许可，擅自上下交通工具，或者装卸行李、货物、邮包等物品，不听劝阻的。"但并非具备此行为的都是犯罪，必须达到"引起检疫传染病传播或者有传播严重危险的"才是犯罪。

首先，如何理解"传染病"？根据《传染病防治法》第 3 条的规定："本法规定的传染病分为甲类、乙类和丙类。甲类传染病是指：鼠疫、霍乱。乙类传染病是指：传染性非典型肺炎、艾滋病、病毒性肝炎、脊髓灰质炎、人感染高致病性禽流感、麻疹、流行性出血热、狂犬病、流行性乙型脑炎、登

---

〔1〕 张明楷：《刑法学》（下），法律出版社 1997 年版，第 849 页。

革热、炭疽、细菌性和阿米巴性痢疾、肺结核、伤寒和副伤寒、流行性脑脊髓膜炎、百日咳、白喉、新生儿破伤风、猩红热、布鲁氏菌病、淋病、梅毒、钩端螺旋体病、血吸虫病、疟疾。……国务院卫生行政部门根据传染病暴发、流行情况和危害程度，可以决定增加、减少或者调整乙类、丙类传染病病种并予以公布。"第4条第1款规定："对乙类传染病中传染性非典型肺炎、炭疽中的肺炭疽和人感染高致病性禽流感，采取本法所称甲类传染病的预防、控制措施。其他乙类传染病和突发原因不明的传染病需要采取本法所称甲类传染病的预防、控制措施的，由国务院卫生行政部门及时报经国务院批准后予以公布、实施。"如上所述，此次新冠肺炎疫情爆发后，国家卫生健康委员会《2020年1号公告》已将其纳入《传染病防治法》的乙类传染病。因此，其已属于《刑法》对"甲类传染病"的管控范围。即是说，只要拒绝检疫和隔治足以引起"新冠肺炎"的"传播"或违反国境卫生检疫规定引起传播危险即构成犯罪。当然，是构成"以危险方法危害公共安全罪""防止传染病防治罪"还是"妨害国境卫生检疫罪"，需要根据法条关系或罪名的竞合关系进行具体分析。

其次，如何理解"有传播严重危险的"？"引起检疫传染病传播"较容易理解，即将"新冠肺炎"病毒传染给他人就具备该条件，且在较大程度上是结果犯的构罪标准。但"有传播严重危险的"规定太不具体，具有抽象性或危险犯的味道。一是何为"有传播危险的"？《意见》第2条第1项规定的"妨害传染病防治罪"也有"引起新型冠状病毒传播"或者"有传播严重危险的"表述，且《意见》第2条第1项规定的"以危险方法危害公共安全罪"中有"拒绝隔治""并进入公共场所或者公共交通工具"的表述。可见，"拒绝隔治""进入公共场所或者公共交通工具"等均是造成"有传播危险的"因素。二是何为"有传播严重危险的"？既然是"严重危险"那就不是"一般危险"，起码造成危险的"程度"远远大于"一般危险"，如在人群聚集、上班高峰、人员较多、车厢密闭、没戴口罩等情况下均可能造成"严重危险"，甚至因此导致或造成整个现场或同乘人员几十人或上百人需要隔离，以及行为人的口罩时摘时戴、打喷嚏、共用餐具等。当然，"尚未造成严重后果的"是"以危险方法危害公共安全罪"的入罪条件，"引起新型冠状病毒传播或者有传播严重危险的"是"妨害传染病防治罪"的入罪条件，"引起检疫传染病传播或者有传播严重危险的"是"妨害国境卫生检疫罪"的入罪条件，各自针对的具体群体不一样。

再次，如何理解"公共场所"？在通常情况下，公共场所是供公众进行各种社会活动的场所。具体是指供社会公众进行聚会、工作、学习、经济、文化、社交、娱乐、体育、参观、医疗、卫生、休息、旅游和满足部分生活需求所使用的一切公用建筑物、场所及其设施的总称。[1]它具有相对开放性、秩序性、共享性、不特定性和公共性的特征。也可以说，公共场所是指根据该场所所有者（占有者或使用者）的意志，用于进行公众活动的相对空间。[2]在《刑法》第291条"聚众扰乱公共场所秩序、交通秩序罪"中，立法者对"公共场所"也有明确的列举，主要包括"车站、码头、民用航空站、商场、公园、影剧院、展览会、运动场"等。《治安管理处罚法》第23条第1款第（二）项也列举了"车站、港口、码头、机场、商场、公园、展览馆或者其他公共场所"。[3]应当说，这些都是在此次疫情防控中定罪量刑及开展执法、司法活动可以参考的规定。尤其是在"以危险方法危害公共安全罪"的认定上，对"公共场所"的概念要求极高，故要认真理解。

最后，如何理解"公共交通工具"？《刑法》第116条规定的"破坏交通工具罪"列举的"公共交通工具"有"火车、汽车、电车、船只、航空器"等。当然，实际生活中不仅仅只存在这些类型，随着现代运输与科技水平的发展，"公共交通工具"具有了更大的扩展性和广泛性。一般认为，现阶段常见的公共交通工具有出租车、公交车、地铁、轻轨、摩托车、电动车、人力车、磁悬浮列车、火车、船舶、民用航空飞行器等。由此可见，公共交通工具主要是指从事旅客或移动人群运输的各种公共汽车、电车、出租车、客运列车、客运船只、客运飞机等正在运营中的涉众交通工具。2000年11月22日最高人民法院《关于审理抢劫案件具体应用法律若干问题的解释》第2条也将"公共交通工具"界定为"从事旅客运输的各种公共汽车，大、中型出租车，火车，船只，飞机等正在运营中的公共交通工具"。由于公共交通工具

---

[1] 这里的公众是指不同性别、年龄、职业、民族或国籍、不同人际从属关系的个体组成的流动人群等。

[2] 李晓明："论公共视频监控系统对公民隐私权的影响"，载《法学杂志》2010年第11期。

[3] 笔者认为，《刑法》第291条对"公共场所"的列举也是一种重要的法律概念方法，尤其是在英美法系中，这种方法经常被应用于立法。其优点是，形象、具体、具有可比性，尤其是对一个事物的特征、性质、规模和内容等许多方面进行了可供比较和判断性的阐述，具有极大的操作性和可判断性，很值得我们借鉴。

具有人流量大、人员来源复杂、密切接触可能性大、空间较为密闭等特点，故考虑到其特性，"确诊"或"疑似"病人一旦进入，病毒的传播风险将会非常大，因此必须严密防控，以减少疫情病毒的传播及其给社会带来的风险。尤其是在"以危险方法危害公共安全罪"和"妨害国境卫生检疫罪"等罪名的认定上，"公共交通工具"使用频率极高，故应认真研究和理解。

（二）《国境卫生防疫意见》的"6条构罪标准"对定罪的影响

根据《国境卫生防疫意见》第2条第2项关于认定"妨害国境卫生检疫行为"的"6条构罪标准"："1. 检疫传染病染疫人或者染疫嫌疑人拒绝执行海关依照国境卫生检疫法等法律法规提出的健康申报、体温监测、医学巡查、流行病学调查、医学排查、采样等卫生检疫措施，或者隔离、留验、就地诊验、转诊等卫生处理措施的。2. 检疫传染病染疫人或者染疫嫌疑人采取不如实填报健康申明卡等方式隐瞒疫情，或者伪造、涂改检疫单、证等方式伪造情节的。3. 知道或者应当知道实施审批管理的微生物、人体组织、生物制品、血液及其制品等特殊物品可能造成检疫传染病传播，未经审批仍逃避检疫、携运、寄递出入境的。4. 出入境交通工具上发现有检疫传染病染疫人或者染疫嫌疑人，交通工具负责人拒绝接受卫生检疫或者拒不接受卫生处理的。5. 来自检疫传染病流行国家、地区的出入境交通工具上出现非意外伤害死亡且死因不明的人员，交通工具负责人故意隐瞒情况的。6. 其他拒绝执行海关依照国境卫生检疫法等法律法规提出的检疫措施的。实施上述行为，引起鼠疫、霍乱、黄热病以及新冠肺炎等国务院确定和公布的其他检疫传染病传播或者有传播严重危险的，依照刑法第三百三十二条的规定，以妨害国境卫生检疫罪定罪处罚。"可以说，其十分明确地确立了"妨害国境卫生检疫罪"的入罪标准，但对"检疫传染病染疫人或者染疫嫌疑人""出入境交通工具"和"检疫传染病流行国家、地区"等应作出相应的理解或解释。

首先，什么是"检疫传染病染疫人或者染疫嫌疑人"？"检疫传染病"不需要解释，此次疫情及其"输入型病例"中的是"新冠肺炎"病毒，这毫无疑问。所谓"染疫人"，是指感染"新冠肺炎"病毒或疫情病毒的携带者。关于这一点，请参照《意见》第2条第1项规定的"以危险方法危害公共安全罪"的主体人群范围中有关"确诊病例"和"疑似病例"的规定，包括2020年3月3日国家卫生健康委员会发布的《新型冠状病毒肺炎诊疗方案（试行第7版）》关于"疑似病例"和"确诊病例"医疗技术的界定指标。

我们认为，"染疫人"应当与"疑似病例"和"确诊病例"相当，因为虽然"疑似病例"尚未最终"确诊"，但据上述"疑似病例"的"严谨条件"，与"确诊病例"非常相似和接近。所谓"染疫嫌疑人"，是指来自"疫区"极有可能染有疫情病毒的嫌疑人，也即除"疑似病例"和"确诊病例"之外的来自"疫区"的人。这些人群，只要具备《国境卫生防疫意见》第2条第2项规定的"妨害国境卫生检疫行为""六条之一"的，均应被认为构成"妨害国境卫生检疫罪"。

其次，何为"出入境交通工具"？主要是指出入边境的一切交通工具，包括飞机、轮船、火车、汽车等。当然，作为"边境"的"防疫"检查主要是控制"入境"者所乘坐的交通工具。至于对"出境"的交通工具的"控制"，除非类似于此次疫情中的"封城"或者为控制疫情传播或扩散而进行的"封国"或"关境"，否则不会对"出境"的交通工具进行"控制"。

最后，何为"检疫传染病流行国家、地区"？一般是指疫情传播较为严重的国家或地区。通常作为一个国家的边境或口岸，对于哪些国家或地区进行严防或者严控都是具有明确的事前"公告"或"公布"的。在此次疫情防控过程中，北京、上海、广东、浙江、江苏等均适时对外公布了具体的"防疫"国家或地区，以告知来自这些国家或地区的旅客做好准备。如广东省卫生健康委员会于2020年3月19日发出通知，从3月19日零时起所有从国外入境来粤的中国国际旅客，以及在来粤之前14天内有韩国、意大利、伊朗、日本、德国、法国、美国、西班牙、英国、泰国、菲律宾、瑞士、瑞典、比利时、挪威、荷兰、丹麦、奥地利、马来西亚等19个国家旅居史的外籍旅客，都要实施居家或集中隔离医学观察14天的防控措施。

值得关注的是，近期，我国"新冠肺炎"的"输入型病例"猛增，由于这些由境外输入"病例"或"人群"的复杂性及不可控性，也相应给执法与司法带来了些许困惑和难度。大致情况包括：①具备《国境卫生防疫意见》第2条第2项规定的"妨害国境卫生检疫行为""6条构罪标准"的行为，且达到"引起检疫传染病传播或者有传播严重危险的"应以"妨害国境卫生检疫罪"定罪量刑。②假如是国外或境外的"确诊病例"通过瞒报骗过国边境，到了某城市或小区继续瞒报、拒绝"检疫"或"隔治"，甚至"进入公共场所或者公共交通工具"，就涉及"妨害国境卫生检疫罪"和"以危险方法危害公共安全罪"的竞合问题。根据法条关系和刑法竞合理论，笔者认为系典型的想象竞合犯，应择一重罪即以"以危险方法危害公共安全罪"定罪量刑。③假如是国外或境外的"疑似病例"通过瞒报骗过国边境，到了某城市或小区继续瞒报、拒绝"检疫"或"隔治"的，甚至"进入公共场所或者公共交通工具"且"造成新型冠状病毒传播"的，也属典型的想象竞合犯，"择一重罪"进行处理，如此也应以"以危险方法危害公共安全罪"定罪量刑。④假如是国外或境外的"确诊病例"和"疑似病例"以外的无症状病毒携带者或来自"疫国"或"疫区"者，如果过境时瞒报旅居国或旅居地或"拒绝执行卫生防疫机构依照传染病防治法提出的防控措施"，并"引起新型冠状病毒传播或者有传播严重危险的"，则可能涉及"妨害国境卫生检疫罪"和"妨害传染病防治罪"的竞合问题，同理根据想象竞合犯"择一重罪"的规则进行处理，最终以"妨害传染病防治罪"来定罪量刑，以增强罪名的准确适用性。

五、余论：对兜底罪名、竞合罪名及行刑衔接实施限缩与慎用的建议

尽管《意见》第2条第10项规定"对于在疫情防控期间实施有关违法犯罪的，要作为从重情节予以考量，依法体现从严的政策要求，有力惩治震慑违法犯罪，维护法律权威，维护社会秩序，维护人民群众生命安全和身体健康"，但《国境卫生防疫意见》第2条第1款也同时规定"应当准确理解和严格适用刑法、国境卫生检疫法等有关规定，依法惩治相关违法犯罪行为"。尤其是疫情严重、群情激奋及"口袋罪"和司法惯性形成的种种弊端，不仅给实际司法工作带来了诸多困难和难度，还有可能引发"宁重勿轻""惯性重判"的情况。故我们主张：一是严格把握与其他"危害公共安全罪"的"相当性"原则，不能任意突破或扩张；二是没有"明文规定"包括司法解释的"明确规定"不得任意动用"以其他方法危害公共安全罪"，也即应当限缩和慎用；三是当司法解释与《刑法》立法出现冲突或不一致时，要坚决、果断地服从《刑法》规定，而不要超越《刑法》界线。宁可动用行政处罚，也不可轻易动用刑罚来进行处罚。

（原文载于《河北法学》2021年第3期）

妨害疫情防控刑法适用的体系解释

张　勇[*]

一、问题的提出

2020 年年初以来，新型冠状病毒肺炎（COVID－19，本文以下简称"新冠肺炎"）疫情在湖北省武汉市爆发，抗击疫情的斗争随之在全国范围内开展。疫情防控期间，各地先后发生了不少妨害疫情防控管理规定、拒不执行或逃避隔离治疗措施的刑事案件，多数案件由公安机关以以危险方法危害公共安全罪立案侦查，少数案件被认定为妨害传染病防治、妨害公务罪，案情相似而定性不尽一致，存在不少认识分歧，后续的定罪判决和处刑结果也可能存在较大差异。为了依法严惩此类违法犯罪，2020 年 2 月 6 日，最高人民法院、最高人民检察院、公安部、司法部（本文以下简称"两高两部"）发布了《关于依法惩治妨害新型冠状病毒感染肺炎疫情防控违法犯罪的意见》（本文以下简称《意见》），对妨害疫情防控违法犯罪涉及罪名进行了较为全面的列举规定，最高人民检察院先后三次发布典型案例，用以指导妨害疫情防控刑事案件的办理。2 月 27 日，最高人民法院、最高人民检察院（本文以下简称"两高"）相关负责人联合答记者问，进一步作出官方回应。[1]应当说，《意见》是在 2003 年"非典"疫情期间"两高"发布的《关于办理妨害预防、控制突发传染病疫情等灾害的刑事案件具体应用法律若干问题的解释》（本文以下简称《解释》）的基础上制定和实施的。需要探讨的是，最高司

＊　华东政法大学教授，博士生导师。本文系 2019 年度国家社科基金一般课题"大数据背景下公民个人信息刑法保护体系研究"（编号：19BFX074）的阶段性成果。

〔1〕　参见"两高相关负责人就妨害疫情防控刑事案件的法律适用联合答记者问"，载正义网：http://news.jcrb.com/jxsw/202002/t20200227_ 2120847.html.

法机关针对妨害疫情防控违法犯罪制定发布的《意见》性质及其效力如何？《意见》与《解释》的关系如何？新冠肺炎疫情防控时期，司法机关要如何准确适用相关罪名，才既能体现"依法严惩"和"从重"的政策精神，又能坚持罪刑法定原则，维护量刑公正正义，是当前摆在司法机关面前的重要问题。面对上述刑法规范条文、刑事司法解释、司法指导意见等不同效力层次的法律规范性文件，司法机关需要运用体系解释方法，将涉疫情防控犯罪的相关条文放在整体法律规范体系之中进行阐明并加以适用。"法律条文只有当它处于与它有关的所有条文的整体之中才显出其真正的含义。"[1]只有这样才能促进刑法规范的整体协调，否则就会违背罪刑法定原则，破坏法的统一性。本文将着重以《意见》的相关规定为视角，对其如何运用刑法体系解释原则和规则进行适用解释的问题进行粗浅探讨，以期有益于司法。

二、妨害疫情防控刑事司法意见的性质与效力

在我国，"两高"拥有和行使刑事司法解释权，近年来制定和实施的司法解释均采取规范条文的形式，往往对某一类刑事案件采取"集中解释"的方式，即在一个规范性司法解释法律文件中对某一类犯罪刑事案件办理所涉及的刑法适用问题进行全面、系统的解释。应当看到，以规范性文件形式存在的刑事司法解释与刑法规范条文一样具有抽象性、概括性，各级司法机关及办案人员在刑事案件的具体适用中仍有必要对其进一步作出解释，即刑法适用性解释。除了法官、检察官在办理个案时运用刑事裁量权所作的说理和释法之外，诸如"两高两部"制定发布《意见》对《刑法》及《解释》的适用所作的刑事司法指导性意见，也可被视为一种介于规范性司法解释和个案适用解释之间的"规范性适用解释"。这种刑事司法意见是一种广义上的司法解释，也是以规范性条文的形式出现的，与规范性司法解释容易产生混淆，有必要对其性质和效力加以界分。

（一）《意见》的性质与效力

《意见》是"两高两部"联合制定、发布并实施的政策文件，用于指导"两高"的刑事审判和检察工作以及"两部"的刑事侦查和执法活动；《解释》则是"两高"出台的规范性司法解释，是国家司法机关对刑事法律所作

---

〔1〕［法］亨利·莱维·布律尔：《法律社会学》，许钧译，上海人民出版社1987年版，第70页。

的说明与阐释。从法律效力来看，《解释》的法律效力层次从整体上要高于《意见》。《意见》第二部分有关妨害疫情防控犯罪法律适用的内容，具有指导司法机关定罪量刑的作用。2021 年最高人民法院修正的《关于司法解释工作的规定》第 6 条明确规定，司法解释的形式分为"解释""规定""规则""批复"和"决定"五种。虽然《意见》具有规范性条文的形式，但其并不是司法解释的法定形式，不能直接引用作为定罪量刑的依据。从广义角度来看，《意见》也具有一定的法律适用效力，是一种"刑法适用解释"。这种法律适用效力是间接性、非强制性的，不像《解释》那样属于规范性司法解释，能够直接产生法律效果，也不同于刑事判决、裁定等规范性法律文件所具有的法律适用效力。《意见》所列举规定的妨害疫情防控的罪名认定和处罚的内容，是对相关罪名的刑法规范和司法解释的适用作出的提示性、具体化的表述，是对《解释》相应规定的具体明确化。可以说，《意见》的法律效力来源于刑法规范和规范性司法解释，是后者在适用过程中附随产生的，其本身并不具有直接适用的法律效力。也就是说，其不能为刑事判决、裁定援引作为法律依据。另外，《意见》第一部分和第三部分指导刑事司法和执法的政策性指导意见，间接性作用更强。其实，《意见》的主要功能并不在于直接为司法机关办案提供法律依据，而在于宏观政策层面所产生的宣传教育和司法提示作用，意在提醒各级司法机关在办理妨害疫情防控刑事案件时，应当在刑法规范及司法解释规定范围内加以适用性解释，予以从重处罚。在 2003 年"非典"时期制定实施的《解释》同样具有这种宣示教育和司法提示的功能，[1] 不同之处在于，《解释》更偏重于对刑法规范和司法解释规范条文予以阐释和说明，具有狭义上的法律效力，而《意见》则在此基础上对疫情时期如何具体适用相关罪名等问题进行了进一步具体化、明确化表述，在坚持罪刑法定原则、遵照刑法规范的前提下作出一定的补充性、提示性规定。比较而言，虽然《意见》与《解释》的性质不同，只具有间接的法律适用效力，但其对于刑事司法的指导作用更直接、更灵活、更具体，有助于司法机关依法定罪量刑，实现疫情防控时期的刑事司法政策目的，是十分重要的。

---

〔1〕 参见曲新久："'非典'时期的'典型'反应——评'两高'的一个刑事司法解释"，载《政法论坛》2003 年第 3 期。

（二）《意见》与《解释》的关系

如前所述，《解释》是国家司法机关针对突发传染病疫情等灾害刑事案件办理所制定发布的规范性司法解释，《意见》则是国家司法和行政执法机关进一步针对今年爆发的新冠肺炎疫情专门作出适用性解释的规定。《意见》将新冠肺炎纳入妨害传染病防治罪的适用范围，克服了之前"非典"期间司法机关适用该罪名面临的难题。比较来说，《意见》的适用范围相对较窄，仅限于此次新冠肺炎疫情防控的刑事司法活动。然而，是否可以这样认为，《意见》与《解释》之间属于特殊规范与一般规范之间的"法条竞合"关系？按照这种理解，对于涉及新冠肺炎疫情防控犯罪行为的定性，需要参照"特殊法优于一般法"的适用原则，适用《意见》的规定；对于此外的一般情况，则适用《解释》的规定。笔者不同意此种观点。因为，法条竞合是就同一部法律内部不同法条的关系而言的，而《意见》与《解释》是两个性质和效力并不完全相同的规范性文件。《意见》与《解释》之间不能做"法条竞合"的类比，否则在《意见》与《解释》交叉重合的部分，《意见》会被认为是"特别法"，进而得到优先适用，从而完全排斥、直接替代作为"一般法"的《解释》的适用。但这显然是不妥当的。对于刑事个案的定性和处理来说，《意见》通过宏观层面发挥司法指导作用，但不能"越俎代庖"；《意见》的列举规定是一种司法"提示"而非创制"新规"，《解释》不因为《意见》的出台而当然失效，《意见》所列举规定的情形既不意味着不能再适用《解释》，也不意味着《解释》不能被适用于此次疫情防控工作。基于法的一般性精神，即使两者规定的规范内容发生冲突，在个案具体适用中仍然要以《解释》及《刑法》的规定为准。

例如，某确诊新冠肺炎传染病人拒绝隔离治疗，乘坐公交车回家，路上密切接触多人并使这些人感染病毒，其行为可能构成以危险方法危害公共安全罪。如果确诊的传染病人具备抗拒执行疫情防控措施的情形，但并未进入公共场所或者公共交通工具，该如何认定？其行为虽不符合《意见》第2条第1项列举规定的情形，但也不排除具有根据《解释》的规定认定其构成以危险方法危害公共安全罪的可能性。假设某甲知道自己是新冠肺炎患者，得知某体育场因疫情关闭而空置，于是到该处进行躲避，客观上也没有病毒传播的危险，则不宜将此种行为认定为以危险方法危害公共安全罪。另外，《意见》没有列举规定过失以危险方法危害公共安全罪的情形，但不能排除适用过失以危险方法危害公共安全罪的可能性。以警方通报的"龙某涉嫌过失以危险方法危害公共安全案"为例。[1]此案中，在当时抗击疫情斗争已经在全国范围内展开、疫情防控政策措施纷纷出台并在各种媒体广泛报道的情况下，龙某对自己违反防疫部门规定拒绝自行隔离和上报情况的行为可能会造成病毒传播危险是明知的，虽然不希望这种结果发生，但没有采取有效措施防止这种危害结果发生，应属于过于自信的心理态度。不过，在本案中，龙某邀约和参与朋友聚会、棋牌娱乐活动的行为是否可以属于"出入公共场所"还有待确证。如果龙某和少数固定朋友在私密场合聚会打牌，则另当别论。假设龙某对当地防疫部门制定出台的要求外地返乡人员需要居家隔离观察的规定是明确知道的，其虽有发热症状但不严重，以为只是普通感冒，外出活动时也采取了戴口罩、墨镜等防护措施，跟龙某有限接触的几位朋友也没有发热症状，龙某便自信认为自己没有感染新冠肺炎，不会传染他人，那么对于之后其被诊断感染新冠肺炎，并造成病毒传播、多人感染的后果，其主观上属于过于自信的过失。

总之，《意见》的基本特征就在于其具有"适用性"，与规范性刑事司法解释的"规范性"相区别，两者是相辅相成、不可替代的。我们应当尽量避免国家司法机关制定发布的《意见》和《解释》"无微不至"地关照具体案件，而忽视办案机关及工作人员进行具体适用解释的能动性作用，否则就会催生"机械司法"和"惰性司法"等弊端。规范性适用解释有助于克服规范性司法解释自身的弊端，拉近其与个案事实之间的距离，对刑事办案人员进行适用解释和行使刑事裁量权也可起到约束和限制作用。

三、妨害疫情防控犯罪刑法适用体系解释的原则

从系统论角度来看，某一领域的法律体系都是由多个组成部分构成的，各个部门法及其法律规范作为各分支、组分和要素再以一定的结构聚合成为一个法律体系整体。一般认为，刑法体系解释是指将刑法用语和条文放在整体刑法规范体系乃至整体法律体系中，通过条文内部，条文之间以及整个刑法典之

---

〔1〕 参见"心存侥幸参加聚会导致疫情扩散，涉嫌过失以危险方法危害公共安全罪被立案侦查"，载人民网：http://legal.people.com.cn/n1/2020/0205/c42510-31572048.html.

间，法秩序统一性、法的规范逻辑与情理价值之间不同层次的适用解释，[1]使得刑法规范与司法解释以及非刑事法律法规、规范性文件相协调。[2]基于我国概括抽象的刑事立法模式，司法机关在刑事办案中应特别重视刑法体系解释的作用，尽量避免刑法规范之间的适用冲突，以求实现法秩序的统一性。对于作为刑事司法指导文件的《意见》来说，司法机关须从刑法体系解释角度，对《意见》与《解释》《刑法》的关系进行适用性解释，将《意见》中的相关规定放在不同层次的体系解释中加以检验，并运用体系解释的适用规则进行协调。以下，本文将着重讨论妨害疫情防控犯罪刑法适用体系解释所应遵循的基本原则。

（一）公共卫生安全刑法保护的整体性

刑法规范体系是按照一定规则形成的有机整体。虽然民法、行政法、刑法等部门立法的价值目标各有侧重，但部门法之间应当是相互衔接、协调的。也只有将具有不同效力层次的规范条文看作是一个整体，才能正确理解不同条文所蕴含的真正含义。具体来说，在公共卫生安全领域，应将妨害疫情防控犯罪的刑法规范置于与民法、行政法紧密关联的整体思维之下，构筑妨害疫情防控违法犯罪的法律责任和制裁体系，将一般违法行为置于行政处罚环节，保持刑法的"后盾法""保障法"地位，发挥惩治与预防的双面功能，同时也能保障其他部门法得到更好的运用，实现"整体大于部分之和"的体系功能，达到防控公共卫生安全风险的根本目的。

疫情防控涉及隔离治疗措施保障、医护人员安全保护、医疗物资供应保障、社会公共秩序维护、涉疫情个体权利自由保障等。从法益保护角度看，刑法所要保护的公共卫生安全与正常时期相比，其法益性质发生了新的变化，具有综合性、公共性，是个体权利自由与社会公共利益、国家安全秩序的统一。如果刑法中某种妨害疫情防控的行为的保护法益本身包含着公共卫生安全法益内容（如以危险方法危害公共安全罪），则只需依法惩治即可，在量刑上适当考虑从重处理；如果某种妨害疫情防控的行为的保护法益本身并不包含公共卫生安全法益内容（如寻衅滋事、故意伤害、诈骗等），这些行为在侵

---

〔1〕 参见王东海："刑法体系解释四层次论的展开与检验"，载《重庆理工大学学报（社会科学）》2019 年第 1 期。

〔2〕 参见王东海："刑法体系解释存在的问题及补全"，载《人民检察》2018 年第 15 期。

犯自身保护法益的基础上，也危及了公共卫生安全，则需要在定罪上加以考虑，如果达到足以危害公共安全的危险程度，则不应以寻衅滋事罪、故意伤害罪、诈骗罪等罪名处理，而是应当升格为危害公共安全罪，但这必须以符合刑法规定的犯罪构成要件为前提。总之，不同妨害疫情防控的犯罪所侵害的保护法益不同，应当采取不同的刑法解释的适用规则，以合理组织对此类犯罪的反应。[1]

根据《意见》的规定，确诊和疑似病人、病原体携带者之外的其他人员拒绝执行疫情防控措施，引起新冠肺炎传播或者有传播严重危险的，以妨害传染病防治罪论处。妨害传染病防治犯罪属于典型的法定犯，其罪状设置和司法认定都要依赖于作为前置性规范的传染病防治管理法律法规，在很大程度上，后者决定了刑法条文的规范范围和力度。妨害疫情防控行为的刑事违法性是认定犯罪的客观基础，刑事违法性判断是具有层次性的，须置于刑法体系中予以整体性把握，进行刑事违法性判断。根据"法秩序的统一性"原理，法律体系应当是体系自洽的，法律规范之间并不存在矛盾。也就是说，在某一法律规范文件或条文中被认为是合法的行为，在其他法律规范文件和法条中就不能被认定为违法而加以禁止，或者不可能出现与之相反的事态。[2]

在司法实践中，须把握以下几点：其一，在民法或行政法中属于合法的行为不具有刑事违法性，民法或行政法中的合法性可作为排除刑事违法性的事由；其二，如果民法或行政法没有规定或不违法的行为，刑事违法性的认定不需要以一般违法性判断为前提；其三，民法或行政法认定为违法的行为，不必然具有刑事违法性，须以刑法规范及司法解释规定为依据进行认定。在疫情防控中，相关法律法规，以及地方政府和有关部门依据上述法律法规制定实施的有关疫情预防、控制措施的规定，如各地出台的居住小区或社区的人员流动管理办法，实行全面性排查、封闭视管理、登记和收集小区或社区居民出行信息等做法，均可被认定为妨害传染病防治罪中"违反传染病防治法"的前置性规范。但有些地方规定所有返城人员都集中在指定地点进行隔离，这种做法也缺乏法律根据。因为返程人员并不是确诊传染病人或疑似病

---

[1] 姜涛："区别类型提升涉疫犯罪治理效果"，载《检察日报》2020年3月2日。
[2] 参见吴镝飞："法秩序统一视域下的刑事违法性判断"，载《法学评论》2019年第3期。

人，不符合疫情防控相关法律法规的规定，不能采取强制隔离的方式，否则就侵犯了公民个人的人身自由等基本权利。[1]目前，《传染病防治法》等法律法规对确诊的传染病人、疑似传染病人作出了明确界定，但"可密切接触者"的法律定义并不清晰，对此类人员，不能一味强制隔离措施，而应当根据实际情况制定区分标准。如果该类行为人拒不执行隔离治疗等预防、控制措施，也不能按照《意见》第2条的规定认定为犯罪，而应当从实质上判断其是否具有刑事违法性，是否具有引起新冠肺炎传播或者有传播严重危险的情形，或其行为方法的危险性达到了足以危及公共安全的危险程度，以此认定行为人是否应被判处妨害传染病防治罪或以危险方法危害公共安全罪。

（二）疫情防控风险刑法调控的动态性

系统既有开放性又有封闭性，开闭的双重属性甚至决定了系统的独立存续和与外界的互动。刑法体系的封闭性为刑法系统设置了边界，并保证刑法体系具有自治性和独立性；疫情防控的刑法体系是刑法系统各个要素与外界环境互相作用的结果。在风险社会背景下，刑法体系与外部环境的开放互动性更加凸显，对刑法适用的体系解释也同样具有动态性、开放性。

首先，在疫情防控的特殊时期，公共卫生安全领域的各种风险增大，刑法需要积极应对，将刑法介入的"防线"适当前移，予以前置化保护。同时，为了防止刑罚过度干预，也要根据谦抑原则，进行刑事可罚性的评价，在现有《刑法》规定相关罪名的基础上，根据公共卫生安全法益所可能遭受侵害的危险程度，从危险犯、结果犯、行为犯等不同层面，实行多层次、等级化的刑法应对：①如果某种妨害疫情防控的行为被认为实施了有传播传染病的危险但性质并不严重的危害行为，则用行政法规制予以行政处罚即可，而不必予以刑法规制；②如果这种行为本身性质很严重，采取了暴力、威胁的手段，则不要求具备引起病毒传播或者有传播严重危险的结果，可直接将其认定为妨害公务罪，即行为犯；③如果某种行为方法本身能够带来较大传染病毒传播的危险，尚未造成严重后果，但足以危害卫生公共安全，则可将该种行为认定为《刑法》第114条规定的以危险方法危害公共安全罪，即危险犯。例如，在办理妨害疫情防控案件的过程中，是否引起新冠肺炎传播或者有传播新冠肺炎的严重危险，是认定妨害传染病防治罪的关键要素。实践中，需

---

〔1〕 参见王晨光："运用法治思维推进疫情防控"，载《法律适用》2020年第5期。

要司法机关及办案人员根据案件具体情况，综合判断该行为所造成的实际损害结果是否达到了引起"传播严重危险"的程度。如果没有造成这种客观上实际的危险状态，只是引起了不特定多数人的恐慌，感受到了精神上的威胁，则不应构成妨害传染病防治罪。同时，行为人对于危险是否客观上、现实上存在必须具有明知，否则不宜直接以妨害传染病防治罪定罪处罚。事实上，在疫情早期，一些有湖北省旅史的，仅有轻微发热、咳嗽症状的行为人，谎报、隐瞒了自己的旅行史或症状，虽然事后被确诊患有新冠肺炎，但在疫情严重程度未被百姓普遍认识，且症状又与普通感冒、发烧如此类似的背景下，确实很难直接认定行为人当时就明知自己可能造成新冠肺炎严重传播。因此，司法机关应结合个案情形，根据刑法原理具体问题具体分析，不宜在客观上有拒绝执行防治的行为，便认定构成妨害传染病防治罪。

其次，根据《意见》第 2 条第 10 项的规定，在疫情防控期间实施有关违法犯罪的，予以从重处罚。"从重处罚"作为一种量刑原则，如何在疫情防控特殊时期予以把握，值得讨论。应当说，在疫情防控时期实施妨害传染病防治、妨害公务等违法犯罪的，相较于正常时期无疑危害性更大，将其作为从重情节予以严惩，是合理且必要的。但必须做到"依法从严"，而不能与罪刑相适应原则和法定量刑情节的规定相冲突。有的犯罪行为在正常时期并不会被认定为犯罪，甚至在疫情发展的早期也不会被认定为犯罪，是在疫情大规模爆发后，其社会危害性才明显提升，由一般违法行为上升为犯罪的。如果在定罪上已实现了对此类行为在疫情期间严重危害性的刑罚评价，就不需要在量刑层面再考虑从重处罚的问题，否则就违背了禁止重复评价原则，会导致量刑畸重，不能做到"依法体现从严的政策要求"。须指出，依法严惩抗拒疫情防控措施的刑事犯罪，并不意味着抛开一贯的宽严相济的基本刑事政策。《意见》也规定了诸如"为了防止疫情蔓延，未经批准擅自封路阻碍交通，未造成严重过后果的，一般不以犯罪论处"等出罪化条款。司法机关认定和处理此类犯罪应当坚持宽严相济，"该严则严，该宽则宽"，避免刑事政策的重心从"严格"偏移到"严厉"。实践中，在依法严惩此类犯罪的同时，尤其要注意针对个案具体情况，采取刑事一体化的综合性惩治和预防对策。其一，注意节省有限的司法资源，集中力量有效打击严重破坏疫情防控的犯罪。司法机关在于疫情防控期间依法严惩抗拒防疫措施恶性犯罪的同时，对于在新冠肺炎疫情防控中做出突出贡献的犯罪行为人，应当从宽处罚，可捕可不捕的应当不予逮捕，尽量减少羁押，避免疫情扩散。其二，积极发挥刑罚及时性教育功能，在刑事程序上依法加快办案节奏；实体上依法从重处罚，及时警示和引导公众遵守新冠肺炎疫情防控措施，形成良好的法治意识和行为规范。其三，尽量采用非刑罚处理方式，避免刑事打击范围过大。例如，对于那些在外务工、求学等因为家庭生活困难等原因离开疫区，但仅仅只是违反相关规定而没有造成疫情传播后果的行为人，尽量不要作为犯罪处理，可以由卫生行政部门或者公安机关责令纠正，给予行政处罚即可。[1]

（三）妨害疫情防控罪名适用的协调性

正如有学者指出，要实现刑法的正义性，就必须保持刑法的协调性，"只有进行体系解释，才能使各种犯罪的构成要件之间避免交叉与重叠，维持罪与罪之间的协调关系"。[2]基于刑法体系解释立场，《意见》所列举情形的相关罪名适用与刑法条文及司法解释的规定应当是协调一致的，不应存在矛盾和冲突；如果出现相关规定不一致的情况，从罪刑法定原则出发，司法机关需要对《意见》的相关规定进行适用性解释，使其与刑法条文及司法解释中的规定保持一致。

这里，本文将着重探讨以危险方法危害公共安全罪及其关联罪名在主观罪过方面的区分问题。具体而言，如果行为人已被医疗或防疫机构确诊感染或疑似患有新冠肺炎，处于隔离治疗状态；或出现发热、咳嗽等疑似新冠肺炎感染症状，具有高度病毒接触风险；或故意隐瞒曾处在疫区，出入公共场所或乘坐交通工具、接触其他人员等涉疫情个人信息；或以无防护措施方式接触不特定人员，且恶意引起他人感染病毒的风险等，上述情况都可作为认定其是否存在传播传染病毒主观故意的依据。如果行为人对自己违反防疫部门规定拒绝自行隔离和上报情况的行为可能会造成病毒传播危险是明知的，虽然不希望这种结果发生，但没有采取有效措施防止这种危害结果发生，应属于过于自信的心理态度。又如，行为人对当地防疫部门制定出台的要求外地返乡人员需要居家隔离观察的规定是明确知道的，其虽有发热症状但不严重，以为只是普通感冒，外出活动时也采取了戴口罩、墨镜等防护措施，认为自己没有感染新冠肺炎，不会传染他人，那么对于之后其被诊断感染新冠

---

[1] 参见黎宏："助力抗击疫情，刑法当仁不让"，载《人民法院报》2020 年 2 月 7 日。

[2] 张明楷："注重体系解释　实现刑法正义"，载《法律适用》2005 年第 2 期。

病毒肺炎，并造成病毒传播、多人感染的后果，其主观上属于过于自信的过失。再如，行为人没有被医疗或防疫机构确认为疑似病例，其也不知道新冠肺炎具有"人传人"极强的传染性，佩戴口罩出入公共场所或乘坐公共交通工具，之后被诊断感染新冠肺炎，其主观上应属于疏忽大意的过失，基于其行为尚不具备足够的危险性，应认定为妨害传染病防治罪更为妥当。在此情况下，其行为对公共卫生安全也构成一定威胁，妨害传染病防治罪与过失以危险方法危害公共安全罪之间形成了法条竞合，应按照特别法优先适用的原则，将其认定为妨害传染病防治罪。

实践中，司法机关认定以危险方法危害公共安全罪，应当充分考察行为人主观上是否具有报复社会目的和恶意传播的故意。[1]例如，如果某行为人有明显吻合且严重的发病症状，或者与其一起生活的亲属朋友已确诊感染新冠肺炎且自己也有发热症状，但却没有到医院就诊，而是通过电话咨询专家、自行用药剂检测等可靠的途径方式，确信自己患有新冠肺炎。之后，行为人出于泄愤报复目的，故意出入公众场所或乘坐公共交通工具，引起病毒传播严重危险，也可认定为以危险方法危害公共安全罪。在新冠肺炎疫情爆发前期，公众对疫情公共信息的获悉处于不对称或相对封闭的状态，直至2020年1月20日，钟南山院士通过官方渠道肯定了病毒能够人传人，同时，中央首次对新冠肺炎疫情作出重要指示，新冠肺炎疫情的严重性才为社会公众所普遍认识和重视。因此，疫情发生的时间阶段可以作为推定行为人主观明知的重要因素。一般来说，如果行为人抗拒隔离治疗或擅自脱离隔离治疗的行为发生在2020年1月20日之后，则存在推定行为人存在"明知"的主观认识的合理性。但如果是在2020年1月20日之前，则需要综合行为人获取的信息及客观行为表现加以综合判断。如果不存在要求行为人做出适法行为的期待可能性，就失去了判断其具有刑事违法性的前提条件。目前，从实际情况来看，已被医疗机构和防疫部门确诊的新冠肺炎患者、病原携带者和疑似病人直接故意实施上述行为的情况其实很少，放任的间接故意也不多见。行为人对于自己的妨害疫情防控措施实施的行为可能导致新冠肺炎传播的危险往往

---

[1] 2020年2月26日，最高人民检察院、公安部发布的《全国检察机关依法办理妨害新冠肺炎疫情防控犯罪典型案例（第三批）》指出，对于明知自身已经确诊为新冠肺炎患者或者疑似病人，出于报复社会等主观故意，恶意散播病毒、感染他人，后果严重，情节恶劣，也应当以危险方法危害公共安全罪定罪处罚。

是不明知的，将其认定为以危险方法危害公共安全罪应当谨慎。例如，某确诊病人抗拒疫情防控措施，拒绝隔离治疗，进入公共场所随意向他人"吐口水"的，应认定其主观上具有危害公共安全的故意；但针对特定人员实施故意伤害，如确诊或疑似病人对医务人员实施撕扯防护装备、吐口水，使对方感染新冠肺炎，应以故意伤害罪论处。

四、妨害疫情防控犯罪刑法适用体系解释的规则

根据体系解释的一般原理，刑法体系解释表现出形式逻辑思维和辩证逻辑思维的统一，可进一步推导出同类解释、同一解释、排他解释等规则，需要在妨害疫情防控犯罪的刑法适用过程中加以运用。

（一）同类解释规则的运用

同类解释规则是指在刑法条文或司法解释列举相关事项并设置了总括性规定的情况下，应当根据确定性词语所涉及的同类或同级事项进行类比，对总括性语词和确定性语词提出类同性要求，以确定其含义及范围。[1]如果刑法采取明示列举式规定，其后又设置了诸如"以及其他""或者其他"等总括性规定，以图实现法益的周延性保护，这就形成了具有开放性的构成要件，需要通过同类解释规则合理确定处罚范围。例如，对于新冠肺炎患者向他人吐口水，使他人感染病毒的行为如何认定？对此，有学者认为，这里的"吐口水"应被认定为投放传染病病原体的行为，据此认定为投放危险物质罪。然而，按照《解释》第1条的规定，故意传播突发传染病病原体，危害公共安全的，按照以危险方法危害公共安全罪定罪处罚。这就涉及对投放危险物质罪与以其他方法危害公共安全罪的同类解释问题。从两罪的法条关系来看，应当是特别法与一般法的关系。如果"吐口水"的行为既可以被理解为"投放"也可以被理解为"传播"即在公共场所释放传染病病原体物质，就形成了法条竞合关系，应当适用投放危险物质罪。但《解释》是以以危险方法危害公共安全罪定性的，表明其并没有将"传播"视为"投放"的行为方式，而是将两者明确加以区别。按照语义解释，"投放"即投下、放置，"传播"的含义是传送、散布，前者的重点是行为方式的本身特点，后者的重点是行为所产生的外部影响，在其"危险性"是否足以危害公共安全的刑法评价标

---

[1] 参见梁根林："刑法适用解释规则论"，载《法学》2003年第12期。

准上，两者还是存在区别的，并不完全是特别法与一般法的法条竞合关系。同时，《意见》第 2 条第 2 项规定，向医务人员吐口水，致使医务人员感染病毒的，以故意伤害罪定罪处罚。同样是"吐口水"行为，定性不一样，其实是不矛盾的，需要结合以危险方法危害公共安全罪和故意伤害罪的不同客体性质加以认定，如果危及不特定人的生命健康即公共卫生安全，应以前罪名论处。

这里，还有必要运用同类解释规则，对《意见》中的妨害传染病防治罪、以危险方法危害公共安全罪、妨害公务罪的定性进行适用解释。三种犯罪的客体性质和内容不尽相同，也存在交叉重合部分，如在公共卫生领域，有关预防、控制传染病管控措施的规定本身就蕴含着对公共卫生安全的保护，也涉及传染病疫情管控的公务活动，只不过刑法保护的重点不同，针对不同罪名规定了不同的直接客体。作为涉疫情防控的主要罪名，妨害传染病防治罪属于法定犯，其行为之所以构成犯罪，首先是违反了预防、控制传染病的管理制度，对公共卫生安全造成的危险或侵害是一种犯罪后果，而不是作为法定构成要件的危害结果。在《意见》第 2 条第 1 项所列举的情形中，已确诊新冠肺炎患者或疑似病人拒绝或擅自脱离治疗，并进入公共场所或者公共交通工具，足以对不特定人的身体健康和生命安全造成病毒感染的危险，其客观行为本身就体现了危害公共安全的性质。一般认为，"公共安全"与"公共卫生"相比，前者更为重要，涉及的范围也要比后者广泛。[1]这是一个法益观念认识层面的问题，正如我国立法将《食品卫生法》改为《食品安全法》一样，随着人们公共卫生安全意识的提高，对于妨害传染病防治罪的客体性质将会越来越重视，甚至可能将公共卫生视作公共安全，法律保护力度也会加大，上述认识观念问题也就不存在了。实践中，对于妨害疫情防控违法犯罪的认定：首先，要从形式上判断其是否实施了抗拒疫情防控措施的行为，是否违反传染病防治管理法规；其次，从实质上判断其是否采用了具有相当危险性的危险方法，如果这种危险方法足以危及公共卫生安全，就可以认定其构成以危险方法危害公共安全罪。如果其行为仅仅是违反了传染病防治管理制度，所造成传染性病毒的传播危险只是作为犯罪的"后果"而不是"危害结果"，则应以妨害传染病防治罪论处。如果行为人违反有关疫情预防、控

---

〔1〕 参见刘宪权："涉'非典'犯罪行为定性的刑法分析"，载《检察风云》2003 年第 12 期。

制措施的规定，外出乘坐公共交通工具，走亲访友，仅属于社会通常意义上的一般行为，虽然客观上"有害"但主观上没有"加害"故意，则不宜以危害公共安全类犯罪论处，对于后者，则可考虑认定为其他类型犯罪。

（二）同一解释规则的运用

同一解释规则是指在司法解释过程中须保持概念和论题的同一性，[1]同一性解释原则上要求对同一用语在不同场合都要进行相同含义的解释，但也并非毫无例外，同一用语在不同条文的语境下其含义未必完全相同。如果对某一刑法用语在任何场合都作出完全相同的解释，反而与同一解释的规则精神相悖，破坏了刑法规范体系的协调性。这里主要讨论两个问题：①在《意见》第2条第1项列举的情形中，行为人如果知道自己感染或疑似患有新冠肺炎，而新冠肺炎属于高传染性疾病，能够在人与人之间传染，并且感染后将危及生命，但行为人仍然出入公共场所或乘坐交通工具，造成了外界不特定多数人被感染的风险，危及公众的生命健康，与同一条款规定的放火、爆炸、决水、投放危险物质等手段的危险性相当的，可将其视为以危险方法危害公共安全罪中的"危险方法"。[2]有观点认为，《意见》第2条第1项列举的以危险方法危害公共安全罪认定的两种情形中，第一种情形既处罚危险犯又处罚结果犯；第二种情形只处罚结果犯。[3]这种提法是不妥当的。不能因为《意见》的第一种情形没有规定"造成新冠病毒传播"而否定该罪的危险犯性质，也不能因为第二种情形规定了"造成新冠病毒传播"就认为该罪属于结果犯。实践中，有的司法机关往往将"以其他危险方法"作为危害公共安全罪的"兜底"条款，[4]这是必须加以纠正和克服的，应以同类解释规则严格限缩该罪名的适用。[5]②《意见》列举了"三类人员"作为妨害公务行为的对象，即在依照法律、法规规定行使国家有关疫情防控行政管理职权的

[1]　参见梁根林："刑法适用解释规则论"，载《法学》2003年第12期。

[2]　参见陆诗忠："论'以危险方法危害公共安全罪'中的'危险方法'"，载《法律科学（西北政法大学学报）》2017年第5期。

[3]　参见李文峰："准确适用妨害传染病防治罪，依法严惩抗拒疫情防控措施犯罪"，载《检察日报》2020年2月12日。

[4]　参见张明楷："论以危险方法危害公共安全罪——扩大适用的成因与限制适用的规则"，载《国家检察官学院学报》2012年第4期。

[5]　参见陈兴良："口袋罪的法教义学分析：以以危险方法危害公共安全罪为例"，载《政治与法律》2013年第3期。

组织中从事公务的人员、在受国家机关委托代表国家机关行使疫情防控职权的组织中从事公务的人员、虽未被列入国家机关人员编制但在国家机关中从事疫情防控公务的人员。最高人民检察院召开的专题会议对此也做了进一步确定，基于防控疫情需要，由政府部门组织动员的居（村）委会、社区工作人员可以被认定为受国家机关委托从事公务的人员；对于防疫人员依职权行使的与防疫、检疫、强制隔离、隔离治疗等措施密切的相关行为，应认定为公务行为。这里需要讨论的是，居（村）委会、社区工作人员等"三类人员"虽然不具有国家工作人员身份，但其实施管控措施的行为，在疫情防控特殊时期具有公务性质。那么，如果疫情结束之后，在正常情况下，"三类人员"实施疫情防控措施的行为能否被认定为具有公务性质，从而成为妨害公务罪的对象？根据同类解释规则，对其应予以肯定。因为，按照公务行为的认定标准，"三类人员"无论是在疫情时期还是在疫情结束之后，其依法履行的防疫管控措施行为均应被视为公务行为。《意见》的适用解释只是对刑法规范的具体解读和司法提示，而不是作出了新的不同规定，并没有突破刑法规范条文中"公务"的基本含义。

（三）排他解释规则的运用

排他解释规则是指刑法规范条文中列举了特定事项或者例外情况，凡不属于刑法规范条文明示列举的事项，当然应被认为排除在刑法适用范围之外。[1]例如，认定以危险方法危害公共安全罪的前提条件是行为人首先要被医疗防疫机构确诊为新冠肺炎的传染病人或诊断为疑似病人。对于行为人虽然出现发热、干咳、乏力等某些新冠肺炎感染症状，但没有医疗机构出具相关诊断结论、检验报告的，不能认定为确诊病人和疑似病人。需要讨论的是，上述《意见》的列举规定是否意味着排斥其他一般人员构成以危险方法危害公共安全罪？对于确诊或疑似患者、病原携带者以外的其他人员妨碍疫情防控措施实施的，是否只以妨害公务罪论处？根据排他解释规则，不能得出这样的结论，因为《意见》的列举规定并不具有周延性、封闭性，不足以进行排他性适用。实践中，对新冠肺炎的诊断通常需要经过较严格的筛查程序，行为人在得知诊断结果之前，对于新冠肺炎传染风险或者实际感染情况一般是无法做到明确认知的。在大多数情况下，行为人拒绝或脱离隔离治疗行为

---

〔1〕 参见梁根林："刑法适用解释规则论"，载《法学》2003 年第 12 期。

之后才得到诊断，之前并未经医疗防疫机构确诊为新冠病肺炎者或诊断为疑似病患者。

例如，2020年1月31日，青海西宁的苟某因涉嫌以危险方法危害公共安全罪被刑事立案，被称为全国"首例"因抗拒疫情防控被查处的刑事案件。[1]本案中，针对苟某何时得以被确诊为新冠肺炎的传染病人或被诊断为疑似病人，其涉罪行为是在被诊断之前还是诊断之后，警方通报并未进行明确描述。根据新闻媒体更为详细的报道，苟某在被医院确诊之前，并不知道自己感染了新冠肺炎；公安机关以涉嫌以危险方法危害公共安全罪予以立案侦查，尚需进一步查证之后进行认定。再如，在四川南充"孙某涉嫌妨害传染病防治案"[2]中，孙某在1月23日上午去医院就诊时，如果医生对其是否感染新冠肺炎进行了诊断，确认其为疑似病人，则可以作为《意见》第2条第1项列举规定的适用对象。然而，如果当时医生只是根据孙某发热症状做出简单猜测，怀疑其为疑似病人，但并没有按照上述规定的诊断标准进行诊断医疗行为，也没有要求其必须住院进行隔离观察，那么孙某就不能被视为"疑似病人"，司法机关也就不能根据《意见》的列举规定认定其犯以危险方法危害公共安全罪。

结 语

在新冠肺炎疫情防控这一特殊时期，在公共卫生安全风险不断增大的情况下，防控疫情扩散、追求公共安全成了社会公众的普遍心态，也成了刑事司法的价值目标选择。刑法作为最为严厉的国家反应，并不是消极的、被动的，有必要积极介入，运用刑罚手段惩治妨害疫情防控犯罪，保障公共卫生安全。尽管公共卫生突发事件不像整个国家安全紧急状态那样严重，但与日常行政管理秩序相比，仍然要在某种程度上克减公民个人权利，保障公共利益和国家安全。在此情况下，司法机关需要运用法治思维和法治方式，在坚持罪刑法定和量刑公正的基础上，在个体权利、公共利益、国家安全之间进行利益平衡。同时，在涉疫情防控违法犯罪治理方面，仅靠一部刑法典已无

---

〔1〕 参见"青海确诊病例苟某被警方以涉嫌危险方法危害公共安全罪立案侦查"，载中国警察网：http://www.chinapolice.net/news/？9970.html.

〔2〕 参见"最高检发布典型案例 四川南充孙某某涉嫌妨害传染病防治案入选"，载人民法治网：http://www.rmfz.org.cn/contents/2/268665.html.

法实现法益保护多元化价值目标，需要以刑法规范体系为视角，从刑事立法到司法，从刑罚体系内部到外部，遵循刑法体系解释的整体性、动态性和协调性原则，并运用同类解释、同一解释、排他解释等适用规则，促进犯罪构成要素、法条结构关系、外部法律规则的衔接协调，发挥妨害疫情防控刑法体系的结构功能，为依法惩治相关刑事犯罪提供刑事法治思维与具体司法路径。

（原文载于《政治与法律》2020 年第 5 期）

涉公共卫生突发事件犯罪的刑法规范体系完善

——基于从"管理"到"治理"的考察与展望

石经海* 金 舟**

为应对疫情等公共卫生突发事件犯罪风险，保障社会稳定与人民健康，中国逐步形成了应对涉公共卫生突发事件犯罪的整体刑法规范体系。然而，在重症急性呼吸综合征（SARS，本文以下简称"非典"）疫情、新型冠状病毒肺炎（COVID-19，本文以下简称"新冠肺炎"）疫情等事件治理中，本领域立法却暴露出了立法应对迟缓、权利保障不足等诸多问题。虽然最高人民法院、最高人民检察院就此已经发布了相关规范性文件，[1]但因本类应急性文件所体现的治理思维并未跟随新时代"国家治理体系治理能力现代化"转型，导致其势必难以取得理想的治理效果，也难以达成"健全国家公共卫生应急管理体系"国家战略提出的长效治理目标。本文试就此进行探究，以求教于理论与实务界同仁，并企求为本领域科学立法提供理论支撑。

一、涉公共卫生突发事件犯罪立法的基本梳理

在涉公共突发事件犯罪领域，刑法的规范体系由刑法典、涉公共卫生相关司法解释以及其他法律规范中的刑事责任条款共同构成。相关法律的修改完善呈现出以法典修改或典型突发事件发生为关键节点的阶段式、集中性立法特征。具体而言，以1997年《刑法》修订、2003年非典、2020年新冠肺

---

　* 西南政法大学法学院教授，博士生导师，法学博士，西南政法大学量刑研究中心主任。
　** 西南政法大学量刑研究中心研究人员。
　〔1〕 如最高人民法院、最高人民检察院于2003年发布的《关于办理妨害预防、控制突发传染病疫情等灾害的刑事案件具体应用法律若干问题的解释》，及于2020年2月6日发布实施的《关于依法惩治妨害新型冠状病毒感染肺炎疫情防控违法犯罪的意见》。

炎为三个关键节点，本领域立法形成了奠基、发展、革新三个历史阶段。

（一）立法进程梳理

1. 奠基时期

1997 年《刑法》可以被视为本类犯罪立法的开端，在此之前，1979 年《刑法》虽有个别条款涉及公共卫生突发事件的刑法规制问题，但并未针对公共卫生类犯罪现象进行专门性规定。随着社会形势发展，公共卫生领域保护问题逐渐进入视野。因此，1997 年《刑法》修订时，立法者参照域外法律增设了"危害公共卫生罪"一类罪名。本类罪名的客体是国家卫生管理秩序，主要规制妨害国家卫生管理，已经或者可能损害公众健康的犯罪行为。与公共卫生突发事件密切相关的罪名包括：妨害传染病防治罪、传染病菌种毒种扩散罪、妨害国境卫生检疫罪等。在此之后，《动物防疫法》《国境卫生检疫法》等公共卫生法律依次颁布，本类法律中的相关刑事责任条款为本领域刑事法律体系的形成奠定了基础，整体公共卫生法律体系的雏形也逐渐形成。从"从无到有"的视角而言，该阶段立法具有开创式的进步意义，但刑法规定的具体内容较为粗疏，而后续实践对公共卫生领域的关注度并不高，故使相关罪名难以及时反思修正，为后续治理埋下了隐患。

2. 发展时期

以 2003 年非典疫情为节点，该领域立法进入了发展时期。非典的爆发使社会对公共卫生突发事件类犯罪治理需求猛然提升，长期未受关注的公共卫生领域的刑事法律因难以适应情势的紧迫需要，不得不进入新的补充与发展时期。在此期间，最具代表性的是 2003 年最高人民法院、最高人民检察院联合发布的《关于办理妨害预防、控制突发传染病疫情等灾害的刑事案件具体应用法律若干问题的解释》（本文以下简称《解释》）。《解释》较为系统地对突发传染病防治的相关犯罪作出了规定，主要涉及危害国家安全、危害公共安全、破坏市场经济秩序、妨害社会管理秩序及渎职犯罪五大领域。其为非典防治的刑事司法提供了有益指导，解决了常规罪名在疫情特殊时期的适用疑难，并应急性地对"非法经营罪"等常规罪名进行了扩张，填补了处罚漏洞。但是，以第 1 条、第 6 条、第 10 条为代表的相关规定也因其扩张性而引起了广泛争议。[1]在《解释》颁布后，其他法律中的刑事责任条款也进入

---

〔1〕　如《解释》第 1 条将"传播传染病病原体"类行为纳入以危险方法危害公共安全罪的规制

了一个较快的发展时期。其典型即国务院将非典列入《传染病防治法》法定传染病进行管理。与此同时,《传染病防治法》将疾病预防控制机构和医疗机构违反本法规定的行为,特别是把政府和政府部门失职、渎职行为纳入了应当受处罚的行为,[1]为传染病防治中单位犯罪及渎职类犯罪的追究提供了可能。

3. 革新时期

2020 年新冠肺炎疫情的爆发使本领域立法进入革新时期。在非典事件平息后的较长时间,虽然相关法律经历了少量修改,但一般是常规修法时期的细节变动。直至 2020 年新冠肺炎疫情爆发,使得该领域的立法完善问题重回视野。新冠肺炎疫情防治期间,2020 年最高人民法院、最高人民检察院、公安部、司法部联合发布的《关于依法惩治妨害新型冠状病毒感染肺炎疫情防控违法犯罪的意见》(本文以下简称《意见》)成了本领域治理的导向性司法解释。《意见》总体承接《解释》的基本精神,对公共安全、社会秩序等主要领域的犯罪行为进行法律适用指导,但也有显著区别与细化之处。典型的是激活了"传染病防治罪"这一罪名的适用,将大部分拒不履行防疫义务,应受刑罚处罚的行为纳入本罪规制,并通过主体与行为的区别规定,将本罪同以危险方法危害公共安全罪的规制加以区别。再如,依社会犯罪形式及罪名变化,以"编造、故意传播虚假信息罪"等区别规制造谣传谣行为,规定了网络服务提供者不履行网管义务的刑事责任等。此外,在数起境外输送的争议性事件爆发后,最高人民法院、最高人民检察院、公安部等又紧急出台《关于进一步加强国境卫生检疫工作 依法惩治妨害国境卫生检疫违法犯罪的意见》(本文以下简称《卫生检疫意见》),以期及时惩治妨害国境卫生检疫的犯罪行为。值得注意的是,上述文件虽然是现阶段本领域立法的典型文件,但也不应成为新冠肺炎疫情爆发后相关立法变革的全貌。由于新冠肺炎疫情治

(接上页) 范围,虽然回避了非典并未纳入法定传染病因而不能以"妨害传染病防治罪"的处罚困境,但动辄以这一重罪规制传播"新兴"病毒的行为,并将其处罚提升至重于"鼠疫、霍乱"等当时的法定甲类传染病的程度,引发了学者质疑。而第 6 条、第 10 条以司法解释的方式将"其他非法经营罪""传播虚假恐怖信息罪"的范围予以扩张的妥当性也有待考量。参见曲新久:"'非典'时期的'典型'反应——评'两高'的一个刑事司法解释",载《政法论坛》2003 年第 3 期。

〔1〕 参见汪建荣:"《传染病防治法》的修订与主要变化",载《上海预防医学杂志》2004 年第 12 期。

理中暴露出的中国相关立法针对性不足，生物安全等领域仍存在相当大的立法空白。中央全面深化改革委员会第十二次会议进一步提出了"完善重大疫情防控体制机制健全国家公共卫生应急管理体系"的要求，为实现公共卫生领域的良好、长效治理，此后包括刑法在内的相关领域立法也势必会迎来革新。

（二）现状总结评析

总体来看，中国涉公共卫生突发事件犯罪的立法经历了从无到有，从零散到相对系统的过程。时至今日，本领域刑法规范体系已初具规模，相关规范包括：①《刑法》中的相关条款，主要集中于"危害公共安全罪""破坏社会主义市场经济秩序罪""妨害社会管理秩序罪"等章节；②《突发事件应对法》《传染病防治法》《动物防疫法》等特殊时期法律规范中"构成犯罪的，依法追究刑事责任"等刑事责任条款；③《解释》《意见》《检疫违法意见》等解释类文件。可以看出，本领域的刑法规范已较为完备，也曾在治理实践中收获过打击犯罪、维护稳定的积极效果。

但是，通过分析本领域的立法沿革及特点，我们也可以发现其中存在的严重问题。在立法行为上，本领域立法明显缺乏主动性。除1997年《刑法》制定时的主动修改外，其余立法基本都是在重大突发公共事件突然爆发后才被迫修改的。这也进一步导致了立法内容预见性的缺乏。面对"非典"及"新冠肺炎"的侵袭，相关立法存在因长期虚置而适用不畅、规制乏力问题，以至于必须依赖"应急式""救火式"的规范性文件予以补救。这种应急式、滞后性的立法虽可以实现打击犯罪的目的，但在"非典"与"新冠肺炎"等事件防治中也造成了《刑法》的应对迟缓与打击疏漏。在公共卫生突发事件日益频发的今天，本类立法能否符合相关国家战略对本域治理的长效性、经济性要求是值得怀疑的。因此，有必要在分析立法问题及成因的基础上，对本领域立法进行符合治理现代化要求的调整。

二、涉公共卫生突发事件犯罪立法的问题剖析

法律作为一种社会控制机制，国家治理应对社会变化的基本模式会影响法律的发展逻辑及样态生成，并决定着某一领域立法的根源性问题。中国涉卫生公共突发事件犯罪治理领域立法是在中国传统治理模式影响下生成的。这一模式被相关学者称为"社会管理式"治理模式，是一种"以国家为本位

和以政府为主体的，政府凌驾于社会之上，并习惯于包揽一切社会事务的自上而下的命令式管控模式"。[1]而该模式下的立法也呈现出单向度、政策化的"管理型"立法的特征。即为适应实时管理的政策性需要，立法设置往往以追求短期内的"秩序稳定"为首要目标，针对社会问题惯于采取"头痛医头，脚痛医脚"的应急式立法形式，进而导致整体立法呈现出应急性较强而预见性不足、控制性较强而保障性不足的问题。结合涉公共卫生突发事件现状，可以从以下几个方面进行具体阐释。

（一）法益保护的单一化偏向

在法益保护范围上，因"社会管理"治理模式下的"管理型"立法多秉持"自上而下"的管理观念，以"秩序稳定"或"社会控制"为法律设置及变更的基本遵循，由此导致了公共卫生突发事件领域刑法法益保护的单一化与偏向性。具言之，由于公共卫生突发事件会带来社会恐慌、公民行为失序以及社会秩序混乱，故"维护秩序"的紧迫需求促使现有立法在公共秩序维护层面做了充分的法律设置。举例而言，以司法解释为代表的刑法规定多数是与"危害公共安全罪""破坏社会主义市场经济秩序罪""妨害社会管理秩序罪"类犯罪相关的条款，其所保护的法益也多是"公共安全""社会秩序"等公共法益。在规制对象上，多是"自上而下"、针对社会一般主体的管理类规定。比如，在《解释》共计 16 条涉及具体犯罪的规定中，共有 11 条是针对公民或其他普通主体的行为规制，而在《意见》中，关于公民拒不履行防疫义务、造谣传谣、扰乱社会秩序等行为的规制仍然是整个解释的绝对重点，其中更有如"以危险方法危害公共安全罪""寻衅滋事罪""非法经营罪"等在立法设置上极具扩张性的罪名的广泛应用。但与此同时，我们也应当注意到重大公共卫生突发事件给社会带来的影响是全方位且深远的，并非只是社会行为的短暂失序。除秩序混乱外，这一时期也是公权极度扩张、私权极度限缩的时期，更是环境问题、生物安全等各类隐患积蓄已久后集中爆发的信号。因此，包括公民的私权保障、公权力规范以及生物安全等在内的其他领域的犯罪预防问题，同样需要立法的合理甚至重点关注。但是，基于"维护秩序"立法目标的局限性，该领域刑法立法在除秩序管控视野外的其他保障较为匮乏。以公民私权保障为例，在以普通公民为主体、限制公民自由及其

---

〔1〕 俞可平：《论国家治理现代化》，社会科学文献出版社 2014 年版，第 12~13 页。

他权利的条款占据了该领域法律规范的绝大多数内容的情况下，本领域立法对公民私权的保障性规定较为薄弱。在公民人身自由、公民财产、公民个人信息等于特殊时期易受侵害的领域，仅有个别条款的简单规定。有的规定会基于追求公共利益考虑而不当增加侵犯私权风险。比如，《解释》第 1 条将拒不履行防疫义务，故意传播传染病病原体类行为以危险方法危害公共安全罪处罚，第 10 条将造谣传谣行为以传播虚假恐怖信息犯罪处罚。事实上，在疫情等突发事件期间，公民由于害怕、恐惧心理及认知的有限性，难以避免地会有逃避监测、传播"谣言"的行为，动辄以这两个重罪规制本类行为本就面临着罪责不相适应的质疑，而《解释》又并未对"危害公共安全"及"恐怖信息"的行为类型、侵害程度作具体规定，由此加剧了刑罚权因"风险治理"需求而恣意扩张的风险。此外，在生物安全等其他应受刑法保护的治理领域，相关立法也出现了保护片面及回应迟滞的问题。如《刑法》分则对于破坏野生动物资源的大多数犯罪的设定并未充分考虑生态环境的总体特点，而是从保护社会或经济秩序的角度出发进行规制，致使本领域立法呈现出保护范围狭窄、入罪标准片面、行为类型疏漏等诸多问题。[1] 在传染病疫情等突发事件日益频发、影响扩大的今天，如果仅将犯罪打击与预防的重点放在社会秩序的短期性维护方面，则必将因违反突发事件治理规律而难以取得长效治理的效果。

（二）结构编排的体系化欠缺

在结构编排上，由于"管理式"立法以"维护秩序"为目标，往往将立法重点放在对既有突发性、临时性社会问题的处置，这就导致了该模式下的立法呈现出明显的滞后性与"应急性"特征。典型如本领域的两次重大法律变革，均是由于重大疫情的爆发紧急催生的。虽然本类应急性立法在短期内可以实现犯罪打击与威慑效果，但也因缺乏对立法价值、法条关系的审慎思考而导致立法的体系性和兼容性不足，进而影响整体治理的联动效果。具体而言，本领域治理的相关刑法条文虽然在数量上很多，但是却散见于刑法各章节。以公共卫生类犯罪为例，专为公共卫生领域设置的"危害公共卫生罪"

––––––––––

〔1〕 如现有立法对犯罪的认定侧重于野生动物的经济价值及非法获利情况，而对经济价值不高，却对生态环境、维持生态平衡具有重要意义的相关濒危动物并未纳入保护范围。此外，具有较大社会危害性的残害、虐待野生动物行为也并未入罪，对整体生态法益的保护并不全面。参见苏雄华、冯思柳："生态法益视角下野生动物资源的刑法保护"，载《江西警察学院学报》2018 年第 5 期。

涉公共卫生突发事件犯罪的刑法规范体系完善

章节囊括的罪名十分有限，仅包括普通公民妨害传染病防治措施、非法行医及血液类犯罪。其他犯罪〔如为传染病防治时期的国家机关工作人员设置的犯罪（如传染病防治失职罪）〕被统一规定于第九章渎职罪中，与普通公民行为相关的罪名则更为临散，几乎散见于《刑法》的所有章节。在紧急时期负责联结和指导这些条款适用的，主要是《意见》和《解释》这两个文件。但是，这两个"救火式"文件均是在相关疫情蔓延后才紧急出台的，其不仅难以预见性地考虑到特殊时期的犯罪认定和适用问题，基于刑法典的原有格局及规定限制，其也难以承担起促进涉公共卫生事件犯罪治理专门化、体系化的重任。从各阶段的治理效果来看，这种以分散化立法为主体、"补丁式"修改为主导的立法方法不仅会使立法者难以发现立法设置的矛盾与漏洞，不利于立法的修改与完善，甚至可能造成整体法律的混乱与冗余，使司法人员在适用法律时难以及时寻找到有针对性的法律条文，并因缺乏系统性思考与体系对比而在理解法律时遭遇困难。这种由立法结构临散导致的治理联动性缺失，将会极大地影响《刑法》的适用效率及治理成效。

（三）具体规定的专门化不足

从具体条文的角度出发，"管理式"立法模式还造成了具体条文设置模糊、专门化程度不高等现象。一方面，这是"自上而下"管理视角的"无奈之举"。由于"自上而下"的管理式立法往往只能聚焦于现实已经产生的严重社会问题，而难以通过来自多元主体、不同层面的观察与商讨，及时在犯罪早期实现预防，故立法存在滞后性。另一方面，这又是"维护稳定"管理目标的"有意为之"。为了在相关犯罪爆发后及时稳定社会秩序，立法者只能采取模糊立法的方式以应对多变的社会现实，即"期望通过开放性与模糊性的立法来应对司法实践的复杂情形，为刑事司法留下实践运用与挥舞手脚的空间"。[1]在公共卫生突发事件治理领域，这一问题集中体现在两个层面：一是该领域存在具有"口袋罪"倾向的罪名的大规模应用现象。以对普通公民行为规制为例，作为传染病防治的重点领域，本类行为的规制大量依赖兜底罪名。比如，以"非法经营罪"中的"从事其他非法经营活动"规制疫情中破坏市场秩序，生产假冒口罩或哄抬物价等相关行为；以"寻衅滋事"罪规制拒不履行防疫义务以及部分传播虚假信息，发表不当言论的行为。虽然兜底

---

〔1〕 陈伟："刑事立法的政策导向与技术制衡"，载《中国法学》2013年第3期。

· 075 ·

性罪名可以在社会形势剧烈变化的情况下提供应急性法律支持，但是，这种模糊立法却与罪刑法定原则相悖，并增加了刑罚权滥用风险，并非治理的长远之策。二是在某些具有刑法处罚必要性的特定领域，因专门罪名缺失或不完善而导致处罚漏洞。如在疫情期间哄抬口罩或生活物价、牟取暴利的行为，虽具有严重社会危害性，但由于其仅违反了国家的《价格法》，并没有违反国家的有关许可制度，从严格意义上而言难以被纳入刑法处罚。[1]再如野生动物保护领域，现有刑法处罚局限于野生动物猎杀、买卖行为，而对食用、加工野生动物造成严重社会危害的情况并未规制，也未考虑围绕濒危或一般野生动物产生的食用需求进行犯罪打击。[2]此外，在对有关政府部门卫生人员防治失职的规制上，不仅存在着对"滥用职权"行为的规制漏洞，还存在着明显的罪刑失衡现象。[3]上述立法疏漏均会使治理缺乏针对性，并给司法、执法阶段的扩张式或是盲目适用埋下隐患。

（四）法律衔接的协调性不佳

在法律衔接上，本领域立法也面临着与其他法律衔接不畅，甚至相互冲突的难题。在公共卫生突发事件治理领域，及时促进《刑法》与其他法律的协调衔接，特别是《刑法》与特殊时期的专门性法律规定的衔接，可以使《刑法》迅速针对突发事件的发展形势，作出更具针对性、更为妥当的处罚，故提升本领域相关法律的融贯性与协调性尤为重要。从方式上看，实现《刑法》与相关法的衔接的路径有二。一是间接衔接，即《刑法》与相关行政法、《传染病防治法》等前置法律的条文设置需要相互呼应，无所冲突。二是直接衔接，即承担《刑法》与其他法律直接衔接任务的刑事责任条款设置完善，功能充分。但是，现有"管理型"立法因其"头痛医头，脚痛医脚"的立法思维，以及应急性的立法方法，实际上难以兼顾《刑法》与相关法在这两个

---

〔1〕 陈正沓："突发传染病疫情防控中的刑法适用研究"，载《现代法学》2003年第4期。

〔2〕 曹坚："完善惩治野生动物'生意链'的刑事司法协同治理体系"，载《民主与法制时报》2020年2月6日。

〔3〕 虽然刑法以"传染病防治失职罪"特别规定了本类事件中负有防疫职责的政府部门卫生人员"玩忽职守"的行为，以体现对于本类行为的重视。但对本类主体"滥用职权"导致传染病传播的，却并未预设特别罪名。在两类行为危害性相当的情况下，忽视对于该类主体"滥用职权"行为的特别规制，可以说是一种立法疏漏。此外，传染病防治失职罪的法定刑最高为3年有期徒刑，而玩忽职守罪最高刑责可能达到7年有期徒刑，若直接适用特别罪名，则将导致政府部门的卫生人员防治失职的处罚反而轻于普通公务人员的现象。

维度上的衔接问题。

1. 现有刑法条文与相关前置法律不同步，相关条款存在冲突与疏漏

从应然层面来看，法律体系中的各部门法律应是一个相互统一的整体，我国在修改公共卫生领域刑事法律的同时，理应对其他法律中的冲突之处作出修正与调整，方能更好地发挥《刑法》及整体法律治理体系的作用。但是，公共卫生突发事件刑事法律修改往往是通过个别条款变更，或是紧急出台司法解释实现的。本领域如《戒严法》《传染病防治法》《野生动物保护法》等相关法律在20世纪被制定后备受冷落，除了少量常规性修法行为外，鲜有依据公共卫生突发事件发展及刑事法律协调需求进行的针对性或预见性变革。即使是其中修改较为频繁的《传染病防治法》，也是在2003年非典疫情爆发后才进行了相关的实质性变更。故在2003年非典、2020年新冠肺炎爆发时，难以避免因法条设置粗疏及立法变更迟滞，而出现与《刑法》条文不适配甚至冲突的现象。如在非典疫情爆发时，由于刑法规定中可以适用妨害传染病防治罪的传染病仅限于《传染病防治法》规定的"甲类"传染病（即鼠疫与霍乱），进而造成了故意或过失传播非典行为难以用《刑法》规制的问题。甚至在新冠肺炎疫情爆发后，关于"传染病防治罪"的适用也仍存在瑕疵。[1]此外，其他法律也存在着类似衔接性问题。如《野生动物保护法》在历次修改过程中，所持的立场也仅局限于生态环境保护，而对野生动物可能引发的公共卫生安全威胁的立法设置则明显不足。[2]这一前置法的疏漏，也将给《刑法》在防范生物安全风险领域的适用留下隐患。

2. 承担衔接任务的刑事责任条款存在严重的虚化与空白现象

在整个法律体系中，本类条款由于具备具体提示、指引某类行为可能承

〔1〕 有学者指出，《意见》关于妨害传染病防治罪的相关规定与罪刑法定原则存在一定冲突。《传染病防治法》规定的"甲类"传染病仅有鼠疫和霍乱。虽然国家卫生健康委员会经国务院批准发布的公告将新冠肺炎纳入乙类传染病，但这只是国务院对《传染病防治法》的一种解释。该公告并未以国务院办公厅的名义发布，也并非部门规章或行政法规。因此，其无论在内容上还是在形式上都不属于《刑法》第96条以及相关司法解释所说的"国家规定"。参见罗翔："法治的细节：如何理解妨害传染病防治罪中的甲类传染病？"，载搜狐网：https://www.sohu.com/a/372177626_260616，访问日期：2020年5月20日。

〔2〕 参见韩轶："新型冠状病毒肺炎疫情'法治大考'系列之六：野生动物治理中的生态安全和生物安全之刑法保护"，载微信公众号：https://mp.weixin.qq.com/s/L57IDD68KsL6VVYEBUerDA，访问日期：2020年5月20日。

担的刑事责任的功能，并可以针对发生在特定领域的犯罪行为进行更为具体、类型化的罪状描述而承担着促进和协调《刑法》与相关法律衔接的任务。但是，现有相关法律规范中存在的附属性刑事责任条款长期被冷落，并使其因两方面缺陷而未发挥其应有的衔接效果。其一，该类刑事责任条款存在着相当严重的虚化现象。以《突发事件应对法》《传染病防治法》等法律为代表的针对公共卫生突发事件的特殊立法规范所规定的刑事责任条款，其内容多为"构成犯罪的，依法追究刑事责任"这类抽象性极强的表述，但对于构成的具体罪名、主要的行为方式却并未作出具体规定，使得其仅具备宣示性效果，而难以起到实质性衔接效果。其二，本类特殊立法规范包含的刑事责任条款内容不全面，难以与《刑法》全面对接。以《传染病防治法》为例，作为针对传染病防治的专门法律，其理应兼顾疫情预防、防疫指挥、防疫措施、防疫追责等多方内容，涉及公权及私权多方主体，与《刑法》在相关行为和主体上的衔接也应是全方位的。但是，《传染病防治法》第八章法律责任共计13条规定，多数针对的是医疗机构、防疫公权力机关的行为规制，且主要涉及失职类罪名，第 77 条对于普通公民导致传染病流行，造成他人人身财产损害的，仅作出了承担民事责任的规定，存在法律衔接的空当。

综合而言，《刑法》与相关法衔接存在着诸多冲突与缺漏之处，而这些法律体系层面的冲突与缺漏显然无法通过"应急性""孤立性"的个别法条修改或司法解释加以解决，如若持续这一模式，将对本领域治理的联动性与科学性造成重大损伤。

三、涉公共卫生突发事件犯罪立法的范式转化

如上所述，本领域立法的根源问题在于治理模式的不足，那么若想实现本领域刑法规范体系的合理完善，我国势必要基于国家整体治理模式转型的根本逻辑与基本要求进行相应调整。当今国家治理现代化转型背景下的治理模式是一种"社会治理"型模式。"这是一种政府、社会组织及个人等多元主体，基于平等合作型关系，依法规范与管理社会事务、组织和生活，以实现公共利益最大化的治理模式。"[1]在这一模式下，"社会"并不是管理和实践的对象，而是管理和实践的主体。社会治理的目标不只是维护稳定，更是为

---

〔1〕 戚学祥、钟红："从社会管理走向社会治理"，载《探索》2014 年第 2 期。

了实现公共利益的最大化。[1]而该模式下的刑法立法也并不将刑法视为"政府管理"的附庸，而是将其视为治理社会的基本手段，并在整个社会治理体系的协调运行中，通过与其他治理工具的衔接配合，共同促进社会公益的保障。而想要实现这一目标，刑事立法必须要具体实现立法目标、应急模式及技术方法的多方转型。

（一）立法目标转向：从"秩序维护"走向"多元保障"

立法目标是刑事立法的方向性问题，它影响着现代治理中刑法的定位、功能及具体目的实现机制的建构，在立法转型中尤为重要。如上所述，为应对突发事件带来的社会风险与加强社会控制，现有立法从政府管理视角出发，存在以"秩序维护"或者说"安全治理"为首要甚至唯一目标的现象。但是，这种单一化目标也将导致刑法功能的异化及治理效果不彰。从刑法的属性与功能出发，如果刑法直接服务于政府维护秩序的"管理需求"，在法益保护方面秉持一种"秩序法益观"，那么刑法将从"自由保障法"演化为"秩序维护法"。[2]即为维护稳定，刑法可以即时性、政策性地扩大规制范围，甚至将一些本应由其他法律规制的失范行为犯罪化，从而贬损刑法自由保障、维护公正等独立价值。然而，这一立法目标却并不会带来理想的效果。一方面，如果刑法仅以风险治理或秩序稳定为目标，那么必然导致刑法人权保障侧面的弱化，甚至造成刑罚恣意而损伤社会正义的后果。另一方面，秩序维护为优先的立法目标也会造成刑法对其他社会利益保护的局限与短视。由于催生公共卫生突发事件的原因十分复杂，造成的影响并非短期内的"秩序混乱"可以囊括，如果仅跟随秩序维护的步伐，对相关现象进行滞后性、应急性处置，而忽视刑法在公共卫生、生物安全等其他领域的风险预防作用，最终只会因"头痛医头，脚痛医脚"的治理方法而造成治理的"顾此失彼"与"盲人摸象"。

因此，当前涉公共卫生事件刑法目标应突破"维护秩序"的局限，实现立法的"多元保障"。刑法作为社会治理与分配利益的重要工具，作为"保障人民幸福、维护国家长治久安"治理能力现代化目标的重要支撑，其功能发挥不因仅以"秩序稳定"为优先或是唯一追求，而是基于社会"整体福利"进行综合考量。即"当使用刑法不仅能够预防犯罪，还能提高整个社会的福

---

〔1〕 俞可平：《论国家治理现代化》，社会科学文献出版社 2014 年版，第 213 页。
〔2〕 魏昌东："中国经济刑法法益追问与立法选择"，载《政法论坛》2016 年第 6 期。

利时，某一行为的定罪处刑才具有了成本收益分析支撑的正当性"。[1]立法对某一利益或主体的侧重性保护必须以全面保障整体性利益为目标，而不能因短期性或局部管理需要而造成长期利益或是整体利益的折损。因此，刑事立法必须在回归刑法"法益保障"的基础上，注重利益（法益）保护的全面性与适当性。在具体的立法设置中，应注意以下几点要求：

其一，必须回归法益保护的底线性。"维护安全是政治的首要任务，保障权利是法律的首要任务。"刑法作为善良人和犯罪人的大宪章，在任何时期都不应遗忘刑法的"人权保障"侧面，而应将"人权保障"作为"自由刑法"的适用底线。结合公共卫生事件特性及当今立法现状，这一层面的刑事立法应进行两方面完善。一方面，应规范对公民权利的相关限制措施，并避免公权行使突破私权底线。在通过刑事立法对公民自由进行直接限制时，应奉行谦抑性原则、必要性原则，对公民在本类事件中产生的常态化、应激性行为，避免一律入罪甚至以重罪处置。在确有必要的情形下，也应注重对行为类型、行为后果作出较为具体细致的限制。此外，针对现今涉公共卫生突发事件职务犯罪领域的处罚漏洞及罪行失衡现象，应及时补全并进一步加强立法设置，以降低因公权行使恣意致使私权被不当侵犯的风险。另一方面，需加强对于私权主体的直接保障。由于公民的人身、财产及个人信息等权利在这一时期相对而言更易受侵害，在必要情形下，应根据公共卫生事件的特性及治理需求作保障性立法设置。比如，在个人信息保护领域，应进一步厘清个人信息的内涵与外延，以划定疫情治理等事件中信息搜集与使用的界限，避免信息的过度搜集及不当滥用。

其二，必须促进法益保护的多元性。由于公共卫生突发事件危害并不局限于短期内的秩序混乱，本领域立法也应基于长效治理要求，实现法益保障与风险预防的多元化。而现有"秩序管控类"立法也因其高度抽象性而难以具体指导并合理限制刑法适用，有具体化与细化的必要。基于治理现状，应重点关注与拓展两方面内容：一是公共卫生法益保护。虽然通说认为，公共卫生类犯罪的法益主要是国家对公共卫生的管理活动。[2]但事实上，由于公共卫生与每个人的健康权紧密相连，因此应将其视为公民整体健康权的有机

---

〔1〕 王强军："刑法功能多元化的批判及其限制路径"，载《政法论坛》2019 年第 1 期。

〔2〕 陈兴良主编：《罪名指南》，中国政法大学出版社 2000 年版，第 1174 页。

结合，这也决定了其并非完全从属于国家管理秩序，而是具有保障公众健康权的独立价值。因此，在立法目标与设置上，应避免仅基于"管理秩序维护"目的的立法设置，而是以公众健康权保障为实质依据重新审查刑法的保护范围，并据此调整犯罪认定标准甚至司法的认定过程。当管理秩序与公众健康发生冲突时，则应做有利于维护公众健康权的调整。二是生态环境类法益保护。如前所述，现行《刑法》对本类犯罪的规制仅局限于管理秩序或经济维护，这一立法的局限导致其难以给予生态环境全面和完整的保护，进而在新冠肺炎疫情等突发事件中暴露出了野生动物犯罪的规制漏洞及生物安全风险预防能力不足等问题。虽然生态法益的具体内涵及利益主体存在争议，但有一点却可以成为共识，即人类仅是生态系统的一部分，生态系统中任何一部分被破坏均会影响生态界的完整，从而直接或间接影响全体人类的共同利益。[1]因此，在公共卫生突发事件与生态环境联系日益紧密的情况下，本类事件的涉环境类立法应抛弃以秩序或人类自身为中心的视野局限，转向对生态系统的整体法益与长远利益的考量，并在此基础上进一步拓展生态环境保护的视阈，以整体利益的评估扩充环境资源保护类型，变更以"经济利益"为中心的处罚标准。[2]

其三，必须注重立法保护法益的层次性。在拓展立法保护范围的同时，我们更应注重法益保障的层次性。这里的层次性不仅是指刑法内部保障的层次性，即刑法立法可以基于公共卫生事件的特殊与紧迫要求，在资源有限的情况下，对法益保护进行区分主次与先后的立法设计，如在坚守刑法基本原则的前提下，特别强调特殊时期对于公共安全、生物安全及公民人身安全等方面的罪名设计与刑罚处罚，以彰显特殊时期刑事政策的"从严"需求；更重要的是基于法律体系的层次性法益保护。具体而言，"法益保护"并不会仅仅通过刑法得到实现，而必须通过全部法律制度才能发挥作用，刑法对于法益保护仅具有辅助性。"在使用非刑法惩罚就足以保障实现所追求的目的时，立法者就应当将其规定为违反秩序的行为。"[3]因此，刑法在保护视野拓展的同时，应避免"重刑主义"的回归。"多元保障"既不意味着刑罚的加重，

---

〔1〕 黄锡生、张磊："生态法益与我国传统刑法的现代化"，载《河北法学》2009 年第 11 期。

〔2〕 黄锡生、张磊："生态法益与我国传统刑法的现代化"，载《河北法学》2009 年第 11 期。

〔3〕 魏昌东："新刑法工具主义批判与矫正"，载《法学》2016 年第 2 期。

也不意味着刑法在法律体系、治理体系中的扩张。我国应在坚守刑法谦抑原则的情形下，基于治理体系与法律体系的整体性、经济性评估，对刑法处罚范围与轻重进行妥当调整。

（二）应急模式调整：从"动员模式"走向"调试模式"

重大公共卫生突发事件的应急立法模式，主要是指宪法统摄下的应急法律制度体系建构的基本模式。刑法作为法律体系的重要组成部分，立法的设置与变更离不开整体法律制度模式的制约与影响。由于重大公共卫生突发事件往往使国家进入紧急状态，各国在实践中形成了一套适用于这一时期的应急法律制度模式。中国的传统模式被学者概括为"动员模式"。在这一模式下，国家应对突发事件的主要手段是"动员"，即"组织者通过法律、教育、宣传等综合手段，统一调配资源社会资源的行为"。其具有极强的"统一领导""政治管理"特征，包括刑法在内的制度建构均是"动员"的组成部分，从属于组织者的"动员"要求。[1]而为方便"动员"的实施，围绕紧急权力及事件治理的相关法律规定不仅比较抽象和概括，也并未有条件和需求对整体应急法律体系进行有针对性、协调式的法律建构。在法制不健全、应对机制尚不成熟的情况下，这一模式可及时遏制突发事件危害的扩散。但是，在公共卫生事件层出不穷且日益复杂的今天，"非典""新冠肺炎"治理中的诸多问题已经表明其难以为本类事件的规范、长效治理提供支撑。

因此，当今立法应吸取其他应急法律制度模式的有益经验，进行符合治理现代化的调整。"调试模式"作为世界范围内紧急权力法律的权威模式之一，也承认在特殊时期有必要创设并规制紧急权力。[2]但调试模式下的法律并非从属于"动员"，而应有其独立的"服务于恢复常态秩序、保障基本人权"的任务。在法律运行上，这一模式存在详尽的紧急权力行使方式及其控制措施，如紧急权力运行的启动方式、制约机构、运行方法、必要原则（如比例原则）等。[3]这就要求国家建立起一套专门法律制度体系，通过常规法与特殊法的有效衔接，为紧急权力的规范行使提供支撑。在中国，《传染病防治法》《国境卫生检疫法》等特殊时期法律的颁布以及司法解释对特殊时期常规

---

〔1〕 孟涛："紧急权力法及其理论的演变"，载《法学研究》2012 年第 1 期。

〔2〕 See Oren Gross and Fionnuala NíAoláin, *Law in Times of Crisis: Emergency Powers in Theory and Practice*, New York: Cambridge University Press, 2006, pp. 5~6.

〔3〕 孟涛："紧急权力法及其理论的演变"，载《法学研究》2012 年第 1 期。

罪名的针对性解释与体系整合，已经体现了中国"动员模式"与"调试模式"的融通。但当今，包括刑法在内的突发公共卫生事件法律制度体系仍旧存在整体法律机制建构不足、法律协调性不佳等问题。因此，刑法这一部门法的立法转型应根据整体应急法律制度转型的趋势与要求，促进刑法与相关法（特别是特殊法律）的有效衔接。在具体方法上，可以分为以下两方面路径：

其一，必须注重本领域相关刑事责任条款的充实与完善。刑事责任条款可以弥补刑法典中立法形式与方法的局限，在公共卫生突发事件刑法治理中发挥重要的补充功能。一是整合功能，本时期涉及的犯罪行为广泛多样，刑法典难以对所有罪名（特别是散见于《刑法》各章节中的一般罪名）作出集中规定，但规定于某一领域专门法中的刑事责任条款则可以在如《传染病防治法》等专门法律中对本领域所涉及的刑法规定进行集中性规定与整合；二是变通功能，现有立法技术无法将所有犯罪类型事无巨细地规定在刑法典中，而刑事责任条款则可以发挥犯罪创制、法典修补、内容解释等实质机能，在其他法律中针对涉及该领域的犯罪类型及特征，进行更具体与灵活的完善；[1]三是指引功能，刑事责任条款作为相关法与刑法的直接衔接规定，执法者及普通民众更可以据此为指引，得以更直接地了解某一特殊领域涉及的刑法要求。然而，想要充分发挥上述功能，则必须解决刑事责任条款的空白与虚置现状。一方面，若要实现对刑法规定的灵活变通及行为指引，那么对于该领域治理出现的典型犯罪行为，则应避免出现"构成犯罪的，依法追究刑事责任"等宣示性描述，而应在遵从刑法基本原则、刑法罪名规定及法定刑设置的基础上，依据典型犯罪表现形式进行更精准、细化的描述。特别是在涉及传染病防治、国境卫生检疫等热点领域，或"非法经营罪""以危险方法危害公共安全罪"等罪状描述比较抽象的罪名时，更应结合公共突发事件期间的典型行为类型作出具象化、细致化的规定。而对于《传染病防治法》等法律中存在的未予以释明刑事责任的条款，则应及时予以补充。另一方面，若要通过该类条款对刑法规定进行整合，则应注意本类条款的结构体系安排。如若在特别法律中的规定仍然是偶然性、临散化分布的，那么也无法收获整合《刑法》

―――――――――
〔1〕 参见童德华、张珂："《传染病防治法》中附属刑法规范的整合"，载微信公众号：https:// mp. weixin. qq. com/s/lxsxI-XX_ 5gSXlimNbWChQ，访问日期：2020 年 5 月 20 日。

常规罪名的效果。因此，可以考虑在《传染病防治法》《国境卫生检疫法》等相关法律中，将该法规制范围内的典型行为按照行为主体（如医务人员、公务人员等）、行为类型（如拒不履行防疫义务行为）等加以归纳、整合，将同类条款予以专门化、集中化规定，并在此基础上根据处罚漏洞和立法预设，补充其他相关的违法犯罪行为，以实现刑法与各部门法的良好衔接。

其二，必须促进《刑法》与其他特殊时期法律的同步与衔接。《刑法》与相关法难以对接的另一主要原因是整体应急体系中相关法规定的滞后与缺失。故应及时促进应急法律的出台与更新，并逐步建立系统化的紧急时期法律体系。我国至今尚未出台《紧急状态法》《生物安全法》等公共卫生领域紧急时期的基础性立法，本类立法虽不常用，但若缺失将给整个国家带来巨大破坏。[1]故综合现有国情，我国应对《突发事件应对法》进行重点完善，使其逐步成为全面适用于"紧急状态"的统摄性立法。与此同时，我国应尽快制定《生物安全法》等专门法律，对于《传染病防治法》《国境卫生检疫法》等特殊法律也及时予以修正，避免因更新迟滞而难以与《刑法》等法律实现对接。此外，在对接的具体内容上，应以"法秩序统一"原理为根本指导，确保"多个法律部门组成的法秩序内部相互协调，无所冲突"。基于现存问题，可以重点关注以下内容：一是"传染病"等级的认定范围与程序。如前所述，由于《传染病防治法》直接列明了"甲类"传染病的种类，这导致非典、新冠肺炎作为新型病毒无法被及时认定为甲类传染病，致使传染病防治罪无法适用或存在适用瑕疵。因此，为避免本类事件再次发生，应考虑通过立法，正式降低传染病防治罪的适用标准或简化甲类传染病的认定程序，以灵活应对新型病毒疫情。二是突发事件防治主体的行为义务。在历次的突发事件治理中，负责传染病防治、慈善筹措等公职人员的行为义务，以及在野生动物交易、疫情防控等方面普通公民的行为规范，均呈现出因规定抽象或缺失而难以实现妥当规制的现象。而《刑法》的很多犯罪的认定也都有赖于这些前置法律的义务性规定，故在公共卫生领域整体法律完善的过程中，对于本类规定应考虑刑法与相关法的衔接需要，进行列明与补充。三是相关犯

---

〔1〕参见韩秩："新型冠状病毒肺炎疫情'法治大考'系列之一：中国紧急时期法律体系的完善"，载微信公众号：https://mp.weixin.qq.com/s/nsD8eOMVfqnczSWRggov_A，访问日期：2020年5月20日。

罪主体的扩充。如在生物安全犯罪领域，针对动物非法买卖、虐待、养殖，或非法从事基因编辑产业，造成生物安全风险的自然人和单位，可以基于对产业链条的打击需求，在保持谦抑性的前提下，对规制的主体进行调整与扩充。

（三）技术方法纠正：从"粗放管理"走向"精细治理"

立法技术方法主要是指立法体系编排、条文设置、罪状描述等方面的问题。在这一层面，现有涉公共卫生突发事件犯罪的立法总体上呈现粗放化、管理式的特征。如上所述，为适应管理需要，刑法相关规范呈现出了应急性强、预见性不足等突出特点，并导致了罪状规定模糊、专有罪名缺失及立法体系临散等问题。这会给本领域的刑法治理带来负面影响。一方面，可能不利于人权保障目标的实现。由于刑法后果具有严厉性和不可恢复性的特征，如果刑法设置的精准性、审慎性不足，可能导致刑事制裁的"误伤"。比如，立法上对某一罪状描述不清晰或不合实际，可能导致司法过程中的罪名虚置或无限制的"口袋化"适用。另一方面，可能造成治理效率低下，导致司法资源和社会资源的浪费。刑罚制裁的启动与实施均需耗费大量的司法资源，在社会资源紧缺的状况下，如果无法做到利用刑法精准打击犯罪，甚至将涉疫情等违法违规行为大量纳入犯罪圈后再予以处断，则会反向加剧刑法治理资源的压力，影响治理效率。

因此，我国涉公共卫生事件的犯罪治理应基于治理现代化需要，实现"精细治理"的转型。即通过体系化、精准化的法律规定，提升刑法适用的规范性与高效性。结合现有立法缺陷，应重点包含两个步骤：

其一，提升刑法相关罪名的专门化与针对性。突发公共卫生事件期间会产生许多新的犯罪，固有犯罪也会呈现出新的特征，仅依赖抽象的常规化罪名或是极具扩张性的兜底罪名进行滞后性、应急性规制，势必难以取得理想效果。故在立法设置上，有必要基于事件特性及治理需求，针对专有罪名与常规罪名的现有缺陷，进行有针对性的调整。具体包括：①创制并增设专有罪名。针对本领域刑法存在的大量新兴领域的处罚漏洞，应在具体评估处罚必要性的基础上增设专有罪名或罪状。如在野生动物保护领域，可以考虑随时代发展需要，将买卖、食用野生动物行为、虐待野生动物等行为逐步纳入野生动物类犯罪的规制范围；在破坏市场秩序领域，针对哄抬涉疫相关物资价格等行为，为避免非法经营罪的口袋化扩张，可以考虑增设"哄抬物价罪"

予以针对性规制。[1]②调整或细化罪状描述。针对相关罪名规定，对于由"管理需求"导致的罪状模糊问题，可以在立法技术上通过列明或增加行为类型的方式予以细化。如对于破坏野生动物资源类犯罪"违反保护水产资源法规""违反国家野生动物保护法规"的罪状描述，可以参考域外立法方式，采用叙明罪状具体列明行为类型与犯罪特征。[2]而针对某些具有兜底性质的模糊条款，也可以参考中国《刑法》将"投放传染病病原体"加入《刑法》第114条规定的情形，在对突发公共卫生事件中的某些典型犯罪的行为进行总结与类型化的基础上，添加于某类常规罪名的罪状描述中。③调整刑罚的轻重与处罚方法。刑罚轻重与处罚方式同样影响着犯罪人对于犯罪成本与收益的核算，进而影响着刑法的预防效果。[3]故提升本领域刑罚的妥当性同样不能忽视。如调整传染病防治失职罪的法定刑幅度，加大对政府部门的卫生人员处罚力度，以实现罪刑均衡；再如，在野生动物保护领域，应改变唯"经济数额"论的立场，对法益破坏情况的实质进行评估，持促进生态利益恢复立场，增加罚金刑额度，并增设职业禁止等其他有效预防方法。

其二，促进刑法立法结构编排的科学性与体系化。刑法罪名的体系化与刑事治理协同治理成效息息相关，在公共突发事件对刑法治理效率性、协同性要求极高的情况下，体系化的编排可以便于立法者对相关规范进行整体评估，便于司法、执法者在对比中明晰立法目的，便于守法者调整自身行为。故我国有必要调整现有立法的结构编排，建构科学的刑事法律专门体系。具体而言，我国可以考虑参照"战时特殊罪名体系"的设置方式，针对新设或修改的专有罪名，根据侵犯法益、危害行为的类似性予以专章或是较为集中的罪名设置，[4]并配合司法解释、相关刑事责任条款的规范整合，实现专有

---

〔1〕 胡宗金："哄抬物价行为的规制策略与路径选择研究——以非法经营罪的反思为视角"，载《中国物价》2019年第7期。

〔2〕 如《奥地利联邦共和国刑法典》即对构成"虐待动物罪"的情形及其处罚作出了明确的规定："……1. 残忍地虐待动物，或对其施加不必要的折磨的；2. 动物无野外生活的能力，而将之遗弃的；3. 意图使一动物忍受折磨，追猎其他动物的……"参见吴献萍："比较法视域下中国动物资源保护刑事立法的完善"，载《中南林业科技大学学报（社会科学版）》2012年第2期。

〔3〕 陈伟："刑事立法的政策导向与技术制衡"，载《中国法学》2013年第3期。

〔4〕 参见韩秩："新型冠状病毒肺炎疫情'法治大考'系列之一：中国紧急时期法律体系的完善"，载微信公众号：https://mp.weixin.qq.com/s/nsD8e0MVfqnczSWRggov_A，访问日期：2020年5月20日。

罪名间的协调及专有罪名和常规罪名的联系。以公共卫生犯罪为例，从通常意义上看，与传染病防治的相关罪名所保护的主要客体为公共卫生，应被统一规定。但与传染病防治直接相关的四个罪名被分别规定在两章中，其中传染病防治失职罪被单独规定于"渎职罪"中。这样虽可以体现国家对渎职犯罪的重视，但却不利于公共卫生事件爆发时立法者、司法者对相关罪名的体系评估或统一适用，故应将本罪与相关罪名进行统一编排与专章规定。[1]此外，由于公共卫生的主要客体是公众健康权，因此我国可以在对个罪客体进行考察的基础上，将主要侵害公众健康权的犯罪（如传播性病罪等）纳入公共卫生犯罪体系，以协调、指导相关卫生事件的爆发。[2]

（原文载于《学术探索》2020 年第 8 期）

---

[1] 卢勤忠："论传染病防治犯罪的立法完善"，载《政治与法律》2003 年第 4 期。
[2] 刘远、景年红："卫生犯罪立法浅议"，载《法学》2004 年第 3 期。

妨害新型冠状病毒疫情防控犯罪问题的刑法解析

谢 杰[*]

一、新型冠状病毒肺炎疫情对于《刑法》的挑战及其应对方略

当前，新型冠状病毒肺炎（COVID-19，本文以下简称"新冠肺炎"）疫情形势严峻。新型传染病对于人们的日常生活、工作学习、全国社会经济发展产生了极大影响。2020年1月20日，中共中央总书记、国家主席、中央军委主席习近平作出重要指示，要求各级党委和政府及有关部门要把人民群众生命安全和身体健康放在第一位，制定周密方案，组织各方力量开展防控，采取切实有效措施，坚决遏制疫情蔓延势头。国务院总理李克强主持召开国务院常务会议，进一步部署新型冠状病毒感染的肺炎疫情防控工作。世界卫生组织宣布将新型冠状病毒疫情列为国际关注的突发公共卫生事件，[1]更是意味着我国继续和国际组织、世界各国一起以最全面、最严格的防控举措，打赢这场疫情防控阻击战，维护公共卫生安全。[2]

在新冠肺炎疫情防控工作的展开过程中，我们不可避免地会遇到一些严重扰乱公共安全、社会秩序，甚至意图或者实际乱中谋利的乱象。部分不法

* 上海交通大学凯原法学院副教授。

〔1〕 See World Health Organization, "Statement on the Second Meeting of the International Health Regulations (2005) Emergency Committee Regarding the Outbreak of Novel Coronavirus (2019-nCoV) ", https://www. who. int/news-room/detail/30-01-2020-statement-on-the-second-meeting-of-the-international-health-regulations- (2005) -emergency-committee-regarding-the-outbreak-of-novel-coronavirus- (2019-ncov), 访问日期：2020年1月31日。

〔2〕 参见外交部："外交部发言人华春莹就世界卫生组织发布新型冠状病毒感染的肺炎疫情为'国际关注的突发公共卫生事件'答记者问"，载外交部官网：https://www. fmprc. gov. cn/web/fyrbt_673021/t1737672. shtml，访问日期：2020年1月31日。

分子利用新冠肺炎疫情从事各类违法犯罪活动，严重妨害公共卫生安全与社会经济秩序。1 月 28 日，最高人民法院党组召开专题会议暨应对新冠肺炎疫情工作领导小组会议。该会议指出，要认真贯彻实施刑法、刑事诉讼法及司法解释规定，依法严惩妨害预防、控制突发传染病疫情等各类犯罪，切实保障疫情防控工作顺利进行，切实维护人民群众生命安全和身体健康。[1]2020年 1 月 30 日，最高人民检察院发布《关于在防控新型冠状病毒肺炎期间刑事案件办理有关问题的指导意见》，提出把疫情防控作为当前最重要的工作任务，防疫期间办理审查逮捕、审查起诉案件，贯彻宽严相济刑事政策，综合考虑犯罪嫌疑人是否具有社会危险性、犯罪危害性大小、犯罪情节是否恶劣等因素；对于危害疫情防控、严重扰乱社会秩序的犯罪行为，依法从严从重把握。[2]

应当看到，《刑法》以及最高人民法院、最高人民检察院《关于办理妨害预防、控制突发传染病疫情等灾害的刑事案件具体应用法律若干问题的解释》（本文以下简称《解释》）等相关司法解释对于妨害传染病防治相关犯罪行为均作了比较详细的规定，司法实务部门在审理案件、适用法律的过程中具有相对完善的法律依据；在重症急性呼吸综合征（SARS，本文以下简称"非典"）期间积累的大量宝贵司法实践经验也有助于解决相关疑难问题。

然而，在新冠肺炎疫情发散与紧急防控的攻坚战中，人们的社会心理、行为模式等受到了强大的冲击。同时，非典毕竟已经过去了 17 年，社会经济水平、政府治理模式与公众期待、个体思维模式、实体经济环境与金融市场、新闻传播模式等方方面面均发生了深刻的变化。在新冠肺炎疫情背景下，不乏相当数量的新型违法犯罪行为与刑法适用问题，需要我们进行特别关注与深度解释。基于此，有必要从控制疫情传播的角度切入，对严重侵害公共卫生安全、损害政府疫情治理效率的妨害防控疫情犯罪行为刑法规制问题进行研究，从而为防控新冠肺炎期间相关刑事案件的办理提供理论支持，为战胜疫情提供有效的司法保障。

---

〔1〕 余茂玉："坚决贯彻习近平总书记重要指示精神和党中央决策部署为坚决打赢疫情防控阻击战提供有力司法服务和保障"，载中国法院网：https://www.chinacourt.org/article/detail/2020/01/id/4784538.shtml，访问日期：2020 年 2 月 2 日。

〔2〕 徐日丹："最高检：依法从严从重打击危害疫情防控相关犯罪"，载最高人民检察院官网：https://www.spp.gov.cn/spp/tt/202001/t20200130_453602.shtml，访问日期：2020 年 2 月 2 日。

二、风险叠加下的妨害传染病防控犯罪行为样态

新冠肺炎给社会公众的心理造成了瞬间且剧烈的冲击。春节、春运的特殊时空状态加之自媒体对于疫情信息的链式传播导致恐慌效应呈指数级扩散。并无先例的行政决策与风险环境下的医疗资源紧张形成的高度不确定性相互叠加，加深了信息沟通的障碍，并由此形成了部分极端社会行为的新型刑事法律风险，亟须进行有针对性的刑法规制。

2020 年 1 月 23 日，武汉市新型冠状病毒感染的肺炎疫情防控指挥部发布通告：自 2020 年 1 月 23 日 10 时起，全市城市公交、地铁、轮渡、长途客运暂停运营；无特殊原因，市民不要离开武汉，机场、火车站离汉通道暂时关闭。[1]2 月 1 日，黄冈市新型冠状病毒感染的肺炎疫情防控指挥部发布人口出行管控紧急通知：每户家庭每 2 天可指派 1 名家庭成员上街采购生活物资，其他人员除生病就医、疫情防控工作需要、在商超和药店上班外，不得外出；对拒不听从居民小区工作人员管理劝阻、聚众闹事的，公安机关要加大打击力度。凡发现党员干部、公职人员不服从管理，不听从劝阻，参与聚众闹事的，提请纪检监察机关严肃问责，同时追究其所在单位主要负责人责任。[2]

上述特殊时期的特殊行政决策对于全力做好新冠肺炎疫情防控工作、有效切断病毒传播途径、坚决遏制疫情蔓延势头、确保人民群众生命安全和身体健康无疑具有极为强有力的积极作用。但基于新冠肺炎这一重大突发疫情的爆发、个别部门行政决策与风险管理的前期误区、社会公众理解困难以及由此产生的不安全感、焦虑心理[3]等多重风险因素叠加互动，有的人选择了逃离疫情严重区域、隐瞒潜在病毒接触信息或者症状、逃避防疫措施等"跟风"行动，流言蜚语也在社交网络中恐慌性传播、复制。由于湖北省持续传出口罩、护目镜、防护服、消毒液等一线防护耗材储备严重不足，检测、床位、收治能力持续性紧张，[4]发热门诊"排队长、秩序乱、等候长"

---

〔1〕 参见《武汉市新型冠状病毒感染的肺炎疫情防控指挥部通告（第 1 号）》。

〔2〕 参见黄冈市新型冠状病毒感染的肺炎疫情防控指挥部《关于加强市区人员出行管控工作的紧急通知》。

〔3〕 参见张子渊："自身有咳嗽头疼等轻微症状便陷入'是否被传染'的情绪中——疫情心理咨询呈现上升趋势"，载《北京青年报》2020 年 1 月 30 日。

〔4〕 参见黄蕙昭："抗疫全国总动员，物资困境如何解决?"，载财新网：http://www.caixin.com/ 2020-01-25/101508394.html，访问日期：2020 年 2 月 1 日。

等信息,[1]交通"封城"后的医疗资源匮乏更容易加剧恐慌情绪。

从宏观人口流动角度分析,根据"百度迁徙"针对武汉人口流出的大数据分析,交通"封城"当日以及前日,武汉市出现了短暂的人口迁出极速"放量"。从微观个体行为角度分析,媒体广泛报道了部分人员隐瞒病情、高风险接触史,躲避防疫机构预防措施等新闻。典型案例表现为:西宁市湟中县李家山镇汉水沟村村民苟某,长期在武汉务工,近日返宁后,拒不执行西宁市新型冠状病毒感染的肺炎疫情防控处置工作指挥部关于"重点地区人员需向社区(村)登记备案,并主动居家隔离"的要求,故意隐瞒真实行程和活动,编造虚假归宁日期信息,对自己已有发热、咳嗽等症状刻意隐瞒,欺骗调查走访人员,且多次主动与周边人群密切接触。苟某有意隐瞒其子与其一同从武汉返宁的事实,其子也多次在外活动,并密切接触人群。苟某涉嫌以危险方法危害公共安全罪被公安机关立案侦查,采取相关措施,并隔离收治。[2]极端事件表现为:武汉第四人民医院古田院区的隔离区,一名患者在无生命体征后,其家属情绪激动殴打医护人员,医生防护服被撕烂,导致严重职业暴露,被送往隔离病房隔离,短期内无法重返岗位。[3]

可见,无论是群体性的高风险人口流动,还是个案式的隐瞒新型冠状病毒感染症状、攻击医务人员引发病毒暴露传染风险,都构成了疫情传播风险与现实危害,同时涉及妨害传染病防治犯罪、危害公共安全犯罪等刑事法律风险。

三、妨害新冠肺炎防控犯罪行为的司法判断规则

携带新型冠状病毒者明知病情且逃避防控措施,恶意向医护人员吐口水、撕扯防护衣物、毁坏防护设备,引发病毒传播风险与实际损害结果的,确实具有严厉惩治的必要性,疑难与争议问题在于适用何种罪名。

---

〔1〕 参见谢慧敏:"全力做好发热病人就医就诊工作确保无条件收治所有疑似患者",载《湖北日报》2020年1月25日。

〔2〕 参见韩萍:"新冠肺炎确诊病例苟某被西宁警方以涉嫌危险方法危害公共安全罪立案侦查",载法制网:http://www.legaldaily.com.cn/index/content/2020-02/01/content_ 8109356.html,访问日期:2020年2月1日。

〔3〕 参见苑苏文:"武汉医生被新冠肺炎患者家属打伤致重度职业暴露",载财新网:http://china.caixin.com/2020-01-30/101509515.html,访问日期:2020年2月1日。

（一）实施妨害传染病防治行为而引发新型冠状病毒传播风险的认定

妨害传染病防治罪是规制新型冠状病毒传播风险最为直接且基础的刑法规范依据。根据《刑法》第 330 条对妨害传染病防治罪的规定，供水单位供应的饮用水不符合国家规定的卫生标准；拒绝按照疾病预防控制机构提出的卫生要求，对传染病病原体污染的污水、污物、场所和物品进行消毒处理；准许或者纵容传染病病人、病原携带者和疑似传染病病人从事国务院卫生行政部门规定禁止从事的易使该传染病扩散的工作；出售、运输疫区中被传染病病原体污染或者可能被传染病病原体污染的物品，未进行消毒处理的；拒绝执行县级以上人民政府、疾病预防控制机构依照传染病防治法提出的预防、控制措施等违反传染病防治法规定的行为，引起甲类传染病以及依法确定采取甲类传染病预防、控制措施的传染病传播或者有传播严重危险的，应当构成妨害传染病防治罪。

但是，需要特别注意，妨害传染病防治罪的行为客体是"甲类传染病"。根据《刑法》第 330 条的规定，甲类传染病的范围，依照《传染病防治法》和国务院有关规定确定。2020 年 1 月 21 日凌晨，国家卫生健康委员会发布 2020 年第 1 号公告——新型冠状病毒感染的肺炎被纳入法定传染病乙类管理，采取甲类传染病的预防、控制措施，但这并不意味着妨害传染病防治引发新型冠状病毒传播风险的行为不能据此定罪量刑。根据 2008 年最高人民检察院、公安部《关于公安机关管辖的刑事案件立案追诉标准的规定（一）》第 49 条第 2 款的规定，"甲类传染病"，是指鼠疫、霍乱；"按甲类管理的传染病"，是指乙类传染病中传染性非典型肺炎、炭疽中的肺炭疽、人感染高致病性禽流感以及国务院卫生行政部门根据需要报经国务院批准公布实施的其他需要按甲类管理的乙类传染病和突发原因不明的传染病。

可见，违反《传染病防治法》的规定，符合《刑法》第 330 条明示性规定的妨害传染病防治犯罪行为模式，且引起甲类或者按照甲类管理的传染病传播或者有传播严重危险的，应当认定为构成妨害传染病防治罪。该基础性罪名的规制范围并不局限于供水、污染物品消毒处理、违反工作禁止等具有一定特殊主体要求的新型冠状病毒疫情防控领域，而且能够原则性覆盖拒绝、逃避执行新型冠状病毒感染的肺炎疫情防控处置工作指挥部基于《传染病防治法》提出的疫情防控措施的行为。所以，违反《传染病防治法》规定、国务院卫生行政主管部门确定或者卫生防疫机构执行的措施，逃避、拒绝接受检疫、强制隔离或者治疗的，实际上都可以被纳入妨害传染病防治罪进行刑法规则。

（二）故意传播新型冠状病毒行为的认定

根据《解释》第 1 条第 1 款的规定，故意传播突发传染病病原体，危害公共安全的，依照《刑法》第 114 条、第 115 条第 1 款的规定，按照以危险方法危害公共安全罪定罪处罚。所以，故意传播新型冠状病毒的行为，应当分别被认定为以危险方法危害公共安全罪或者过失以危险方法危害公共安全罪。这也是当前部分新型冠状病毒携带者隐瞒、欺骗、逃避信息登记、隔离防疫措施的案件被认定为相应危害公共安全犯罪的《刑法》与司法解释规范依据。司法实践部门在具体适用法律的过程中，有必要严格基于主观罪过区分情形精准定性，细化司法判断规则。

新型冠状病毒肺炎的诊断通常需要经过预检分诊、临床检查、实验室检查、胸部影像检查、核酸测验等层层筛查后确认疑似、确诊病例；[1]即使省级疾控中心下放确诊权限且快速应用检测试剂，仍然需要历经相对严格的程序。在主观心态层面要求行为人明确认知病毒风险或者实际感染情况并不完全现实。

所以，原则上必须对行为人的故意心态进行相对严格的把握。具体而言，可以结合行为主体的病毒风险状态及其客观行为内容判断其是否属于故意造成病毒传播风险或者现实危害：①行为人已被确诊新冠肺炎；②行为人疑似新冠肺炎且依法处于隔离观察状态；③行为人具有高度病毒接触风险（曾处于疫情高发地区）且隐瞒该高风险信息；④行为人具有相当病毒接触风险（曾接触处于疫情高发地区人员）且出现发热、咳嗽、全身乏力等明显疑似症状；⑤行为人具有高度病毒接触风险且以无防护措施的方式接触不特定人员；⑥行为人具有相当病毒接触风险且恶意使他人暴露于病毒风险等。

（三）廓清危害公共安全犯罪与妨害传染病防治犯罪之间的界限

由于以危险方法危害公共安全罪、过失以危险方法危害公共安全罪的行为客体均为突发传染病病原体，一并覆盖了甲类和乙类传染病，而妨害传染病防治罪仅针对甲类传染病，同时妨害传染病防治罪的法定刑相对于故意与

---

〔1〕 参见高昱等："封面报道之二病人篇：疑似者之殇"，载《财经周刊》2020 年第 4 期。

过失的危害公共安全类犯罪均更为轻缓，[1]——在静态的法条关系层面，可能存在的一种质疑是：如果将引发乙类传染病传播的行为定性为以危害公共安全犯罪，而将引发甲类传染病传播的行为定性为妨害传染病防治犯罪，会出现轻罪重罚、重罪轻罚的罪刑失衡问题。

应当看到，上述刑法规范解释层面的静态推论并非毫无实践意义，因为其提出了一个非常重要的实务问题，即如何准确且有效地界定以危险方法危害公共安全犯罪与妨害传染病防治犯罪的界限。这对于新型冠状病毒疫情背景下的传播病毒类新型犯罪行为实践具有重要的指导价值。

刑法理论一般认为，以危险方法危害公共安全罪、过失以危险方法危害公共安全罪侵害的法益是不特定多数人的公共安全利益，即生命、身体等个人法益抽象而成的社会"公众"利益，[2]而妨害传染病防治罪侵害的法益是传染病预防、控制的公共卫生管理秩序。换句话说，妨害传染病防治罪的客体主要是公共卫生秩序中的传染病防治的管理制度；公共卫生是指为了在某个地区内消除或改变对所有公民都会产生不良影响的因素而采取的有组织的集体行动，完全不同于公共安全。[3]从这一层面分析，两者似乎并不存在根本上的适用性模糊。

非典时期积累的刑法理论经验指出，《刑法》第330条规定的妨害传染病防治罪中并不包括"故意传播"的内容。因此，对于故意传播突发传染病病原体，危害公共安全的，应按以危险方法危害公共安全罪定罪处罚。对于某些过失造成传染病传播的行为，根据《解释》第1条第2款的规定，患有突发传染病或者疑似突发传染病而拒绝接受检疫、强制隔离或者治疗，过失造成传染病传播，情节严重，危害公共安全的，依照《刑法》第115条第2款

---

〔1〕 根据《刑法》第114条、第115条的规定，构成以危险方法危害公共安全罪，尚未造成严重后果的，处3年以上10年以下有期徒刑；致人重伤、死亡或者使公私财产遭受重大损失的，处10年以上有期徒刑、无期徒刑或者死刑；过失以危险方法危害公共安全罪的，处3年以上7年以下有期徒刑；情节较轻的，处3年以下有期徒刑或者拘役。根据《刑法》第330条的规定，构成妨害传染病防治罪，引起甲类传染病以及依法确定采取甲类传染病预防、控制措施的传染病传播或者有传播严重危险的，处3年以下有期徒刑或者拘役；后果特别严重的，处3年以上7年以下有期徒刑。

〔2〕 参见张明楷："论以危险方法危害公共安全罪——扩大适用的成因与限制适用的规则"，载《国家检察官学院学报》2012年第4期。

〔3〕 参见竹怀军："妨害传染病防治罪立法的比较与借鉴"，载《西南政法大学学报》2006年第1期。

的规定，按照过失以危险方法危害公共安全罪定罪处罚。由于过失以危险方法危害公共安全罪的法定刑与妨害传染病防治罪的法定刑基本相同，如果引起甲类传染病传播或者有传播严重危险的，应以妨害传染病防治罪定罪；如果造成非典等非甲类传染病传播，则应以过失以危险方法危害公共安全罪定罪。[1]

上述观点中，前者因为分析视角相对宏观而较难应用于司法实践，后者具体界分了危害公共安全犯罪与妨害传染病防治犯罪对于不同行为类型的刑法规制功能，具有重要的实践意义。但由于《刑法》与司法解释中的传染病概念与分类经过时间的推移与病毒类型的变化业已发生实质性重构，因此也无法直接适用于当前新型冠状病毒传播刑事案件的司法实务而需要重新进行细致梳理。

妨害传染病防治罪的罪质内涵在于，实施严重扰乱传染病预防控制工作、传染病治理秩序的行为，但对于引起甲类传染病传播（实害结果）或者有传播严重危险（作为结果的风险）主观上并不具备故意。需要强调，妨害传染病防治罪显然属于故意犯罪，但其犯罪故意的内容表现为明知自己违反《传染病防治法》的供水、处理病毒污染物、拒绝防疫措施等行为会发生危害公共卫生秩序的结果，并且希望或者放任这种结果，而非引起甲类传染病传播或者有传播严重危险的结果。同时，妨害传染病防治罪的犯罪结构属于"行为+结果故意+加重结果的因果关系"，即实施违反《传染病防治法》的妨害传染病防控治理工作的行为并故意扰乱公共卫生秩序，但对于甲类传染病传播的实害结果或者有传播严重危险的风险结果，仅具有"引起"与"被引起"的客观因果关系，并不需要考察或者评价行为人对于该等加重结果的主观罪过。所以，妨害传染病防治罪也不要求行为人对于引起甲类传染病传播或者有传播严重危险的结果具有过失的主观心态。

因此，以危险方法危害公共安全罪、过失以危险方法危害公共安全罪、妨害传染病防治罪的完整界限是：实施违反《传染病防治法》的行为且出现甲类传染病传播或者有传播严重危险的结果时，有证据证明行为人明知上述行为结果并希望或者放任的，构成以危险方法危害公共安全罪；有证据证明行为人应当预见上述结果但因疏忽大意而没有预见，或者已经预见而轻信能

---

[1] 参见刘宪权："涉'非典'犯罪行为定性的刑法分析"，载《检察风云》2003 年第 12 期。

够避免，以致发生上述结果的，构成过失以危险方法危害公共安全罪；无法证明行为人对于病毒传播危险或者实际损害结果的主观罪过类型，但其行为特征符合《刑法》第330条明示性规定的四种犯罪行为模式的，构成妨害传染病防治罪。上述基于罪刑法定原则的规范解释能够相对全面地规制病毒传播类新型犯罪行为，同时助力于刑法制度为坚决打赢疫情防控阻击战提供有力法律保障。

（原文载于《民主与法制时报》2020年2月11日）

刑法积极应对疫情防控的治理进阶

孙道萃*

2003 年，重症急性呼吸综合征（SARS，本文以下简称"非典"）席卷全球，对各国法治乃至全球治理提出了新的挑战。国际社会更加高度重视应急法律制度。这直接催生了我国如何在公共紧急状态（公共紧急情况、公共危机、突发事件）下达致有效的法治应对与人权保障之重大课题。实际上，自此之后，我国加快建立和完善紧急（应急）法律制度建设，也取得了显著的成效。2020 年伊始，新型冠状病毒肺炎（Corona Virus Disease 2019，COVID-19，本文以下简称"新冠肺炎"）爆发，我国乃至全世界都深陷疫情之中，越来越多的国家宣布自己进入紧急状态，应急法治问题接踵而至，对常态法治提出了重大考验。这使得紧急状态下的法治应对问题再次被提上议程。依法防控疫情是不可动摇的基本原则，在调试与适用过程中也出现了一些新问题，常态法治模式的供需矛盾尤为紧张，应急状态的法治化是重中之重。刑法作为重要且特殊的部门法，在重大公共卫生事件爆发时，应当积极发挥其保障功能，但也要充分保障人权。在此背景下，从常态到应急的往返穿梭中，刑法如何科学应变之课题也再次袭来。当代刑法应当作出积极回应，有效释放刑法功能，实现由应急回归常态，并借此促进当代刑事治理体系的深度进阶。

一、刑法如何因应常态与应急的交互课题？

在社会正常运行的情况下，常态法治模式得以有序运转。但是，当出现

* 中国政法大学国家法律援助研究院副教授，法学博士后。本文系 2018 年度国家社会科学基金青年项目"人工智能时代的刑法前瞻与应对研究"（编号：18CFX041）阶段性研究成果；司法部中青年课题"网络犯罪的立法回应与刑法知识转型"（编号：16SFB3020）阶段性研究成果；2020 年度研究阐释党的十九届四中全会精神国家社科基金重大项目"健全社会公平正义法治保障制度研究"阶段性研究成果。

了紧急状态后，应急的法治问题与常态法治模式相遇，会触发新的应急问题。新冠肺炎的爆发与疫情蔓延，提升了常态法治应对应急法治问题的难度，也为完善应急法律制度提供了"非常"的契机。为了及时治理重大疫情期间违反、妨害和破坏防控措施的行为，常态刑事法治体系必须作出适当的调整。

（一）紧急状态拨开常态与应急法治的分流

紧急状态带来了常态法治下的应急问题。应急状态给常态法治提出了特殊与例外的新要求。特殊与例外的累加，容易引起常态法治的微变量问题。刑法作为最严厉的部门法，在应对应急法治问题上有制度优势，但也存在风险。

1. 紧急状态、应急法治以及例外的"泛化"

新冠肺炎的肆虐，使应急法律制度的不足和缺陷急速放大，政府在紧急情况下不得不动用行政紧急权才能消除重大危机并恢复正常秩序。但是，应当警惕躲藏在应急法治环境下的隐忧。应当强调政府依法应对，最大限度地保护人民群众。

在现代法治社会，正常法治的另一面是应急下的法治，二者不是必然的对立关系，但客观上存在紧张的一面。这是因为紧急状态所引发的非"常态"法治问题往往都是例外或紧急处置等，给常态法治带来了诸多挑战与难题。常态法治更崇尚一般性、普遍性以及标准化，以更接近公正价值。然而，在重大疫情面前，不同的地理区域、群体、行业以及个体等都处于特定的时空维度。从疫情防控的角度来看，都需要在常态法治模式的内部作出适当的"例外"安排。例如，禁止人群聚集、强制佩戴口罩、强制隔离、限制出行等。这些常态法治下的"例外"做法，在充分满足疫情防控的需要之余，也可能诱发泛化或滥用等问题，从而使公众陷入法治"出逃"的认知误区，甚至在一些特定情形下出现重大偏差。这会极大地削弱公众对防控疫情工作的自觉认同与自主体认。而其关键的症结就在于国家紧急状态下的国家权力、行政权力与公民权利之间的紧张关系。现代刑法体系在参与重大疫情防控问题上面临如何在保持克制的前提下进行有效干预的问题。

2. 应急状态下的法治隐忧

在应急状态下，由于国家安全、公共安全、公共秩序上升到了一个相对更受关注的地位，在有效、尽快防控疫情的特定前提下，集体安全对个体权益的侵犯风险系数比常态时要更高。而且，一些例外情形或紧急处置的做法隐藏了不确定的法治风险。这意味着我们应当对紧急状态下的法治问题持更审慎的态度。

《公民权利和政治权利国际公约》第 4 条规定了国家可以宣布社会紧急状态。但是，该公约并没有规定哪些情况属于社会紧急状态，旨在限制签约国基于社会紧急状态而贬损人权保障之风险。同时，关于如何理解《治安管理处罚法》第 50 条规定的"紧急状态情况"，存在"事实状态说""法律设定说"等不同观点。一般认为，应当界定为"突发事件响应状态"。[1] 新冠肺炎下"突发事件响应状态"的正式发布，意味着紧急状态在法律层面的范畴内，也宣告了应急行政权在疫情防控上的全面"出击"。因重大疫情而进入突发状态后，常态法治顿然进入了一个全新的语境，不仅要继续面向过往的老问题，更要解决疫情防控过程中出现的各种棘手情况，例外、特殊等常态法治忌惮的情况不断出现。疫情防控是头等大事，时间就是生命，无法回避，更应强力执行。由于法律调整的对象、主体、时空维度发生重大变化，在优先满足疫情防控的实际需要之际，必须确保不脱离常态法治的基本要求。在大灾大难面前，刑法保障功能更容易被寄予厚望，但不能脱逃出法治的运行轨道。

（二）行政权扩张下的法治克制

在紧急状态下，常态法治肩负了保障安全、维持秩序的重大且严峻的任务。当前，为了防控新冠肺炎疫情蔓延，行政权扩张是现实需求。刑法作为最严厉的部门法也无法置身事外，刑法如何选择合法且正当的规制方式尤为重要。

1. 行政权扩张的外溢风险

行政法在一定程度上承认行政紧急权是行政机关专门应对紧急状态的权力，可以有效地维护社会稳定与保障公共利益，但又容易忽视或不当限制个体权益。[2] 应急法治原则是现代行政法的基本原则，授权行政主体可以实施行政应急措施，包括已有具体规定或无法律规定的行为，甚至是停止某些宪法权利和法律权利、中断某些宪法和法律条款实施以及突破一般行政程序规

---

〔1〕 参见高争志、孙萍："论拒绝疫情防控措施行为的治安管理处罚——围绕'紧急状态情况'的争论展开"，载《上海公安高等专科学校》2020 年第 1 期。

〔2〕 参见高轩："行政应急权对当事人行政诉权的威胁及其司法规制"，载《法学评论》2016 年第 2 期。

范的行为。[1]

在新冠肺炎疫情下，为了尽快遏制疫情蔓延和传播，国家的行政权往往都会扩张，其目的是防控疫情，从而最大限度地保障公共卫生安全。要想从根源上切断"人传人"的传染链条及蔓延风险，就必须严格执行"报告""隔离""居家"等一系列防疫措施。但是，这些防控措施也严重地限制了常态下个人的行动自由、生活自由。如果不适度强化行政权，就很难有效执行防控措施。这就需要容忍行政权在重大疫情期间的适度扩张。然而，国家仍然要坚持法治、保障人权、行政公开等基本原则，并处于宪法的规制下，为行政紧急权的行使提供合法性与正当性，在公正被接受、容忍以及体认的前提下，充分保障公民的基本权利。

行政权的扩张，可能为常态法治下的行政法与刑法之间的理性关系带来新的发展变量。其中，行政执法的扩大以及针对疫情防控的行政管理之强化，容易扩大行政违法的范围，增加可能进入刑事违法的"总流量"，迫使刑法更频繁地被启用。而且，基于防控疫情的需要，在应急情况下，刑法从严的一面被进一步强化。尽管现代刑法体系对行政犯罪（法定犯）的扩张不再"陌生"，但是，过往的应对逻辑与经验仍不断提醒我们，刑法应当对行政权的扩张保持独立且审慎的回应姿态。

2. 应急状态下治理的本真是遵循现代法治精神

可以认为，完整意义上的现代法治，不仅是常态的，也应当包括应急情状，二者是有机结合的。在现代法治框架内，紧急状态法律体系是现代社会应对紧急状态的重要途径，旨在消除紧急状态、克服法治危机并恢复到常态。非典疫情以来，我国应急法律制度得到了长足的发展，但是，也存在立法制度不健全、政府职责明确度不足、公众参与度不够等问题。只有法治才能为应对突发事件提供可靠的制度保障，不仅使在正常状态下被遮蔽的法律缺陷可以被暴露和发现，[2]也有助于快速通过"法治体检"的方式，实现法治的跳跃性发展。但是，我们同时应当充分警惕，紧急状态容易进一步放大现行立法的局限性等问题，紧急处置权适用过程中的不确定性风险会加剧权力与

---

〔1〕 参见莫于川："治疫防疫：秉持应急法治原则"，载《检察日报》2020 年 2 月 13 日。

〔2〕 参见王晨光："非典突发事件冲击下的法治"，载《清华大学学报（哲学社会科学版）》2003 年第 4 期。

权利、国家与个人之间的不适感乃至对立性。

应急管理机制以及应急法制体系，本质上就是要实现公共应急管理机制的法治化。[1]新冠肺炎是对常态法治尤其是应急法律制度的"体检"，而应急法治是考验国家治理体系和治理能力现代化的"试金石"。《中共中央关于坚持和完善中国特色社会主义制度　推进国家治理体系和治理能力现代化若干重大问题的决定》（本文以下简称《中共中央决定》）要求，坚持和完善中国特色社会主义法治体系，全面推进依法治国。习近平总书记在统筹推进新冠肺炎疫情防控和经济社会发展工作部署会议上强调，必须依法防控疫情，疫情防控越是到最吃劲的时候，越要坚持依法防控。这为依法防控疫情的"战役"指明了方向、锚定了战略。疫情使维护社会稳定上升为特定时期的首要任务，强化公共卫生安全是全体公民的集体诉求与主要关切，也是保障人权的最直接、最朴素方式。在疫情防控过程中，既应当强化政府职能专门化和立体化，厘清秩序与权利的关系；也要扩大公民参与权、知情权，促使紧急状态下的公共危机处置遵循法治化、制度化的现代治理轨道。

（三）国家治理能力与治理体系现代化应当成为制度出口

紧急状态使常态法治模式陷入了大面积的撕裂与分割状态，对安全与自由的追求不能偏废。在重大公共卫生事件中，历史反复证明，刑法应当积极担负起保驾护航的重任。国家治理能力与治理体系现代化可以提供最原初的制度供给。

1. "爆炸式"刚需与刑法的科学介入

紧急状态的出现，使得公众熟悉的常态法治模式可能瞬间陷入停顿、中止，至少出现不适或失效的情况。同时，为了从法治上有效因应紧急状态中的法律问题，国家必然要在短时期内"构筑"起一套非典型的应急法治机制，包括例外、特殊、从重等因素。这种由常态到应急法治的急速转变会给追求法的安定性的刑法带来前所未有的冲击，同时也会给刑法应对新型犯罪提出更高、更迫切的要求。

在新冠肺炎疫情出现后，全国各地统一行动，建立起了非常严密的疫情防控措施，包括居家隔离、强制告知行程信息等。这些措施对有效管控疫情

---

〔1〕　参见林鸿潮："论公共应急管理机制的法治化——兼辨'一案三制'"，载《社会主义研究》2009 年第 5 期。

和强化预防传染具有非常积极的意义。但是，我们应当警惕"乱执法"问题，即应当依法严惩妨害疫情防控的违法行为。不构成犯罪的，由公安机关根据《治安管理处罚法》处置，而不能一律由刑法介入，导致行政处罚与刑罚处罚之间的界限模糊化。但是，由于防控新冠肺炎的任务与防控措施等都是新情况，刑法在介入时面临更复杂的司法环境。在疫情期间，出现了一些刑法不当介入的现象。这无助于保障疫情防控，易引发牢骚不满甚至对立情绪，进而违背依法疫情防控的要求。

2. 现代刑事治理能力的跃升契机

对于刑事法治而言，重大公共卫生事件是一次难得的优胜劣汰契机，是发现常态法治中的不足与弊端的良性端口，也是常态法治模式积极建立健全应急之需以及实现常备兼顾的新起点。《中共中央决定》强调，我国国家治理体系和治理能力是中国特色社会主义制度及其执行能力的集中体现。中央全面依法治国委员会第三次会议强调：全面提高依法防控依法治理能力，为疫情防控提供有力法治保障。2020 年 2 月 5 日，中央全面依法治国委员会第三次会议审议通过的《中央全面依法治国委员会关于依法防控新型冠状病毒感染肺炎疫情、切实保障人民群众生命健康安全的意见》（以下简称《意见》）指出，坚持运用法治思维和法治方式，从立法、执法、司法、守法各环节发力，全面提高依法防控、依法治理能力。

在建立健全刑事法治理能力与治理体系现代化的过程中，应当积极向现代信息网络技术、大数据、人工智能索要"生产力"，强化治理的动能，丰富治理手段，提升治理效果与数字治理能力。例如，在重大疫情的治理过程中，以医疗大数据为基础的人工智能医疗，可以提升无接触诊断及准确率、缓解医务人员的不足、降低医务工作者感染疾病的风险。[1]截至目前，积极运用现代信息网络技术与人工智能技术辅助疫情防控及措施，具有尤为凸显的现实意义，如数据统计、减少医务人员接触、智能检测等。实际上，这种结合不只是技术上的升级，在刑事法治运行机制上，刑事司法智能化的尝试也不断出现，[2]避免了疫情对刑事法治运行的"阻隔"或"暂停"。例如，为最

---

〔1〕 参见闫立、吴何奇："重大疫情治理中人工智能的价值属性与隐私风险——兼谈隐私保护的刑法路径"，载《南京师大学报（社会科学版）》2020 年第 2 期。

〔2〕 参见孙道萃："我国刑事司法智能化的知识解构与应对逻辑"，载《当代法学》2019 年第 3 期。

大化保障疫情期间律师会见权利，北京市公安局统筹各分局加快推进远程视频会见系统建设，解了律师会见的"当务之急"。

二、刑法制度供给如何整体充分？

常态法治遭遇重大公共卫生事件后，受制于立法原意的鞭长莫及、规制对象的变更、法治需求的量变以及民意诉求的导向等主客观因素，法律制度的供给往往是不足或不充分的，同时也往往是失效或无效的。对于更偏重法的安定性的刑法，在面对突如其来的重大疫情时，刑法制度供给需要作出及时的强化。

（一）法律供给不足与刑法紧急处置的正当性

紧急状态下，应急法律制度的供需矛盾必然出现，并集中表现为常态法治的规范供给不足。基于疫情防控的突发情况与应急需要，应当容忍"紧急处置"在合理范围内的存在，但如何理解和适用刑法中的"紧急处置"却是一个实践难题。

1. 应急状态下的规范不足与强力补给

在非典疫情结束后，为了更好地建立有备无患的应急法制。在应急法律规定方面，我国先后制定了《国家突发公共卫生事件应急预案》（2006 年）、《突发事件应对法》（2007 年）、《突发公共卫生事件应急条例》（2011 年修订）、《传染病防治法》（2013 年修订）、《政府信息公开条例》（2019 年修订）。但是，在突如其来的重大公共卫生事件出现后，上述法律法规难免会显得"远水解不了近渴"。这就天然地制造了应急性法治下的规范供给不足问题。刑法立法的经验不由地转向了必要的活性化。[1]

针对重大疫情期间的违法犯罪行为之规制，应急性的法治应对方式随之出现，包括政策发布、指导意见、典型案例、各省内部意见等。以时间轴为例：2020 年 1 月 20 日，国家卫生健康委员会发布 1 号公告，将新型冠状病毒感染的肺炎纳入了《传染病防治法》规定的乙类传染病，并采取甲类传染病的预防、控制措施；1 月 30 日，最高人民检察院发布《关于在防控新型冠状病毒肺炎期间刑事案件办理有关问题的指导意见》（本文以下简称《指导意

---

[1] 参见高铭暄、孙道萃："97 刑法典颁行 20 年的基本回顾与完善展望"，载《华南师范大学学报（社会科学版）》2018 年第 1 期。

见》）；2月5日，《意见》出台；1月27日，最高人民检察院发布《关于认真贯彻落实中央疫情防控部署坚决做好检察机关疫情防控工作的通知》（本文以下简称《通知》）；2月6日，最高人民法院党组会议强调，积极发挥审判职能作用，为依法防控疫情提供有力司法服务和保障，加强对疫情所涉案件的法律适用和政策把握问题的研究，适时发布指导意见；3月16日，五部门发布《关于进一步加强国境卫生检疫工作依法惩治妨害国境卫生检疫违法犯罪的意见》。国家"紧急"出台上述规范性法律文件，极大地填补了当前法律的空缺。

上述做法虽然有了"应急"的积极效果，但隐藏了不确定性的法治隐忧。它表现为：一是紧急出台的新做法、新要求、新规定、新政策与常态法治模式中的内容是不一致的，甚至是冲突的。二是紧急出台的内容可能压制了对个人权利的保护，过度侧重于对安全与秩序的维护。同时，未对发生冲突时如何处置作出规定，使其悬而未决，增加了"紧急处置"的外部风险。三是紧急出台的内容，远远不能满足高速变化的疫情防控需要，行政执法、行政强制等防控疫情的行政自由裁量权是客观需求；而度的把握，缺乏指引规则，极易突破常态法治的基本原则和精神。进言之，应急状态下的规范供需矛盾为紧急处置埋下了制度伏笔。

2. 紧急处置的正当性隐忧

紧急状态使常态法治陷入了失灵、失效或无用状态。在常态法治供给不充足的情况下，紧急状态下的法律应对往往会出现紧急处置的情形，如鼓励人口流动、严格的个人信息保密、审慎的行政执法尺度等，都陷入了另一个混沌世界，转而变成了严格的人身自由限制、充分的公众知情权与防疫需要的个人信息公开、趋宽松的执法尺度甚至特定场所的自主处置等。这些做法是否合法、正当值得关注。

紧急处置分为实体性与程序性两部分内容：一是实体性。从目前发布的防控疫情措施及其内容上看，"从严从重处理"比较突出。过往几千年的历史反复证明，"乱世用重典"。在新冠肺炎席卷全国的背景下，疫情防控压力前所未有。为了强化疫情防控措施的有效性、执行度以及贯彻力，对妨害疫情防控措施的违法犯罪行为"从严从重处理"，是对常态法治中秉承的罪责刑相适应原则之突破，其正当性与合法性可以从国家安全、公共安全、公共秩序的迫切需求中得到应答，但"从严从重处理"的合理度、适当性，不仅是一项行政执法与刑事司法中的技术问题，更是事关公正的问题。二是程序性。

从疫情防控所涉及的政策与法律之精神来看,"从快从速处理"是较为普遍的要求。《指导意见》要求在防疫期间办理审查逮捕、审查起诉案件,应当认真贯彻宽严相济刑事政策,综合考虑犯罪嫌疑人是否具有社会危险性、犯罪危害性大小、犯罪情节是否恶劣等因素,坚持可捕可不捕的不捕、可诉可不诉的不诉。对于危害疫情防控、严重扰乱社会秩序的犯罪行为,依法从严从重把握。诚然,在重大公共卫生事件下,疫情防控工作必须争分夺秒。对于"顶风作案"的,以及严重干扰疫情防控措施或要求的行为,为了尽快处理,同时减少人员接触,"从宽从速"处理有其合理性。但问题是,"从快从速"是否应当在《刑法》《刑事诉讼法》规定的期限内进行,还是可以作出"突破"?这是疫情期间刑事诉讼运行中的一个关键难题。

(二)法定犯与刑事违法性判断的新难题

在重大疫情期间,行政权的扩张以及疫情防控政策及规定的出台使得"违反法律规定"的可能性及覆盖面骤增。对于严重违反与破坏疫情防控的犯罪行为,作为疫情下的新型法定犯罪问题,其刑事违法判断也面临新的"准入"问题。

1. 疫情防控中的刑事违法性判断

为了依法及时、有效地管控疫情,我国先后出台了一系列规范性法律文件,使得刑事违法性的判断进入了新的"认识"状态。2月6日,《关于依法惩治妨害新型冠状病毒感染肺炎疫情防控违法犯罪的意见》(法发〔2020〕7号,本文以下简称《疫情防控违法犯罪意见》)得以发布。从2月11日至4月9日,最高人民检察院已经发布了9批次妨害新冠肺炎疫情防控犯罪典型案例,有效地指导了法律适用。上述做法,在短时期内以密集发布政策文件、司法解释、指导意见、典型案例等"告知(普法)"方式,通过全覆盖的信息公开与法制宣传等途径,竭力向社会公开疫情防控不是"儿戏",违反疫情防控政策应承担法律责任。但是,实践中的问题仍然存在。

《疫情防控违法犯罪意见》对妨害疫情防控的各类违法犯罪进行了规定,其中不乏一些"新内容"。例如,以暴力、威胁方法阻碍虽未被列入国家机关人员编制但在国家机关中从事疫情防控公务的人员依法履行为防控疫情而采取的防疫、检疫、强制隔离、隔离治疗等措施的,以妨害公务罪定罪处罚。据此,社区工作人员、社区志愿者以及村委会工作人员等在特定情况下也被按照国家机关工作人员对待,这明显属于"扩大解释"。又如,鉴于疫情的爆发有很大可能与野生动物传播有关。在来不及全面修订法律的情况下，2月24日，全国人民代表大会常务委员会通过了《关于全面禁止非法野生动物交易、革除滥食野生动物陋习、切实保障人民群众生命健康安全的决定》（本文以下简称《决定》），全面禁止食用野生动物和以食用为目的猎捕、交易、运输。这与1997年《刑法》对保护野生动物犯罪的规定明显存在"出入"，主要是扩大了刑法的规制范围，不仅涉及刑法的时间效力问题，更主要的是对刑法中的法定犯及其违法性的判断影响很大。其中，野生动物及其名录对于公众而言属于高度专业化的"冷门"知识，公众的认知与了解不充分直接左右了对刑事违法性的判断以及入罪问题。

2. 法律的活性化与查缺补漏

在重大公共紧急状态下，法治供给难免相对不足。对于刑事法治而言，法定犯时代高度依赖尽善尽美的法律规范体系，否则，法定犯的合法性与正当性总是处于令人不安的状态下。这既暴露了应急法律制度建设不到位等实际问题，也揭示了过往对应急法治的未雨绸缪不够的问题，使刑法应对的"天花板"容易触底。

为了解决好疫情期间的刑事违法性判断难题，以面向未来的立场观察，我国需要进一步完善立法，强化立法内容的前瞻性与预见性，[1]为今后的应急状态做好规范储备。实际上，《意见》也要求完善疫情防控相关立法，加强配套制度建设，完善处罚程序，强化公共安全保障，构建系统完备、科学规范、运行有效的疫情防控法律体系。中央全面深化改革委员会第十二次会议明确强调："健全国家公共卫生应急管理体系，提高应对突发重大公共卫生事件的能力水平。"这不仅涉及应急法律制度的立法问题，也涉及刑法如何作出同步衔接与回应的立法挑战。

在党中央、国务院以及全国人民的齐心协力下，国内疫情在2020年3月下旬基本得到控制，并转入了预防境外输入的疫情防控阶段。更重要的是，新冠肺炎进一步强化了"从源头上控制重大公共卫生风险"的必要性与重大性，不能止于修改《野生动物保护法》，[2]应当制定专门的《禁止野生动物

---

〔1〕 参见高铭暄、孙道萃："我国刑法立法的回顾与展望——纪念中国共产党十一届三中全会召开四十周年"，载《河北法学》2019年第5期。

〔2〕 参见赵长茂："建议制定《禁止野生动物交易和食用法》"，载《人民政协报》2020年3月2日。

交易和食用法》，同时修改相关法律法规。更进一步地说，传染病防治关系到人民健康和公共卫生以及国家安全战略。修订《传染病防治法》《突发事件应对法》以及完善《基本医疗卫生与健康促进法》已经刻不容缓。[1]相应地，《刑法》中有关野生动物犯罪的规定及其罪名都需要修改。有鉴于此，理论与立法都应当及时做好准备。

（三）刑法工具主义的有序释放

在紧急状态下，充分实现刑法保障功能是十分关键和重要的。对于违反、妨害以及破坏新冠肺炎防控措施的行为，应当秉持刑法工具主义的基本立场，对新出现的涉疫情防控犯罪给予及时的惩治与控制，并强化积极的一般预防效果。

1. 刑法保障功能的充分实现

刑法不应当一味地充当其他部门法的事后法或保障法，[2]在违法犯罪行为的介入时机和地位上，不存在时间的先后，而应当是作出合适与正当的取舍。《通知》要求充分发挥各项检察职能，为打赢疫情防控阻击战营造有利的司法环境。依法从严从重惩治妨害疫情防控犯罪，震慑违法犯罪。最高人民法院会议要求准确适用法律，依法严惩抗拒疫情防控措施以及各类违法犯罪行为。《意见》要求准确适用法律，依法严惩抗拒疫情防控措施犯罪，暴力伤医犯罪，制假售假犯罪，哄抬物价犯罪，诈骗、聚众哄抢犯罪，造谣传谣犯罪，疫情防控失职、渎职犯罪，贪污挪用犯罪，破坏交通设施犯罪，破坏野生动物资源犯罪等共计几十个常见罪名。例如，对医务人员实施撕扯防护装备、吐口水等行为，致使医务人员感染新型冠状病毒的，以故意伤害罪定罪处罚。这显然是非常及时的"补充规定"，明确了法律的适用边界。这不仅是对医务人员生命的负责，更是对疫情防控大局的保障。又如，故意传播新型冠状病毒感染肺炎病原体，既要考虑是否确诊新冠肺炎与确诊时间，[3]也应当审查是否有证据证明行为人明知且对结果持希望或放任态度。[4]对此，《疫情防控违法犯罪

---

〔1〕 参见刘远立等："加强我国公共卫生治理体系和治理能力现代化的思考——以科学认识和把握疫情防控的新常态为视角"，载《行政管理改革》2020年第3期。

〔2〕 参见孙道萃："反思刑法保障法"，载《国家检察官学院学报》2012年第5期。

〔3〕 参见冯军："以罪名适用精准化促进涉疫犯罪治理"，载《检察日报》2020年3月8日。

〔4〕 参见谢杰："妨害新冠肺炎疫情防控犯罪问题的刑法分析"，载《民主与法制时报》2020年2月11日。

意见》规定，已经确诊的病人、病原携带者，拒绝隔离治疗或者隔离期未满擅自脱离隔离治疗，并进入公共场所或者公共交通工具的；疑似病人拒绝隔离治疗或者隔离期未满擅自脱离隔离治疗，并进入公共场所或者公共交通工具，造成新型冠状病毒传播的，以以危险方法危害公共安全罪定罪处罚。其他拒绝执行卫生防疫机构依照《传染病防治法》提出的防控措施，引起传播或者有传播严重危险的，以妨害传染病防治罪定罪处罚。

对于这些常态法治模式中的罪名，为了满足疫情防控的需要，需要对其构成要件要素中的部分内容作出必要的修正或增补。这就激活了现有罪名的（扩大）适用潜质，可以满足疫情时期的需要。当然，也存在超出立法原意的"解释"等问题。

2. 积极的一般预防之强化

从疫情防控的需要来看，不仅要及时惩治破坏疫情防控的"极少数"，更要积极引导、支持和肯定疫情防控的"绝大多数"。易言之，在公共卫生法律中，"预防尺度"不仅必要且在重大疫情期间往往存在增量。[1]从犯罪学的基本原理、情景预防理论以及"破窗理论"来看，应当及时消除引发或诱发违法犯罪行为的因素、条件或者环境。[2]一个"不良好"的"示范"，容易引发"蝴蝶效应"，甚至是"多米诺骨牌"现象。这意味着对待疫情防控期间的违法犯罪行为，我们不仅要对个案进行及时的惩治，更需要通过个案或类案的方式防控潜在的失范现象。

由于新冠肺炎具有"人传人"的特征，因此必须采取分类隔离措施，限制出行自由。这会对个人的正常生产生活造成极大的限制。而且，疫情形势不容乐观，隔离时间越长，隔离人群积压的负面情绪便累积得越多，容易滋生不安、对抗以及破坏疫情防控政策与措施等问题，但不少是"一时冲动""理解不到位"等轻微情况，或者处于违法犯罪边缘的灰色地带。对于这些潜在的公共风险，不能"一刀切"。这涉及行为导向与结果处罚导向的取舍问题。以疫情期间的"报告"制度为例，由于是否接触、感染以及确诊的情况不一，就个体而言，对于不及时报告或隐瞒、谎报的，其是否最终必然引起

---

〔1〕 参见赵赤："公共卫生法律设置中需加大'预防尺度'"，载《检察日报》2020 年 3 月 18 日。

〔2〕 参见孙道萃："积极一般预防主义的理论逻辑与中国话语"，载《河南财经政法大学学报》2016 年第 2 期。

"传染不特定多数人"的危害结果或者高度的危险，是无法进行准确的预测或评估的。然而，从疫情防控的需要来看，提前介入十分必要，但必须遵循适度的精神。对"顶风作案"的予以及时严惩，凸显了对积极的一般预防之侧重。尽管对疫情防控过程涉及的刑事责任有了较为原则性或特定性的规定，但是从这次新型肺炎疫情发生、发展的过程来看，刑法的适当早期化和前置化介入是必要且具有积极意义的。其可以强化人民群众对疫情防控的重大性、防控措施必要性、防控体系的认同与遵从的必然性以及违反后承担法律责任的必然性等法治意识。

（四）刑事诉讼的简便化与程序正义

在新冠肺炎期间，针对涉疫情的刑事诉讼活动突出了一个"快"字。《通知》强调要坚决依法从严从快追诉妨害疫情防控犯罪。《指导意见》要求应以案卷书面审查为主要方式，尽量不采取当面方式。对被刑事拘留的犯罪嫌疑人不予讯问的，以书面听取意见为准。最高人民法院明确，对于符合事实清楚、证据充分、被告人承认自己罪行等法定条件的案件，采取速裁程序或者简易程序审理，实现"快立、快审、快判"。最高人民法院《关于新冠肺炎疫情防控期间加强和规范在线诉讼工作的通知》（法〔2020〕49号）要求深入积极依托中国移动微法院、诉讼服务网、12368诉讼服务热线等在线诉讼平台，全面推进在线诉讼模式。充分考虑案件类型、难易程度、轻重缓急等因素，尊重当事人对案件办理模式的选择权以及知情权。同时，大力完善在线办理流程和在线诉讼规程，制定发布内容全面、指引清晰、简便易行的操作指南，且相关内容不得突破现行法律和司法解释的规定。

当前，诉讼期限的"极度压缩"对疫情防控有积极的司法宣导意义，但是会给诉讼程序的过程性以及结论的正当性造成一定的负面影响。在"快审、快判"的情况下，如何保障案件质量是关键，这既是贯彻落实好以审判为中心的诉讼制度改革、庭审实质化以及司法责任制的重要内容，也是科学进行程序分流的必然要求。疫情防控"不等人"，时间就是生命。突如其来的疫情防控导致常态的刑事审判面临新问题、新挑战，不得不采取一些应急措施，以满足依法严格、及时办案以及惩治效果要求。诉讼期限压缩甚至"顶格"适用等做法是保障疫情防控秩序的现实需要。但是，必须遵循刑法及刑事诉讼法之基本精神与规定，不能突破罪刑法定、证据裁判、罪责刑相适应原则，要始终坚持以事实为根据、以法律为准绳的办案要求。根据司法责任制的基本要求，在疫情防控期间，妨害疫情防控刑事案件的办理，虽然存在程序上的"压缩"，但案件质量经得起法律和历史检验。只有严格遵守刑事诉讼法，依法保障当事人诉讼权利，才能确保"从快从速"固守法治边界，始终维护程序正义而不丧失。可以"解渴"，但绝不能饮鸩止渴。

三、刑法如何更好地宽严相济？

重大疫情防控给国家与社会按下了"暂停键"。国家在紧急状态下要采取严厉手段，但仍需遵循现代法治的基本要求。在充分释放刑法保障疫情防控任务之际，也要强化罪刑法定主义的贯彻与实现，遵循宽严相济政策，满足新时期的治理需求。

（一）宽与严的理性相济及具化

在疫情防控过程中，针对严重破坏疫情防控措施的行为，刑法应当介入。目前，从严从重处理成为"主旋律"，但宽严相济应当成为不可或缺的"调和剂"。

1. 从严从重与宽缓

最高人民法院会议要求，坚持依法从严从快惩处。《通知》明确要求严厉惩治严重妨害疫情防控的犯罪行为。各省也都要求依法严厉打击、处理疫情期间的违法犯罪行为。如广西壮族自治区高级人民法院、广西壮族自治区人民检察院、广西壮族自治区公安厅、广西壮族自治区司法厅联合发布了《关于依法严厉打击涉新型冠状病毒肺炎疫情违法犯罪的通告》。有观点认为，在疫情防控期间实施妨害疫情防控的犯罪，基于行为及其后果的客观危害、行为人的主观恶性和人身危险性，具有从重处罚的充分根据。[1]疫情防控是一盘大棋，需要全体民众的配合与服从，任何妨害疫情防控措施的行为都是不被允许的，从严从重处理可以强化积极一般预防效果，但不能极端化。

在"从严从重"的指挥棒之下，也要对其进行必要的监督和校正，使其不违反刑事法规定。总的来说：一是应当立足疫情防控的大局，充分关切个体在疫情恐慌下的特定行为。及时惩治是为了劝解、警示和引导公众积极、自觉地遵循防控措施，而不是制造对立面。因此，必须依法从严从重打击，同时要具体分析，防止"一刀切"和简单化，使政治效果、社会效果和法律

---

[1] 参见刘志伟："防控新冠肺炎疫情，刑法须担重任"，载《检察日报》2020年2月14日。

效果能够实现有机统一。二是应当严格遵循罪刑法定原则，在严厉惩治严重妨害疫情防控的犯罪行为之政策下，严格区分违法行为与刑事犯罪之间的界限，依法办案是严厉打击不能逾越的底线。三是针对个案，要综合评价行为与行为人的情况，行为的社会危害性以及防控疫情时期的特殊危害性、恶劣情节、主观恶性及其他的犯罪情节等因素，从而决定从严从重的范围和程度。四是重视认罪认罚从宽制度的积极意义，鼓励涉案人员积极认罪认罚，节约司法资源。对于疫情期间的违法犯罪行为，应当以化解矛盾与释法说理为重要思维，防止激化情绪或增加矛盾。

在疫情防控期间，对妨害疫情防控的犯罪采取从重处罚的特殊从严政策，是应急下的常态做法，不会冲破宽严相济的基本刑事政策。同时，也要兼顾从"宽"一面，对自首、坦白、偶犯等具有从宽情节的犯罪分子，酌情从宽处理。

2. 国家安全、集体安全的重大性与优先性

公共应急系统是国家安全机制的重要组成部分，[1]凸显了重大疫情期间保障国家安全、集体安全的优先性以及重大性。《通知》强调要全力做好疫情防控期间相关检察业务工作，维护防疫工作秩序，维护社会稳定、公共安全和国家安全。《疫情防控违法犯罪意见》要求政法机关提高政治站位，充分认识疫情防控时期维护社会大局稳定的重大意义。最高人民法院会议同样要求，坚决把疫情防控作为当前压倒一切的头等大事来抓。这具有明显的国家政策导向效应，凸显了重大疫情防控下维护国家安全、公共安全、公共秩序以及经济安全的相对优位性。

在重大疫情下，国家与集体、个人之间的利益对冲处于高位运行状态。基于公共卫生安全、国家安全以及公共秩序，限制或限缩个人权益等做法是不得已的，具有正当性与合法性。然而，在这个动态的价值权衡过程中，应急下的例外或特殊做法不能僭越现代法治的基石，要遵循比例原则。刑法在积极发挥工具主义属性与效能时，要坚守住人权保障的底线，防止片面化和"一刀切"。

3. 重大疫情下正当化事由的适用

我国自古以来就有"法不责众"的法律传统。在紧急状态下，集体行为

---

[1] 参见莫于川："公共危机管理的行政法治现实课题"，载《法学家》2003年第4期。

往往会不规则、混乱乃至失控。这不仅是因为重大公共卫生事件出现后，集体侥幸性或集体从众性在广泛蔓延，同时也是个体寻求自保的正常反应。

在常态法治下，个体往往是高度接近"理性经济人"的预设立场的。对于应当知法、守法的个体，追究法律责任是必要且正当的。但是，在重大疫情下，常态法治的应然前提有所松动，非理性因素占据了个体的更多一面，人类的自保性与恐惧心理上升，使法律责任不得不考虑特定的正当化事由，为个体的违法犯罪行为设置有效的"通道"，使其自保性与恐惧心理得以消解并与疫情防控的大格局毫无"违和感"。

现代刑法体系基本上都规定了正当防卫、紧急避险、义务冲突、被害人同意、执行命令等正当行为（正当化事由），其意义就是为具有正当性的行为提供出罪的通道，[1]鼓励良好的社会风气，宣扬正确的伦理道德观念。在新冠肺炎疫情期间，应当严格执行疫情防控措施，依法严厉打击违反或破坏防控措施的行为，但也要妥善处置具有正当性的"例外情形"，如社区人员依法执行防控措施的正当性、个别不知情或不明知的病毒携带者的聚集行为等。只有充分关注重大疫情期间的正当行为及其依法适用，才能彰显紧急状态下的人文关怀与法治温度。

4. 个人权益的保护

在新冠肺炎防控期间，刑法应当充分保护个人权益。其中，尤其要注意以下两点：①公民生命安全与身体健康的不可动摇性。在风险社会，集体法益呈现出扩张态势。在重大疫情出现后，有效防控疫情是头等大事，及时并全面保护集体法益已经刻不容缓。但在此期间，难免会对公民个体自由形成挤压。《意见》始终把人民群众的生命安全和身体健康放在第一位。《通知》强调要把维护人民群众的生命安全和身体健康放在第一位。最高人民法院会议要求始终把人民群众的生命安全和身体健康放在第一位。在重大疫情下，信息不对称、专业知识匮乏以及传染病的蔓延性导致疫情笼罩下的个体恐慌性达到了峰值。在任何情况下，人的自保性都始终是最原始并最值得被尊重的需求，也是人类道德伦理规则的底线所在。在疫情防控面前，对于各种利益诉求相互交错的情况，人的生命健康地位不能动摇。②重视个人信息安全保护。新冠肺炎具有"人传人"的特性，从流行病学的基本原理来看，必须

---

〔1〕 参见孙道萃：《罪责刑关系论》，法律出版社 2015 年版，第 1~30 页。

采取隔离观察等防控措施，包括居家隔离观察、居家隔离医学观察和集中隔离医学观察；对于经过检测并确定感染的，则需要进行单独封闭治疗。但是，从医学角度来看，如何确定潜在的病毒携带者比通过医疗设备检测并确定病毒感染者更难。为此，就需要民众如实报告个人在疫情发生前后的旅行史、接触史、地理位置、行踪轨迹、住宿信息、健康生理信息等涉及个人信息的内容，这些是分析疫情传播和防控疫情的基础数据。而且，所有人都必须接受疫情防控部门及其工作人员的"核实"与"检查"，通过"无死角""无遗漏"的全覆盖，筛查出个体所处的健康状态，以便为执行或调整疫情防控措施提供依据。这使得个人信息几乎全部"公开"，并汇总为庞大的个人信息数据库。目前，上述个人信息的收集、使用、共享以及保护等问题，尚处于"不确定"状态或保护不周的状态。《网络安全法》（2016 年）与《民法总则》（已失效）对个人信息权利以及安全保护等作出了规定。《刑法》也规定了侵犯公民个人信息犯罪。但是，当下的保护是不充分和不及时的。在疫情结束后，应当及时完善立法，提升保护力度。

（二）依法精准打击造谣传谣行为

在疫情防控期间，网络谣言四起，真假难辨。这不仅严重干扰了正常的疫情防控活动，也可能误导公众的疫情认知，甚至引发次生连锁反应。这涉及《刑法》应当如何更精准地应对疫情期间的"网络谣言"问题。因此，既要充分保障公众知情权以及言论自由，消除集体性恐慌与猜忌，通过信息公开的方式树立正确的防控观念与强化防控信念，也要严厉打击在网络中散布谣言等行为，以正视听，科学引导疫情防控，使公众在正确的防控舆情下参与、支持疫情防控措施。

《治安管理处罚法》第 25 条第 1 款规定，散布"谣言"，故意扰乱公共秩序，应处以拘留或罚款。《刑法》第 291 条之一第 2 款规定了编造、故意传播虚假信息罪，并对在信息网络上传播的行为作出了规定。根据《关于办理利用信息网络实施诽谤等刑事案件适用法律若干问题的解释》（法释［2013］21 号）以及《疫情防控违法犯罪意见》的规定，应当依法严惩恶意编造虚假疫情信息，制造社会恐慌，挑动社会情绪，扰乱公共秩序，特别是恶意攻击党和政府，借机煽动颠覆国家政权、推翻社会主义制度的行为。但是，对疫情期间的谣言进行依法处置，不能影响公众的知情权、参与权、监督权，以及自由表达的权利，应准确划分公民的言论自由权利与网络时代言论型犯罪的界限。对于"虚假"的判断，可以将信息的客观真实、主观确信的真实等作为重要的判断标准，严格把握入罪标准。对于虚假疫情信息案件，不能一味严惩。要兼顾疫情下的个体认知不清楚、个体恐慌、集体跟风等个案情况，结合网上言论的实际情况与线下的危害结果等，依法、精准、恰当地处置。特别是对于因轻信而传播虚假疫情信息，危害不大的行为，不应以犯罪论处。

（原文载于《西南政法大学学报》2020 年第 3 期）

重大传染病疫情下的刑事政策边界及刑法规范适用

崔仕绣*

2019 年末，在全球范围内二百余个国家和地区肆虐横行的新型冠状病毒肺炎（COVID-19，本文以下简称"新冠肺炎"）疫情，使得"各地医疗救治机构、公共卫生系统和亿万公众面临严峻挑战"，[1]世界各地的疫情防控一度面临倒悬之危。为此，各地政府展开了一系列旨在完善应急防控和医疗体系、优化涉疫法律保障之研讨。面对疫情防控的繁重压力，党中央强调依法防控与依法治理的统筹兼顾，既重视发挥法律制度优势，又重视对国家治理效能的展现，促使我国危机管控和应急处置水平得到了一定程度的提升。[2]在以习近平为中心的党中央的坚强领导下，疫情防控阻击战取得了重大战略成果，统筹推进疫情防控和经济社会发展工作取得了积极成效。[3]与此同时，随着司法机关多批涉疫情犯罪案例的公布、相关司法解释和《刑法修正案（十一）》的发布，重大传染疾病刑事政策的限度以及在刑法规范适用过程中的摩擦亟须廓清和梳理，这不仅是基于刑法教义学立场对涉疫犯罪进行适正惩处之必需，更是融汇党中央"依法防控疫情"精神和体现刑事法治时代担当之必要。

---

* 上海政法学院刑事司法学院助教，中南财经政法大学法治发展与司法改革研究中心兼职研究员，法学博士，Oklahoma City University 联合培养博士。本文系最高人民检察院 2020 年度检察制度比较研究重大课题"比较视阈下检察与政治的关系研究"（编号：GJ2020BJA02）阶段性研究成果；2020 年全国软科学研究课题"司法智慧化发展背景下量刑辅助系统的优化应用与风险防控机制研究"（编号：2020QRK007）阶段性研究成果。

〔1〕 See Eleanor D. Kinney et al, "Altered Standards of Card for Health Care Providers in the Pandemic Influenza", *Indiana Health Law Review*, 2009, Vol. 6, p. 2.

〔2〕 参见郭锋："构建我国疫情防控法律体系的探讨"，载《财经法学》2020 年第 3 期。

〔3〕 栗战书："全国人民代表大会常务委员会工作报告——2020 年 5 月 25 日在第十三届全国人民代表大会第三次会议上"，载《人民日报》2020 年 6 月 1 日。

一、重大传染病疫情背景下刑事法治的活跃与乱象

（一）重大传染病疫情激活刑事法治

面对新冠肺炎疫情这一百年未遇之"全球大流行病"，党中央始终秉持"人民至上、生命至上"，打响了一场上下联动的疫情防控人民战争、总体战、阻击战。早在疫情爆发之初，习总书记便在中央全面依法治国委员会第三次会议上强调，要完善疫情防控相关立法，加强配套制度建设，完善处罚程序，强化公共安全保障，构建系统完备、科学规范、运行有效的疫情防控法律体系……加强风险评估，依法审慎决策，[1]从立法、执法、司法和守法各个环节发力，提高全社会依法防控、依法治理以重大传染病疫情为代表的突发公共卫生事件之能力。历经艰苦卓绝的努力，湖北保卫战、武汉保卫战取得了决定性成果，疫情防控阻击战取得了重大战略成果，统筹推进疫情防控和经济社会发展工作取得了积极成效。[2]其中，党中央强调依法防控与依法治理的统筹兼顾，既重视发挥法律制度优势，又重视对国家治理效能的展现，促使我国危机管控和应急处置水平得到了一定程度的提升。[3]由此可见，全面提高依法防控、依法治理能力，坚持法治思维和运用法治方法成了巩固和夯实疫情防控工作所需之法治保障的重要前提。

随着现代化的发展，非既定、不可支配的公共风险给人类幸福、安全生活带来了极大威胁，当私人控制或防范无法抵御这些不确定的严重威胁时，国家干预和控制风险便具有了其客观必要性。[4]面对以重大传染病为代表的纷繁复杂的社会风险，刑事法律承担其时代使命显得必要且急迫。犯罪治理的日益复杂催生了社会公众对刑法功能的新期待、新期盼。[5]作为"惩罚犯罪、保护人民"的重要部门法，刑法需要发挥中国特色社会主义法律体系的核心作用，并在包括重大传染病疫情在内的突发事件国家治理中发挥打击犯

---

〔1〕习近平："全面提高依法防控依法治理能力为疫情防控提供有力法治保障"，载《人民日报》2020年2月6日。

〔2〕栗战书："全国人民代表大会常务委员会工作报告——2020年5月25日在第十三届全国人民代表大会第三次会议上"，载《人民日报》2020年6月1日。

〔3〕参见郭锋："构建我国疫情防控法律体系的探讨"，载《财经法学》2020年第3期。

〔4〕参见姜涛："社会风险的刑法调控及其模式改造"，载《中国社会科学》2019年第7期。

〔5〕参见高铭暄、孙道萃："《刑法修正案（十一）（草案）》的解读"，载《法治研究》2020年第5期。

罪、维护国家安全、社会稳定和保护人民群众生命财产安全的重要作用。鉴于此，为依法惩治妨害新冠肺炎疫情防控违法犯罪行为，保障人民群众的生命安全和身体健康，保障安定的社会秩序和疫情防控工作的顺利开展，维护来之不易的防控局面，2020 年 2 月 6 日，最高人民法院、最高人民检察院、公安部和司法部（本文以下简称"两高两部"）联合印发《关于依法惩治妨害新型冠状病毒感染肺炎疫情防控违法犯罪的意见》（以下简称《意见》）。其是对 2003 年最高人民法院、最高人民检察（本文以下简称"两高"）出台的《关于办理妨害预防、控制突发传染病疫情等灾害的刑事案件具体应用法律若干问题的解释》（本文以下简称《解释》）的进一步细化和提炼，对疫情防控可能涉及之类罪与罪名进行了全面的列举，不仅包含"抗拒疫情防控措施犯罪""暴力伤医犯罪""制假售假犯罪""哄抬物价犯罪"等 9 类犯罪，还囊括了以危险方法危害公共安全罪、妨害传染病防治罪、妨害公务罪、故意伤害罪等共计 35 个具体罪名。此外，"两高"还先后发布了数起办理妨害疫情防控犯罪典型案例，为全国检察机关办理涉疫情刑事犯罪提供了政策指引，为全国各级人民法院裁判妨害疫情防控刑事案件提供了重要参照。综上，"两高两部"基于以新冠肺炎为表征的重大疫情防控需要，在既有刑事司法解释的基础上，出台了具有间接法律适用效力的专门指导性意见，既体现了"依法严惩"和"从重"的刑事政策精神，又是基于坚持罪刑法定原则之考虑。[1]

（二）实质入罪化衍生刑事法治乱象

然而，重大传染病背景下刑事法治被激活的同时，涉及妨害传染病防治行为而引发疫情传播的风险认定问题、传播新冠病毒的行为认定问题和危害公共安全犯罪与妨害传染病防治罪之间的界线问题等方面也不乏乱象。例如，关于妨害传染病防治罪的传染病种类，甲类传染病与"乙类甲管"类传染病之间的界限不甚清晰。《传染病防治法》第 3 条明确列举了甲类传染病有且仅有鼠疫与霍乱两类因而排除了其他已知传染病被划归为甲类传染病的情形。而我国现行《刑法》第 330 条妨害传染病防治罪所针对的传染病种类仅指"依照传染病防治法和国务院有关规定确定"之甲类传染病以及依法确定采取甲类传染病预防、控制措施的传染病。随着 2020 年初新冠肺炎疫情的肆虐，

---

〔1〕 参见张勇："妨害疫情防控行为的刑法适用之体系解释"，载《政治与法律》2020 年第 5 期。

为激活妨害传染病防治罪的刑法规制功能，避免因传染病防控种类的差异而导致妨害新冠疫情防治等行为被置于"要么作无罪处理，要么按照过失以危险方法危害公共安全罪处理"[1]的尴尬境地，国家卫生健康委员会于2020年1月20日发布的1号公告，将新冠肺炎纳入了《传染病防治法》规定的乙类传染病，并采取甲类传染病的预防、控制措施。

此外，在《意见》和《解释》发布之前，2008年由最高人民检察院和公安部联合发布的《关于公安机关管辖的刑事案件立案追诉标准的规定（一）》第49条，对"按甲类管理的传染病"进行过特别说明，即指乙类传染病中传染性非典型肺炎、炭疽中的肺炭疽、人感染高致病性禽流感以及国务院卫生行政部门根据需要报经国务院批准公布实施的其他需要按甲类管理的乙类传染病和突发原因不明的传染病。这同样与《传染病防治法》第4条的规定相呼应，即其他（传染性非典型肺炎、炭疽中的肺炭疽和人感染高致病性禽流感以外的）乙类传染病和突发原因不明的传染病需要采取本法所称甲类传染病的预防、控制措施的，由国务院卫生行政部门及时报经国务院批准后予以公布、实施。自此，新冠肺炎"乙类甲管"的传染病防控属性得以确立，随后"两高两部"发布的《意见》也是基于这一立场而展开的。但刑法作为调整领域广泛、规定内容特定且制裁手段严厉的实定法，其适用不得出现形式出罪但实质入罪的情形，即不得有形式上不符合罪刑规范，但基于行为之社会危害性或出于保护法益的考虑而擅自或直接将其入罪化的情况。对于刑法明确规定了严格引证要求的行政犯，为避免出现实质入罪而违背罪刑法定原则的情况，应充分考虑所引证法规之界限，以明确此类犯罪的处罚依据。新冠肺炎疫情爆发之初，妨害传染病防治罪所涉之传染病种类有在"甲类传染病"与"乙类甲管"类传染病界限上游离之嫌，这显然与《刑法》上对甲类传染病的规定有且仅有的"《传染病防治法》和国务院有关规定"这一清晰且明确的援引标准发生了摩擦。有学者直言，法无明文规定的单位犯罪有罪论是对形式法治的消解，是对社会效果而非法律效果的关注，会导致"规范隐退"与"反教义学化"等不良效果，[2]而此类为达致入罪要求而扩张甲类

---

[1] 欧阳本祺："妨害传染病防治罪客观要件的教义学分析"，载《东方法学》2020年第3期。

[2] 参见刘艳红："'规范隐退论'与'反教义学化'——以法无明文规定的单位犯罪有罪论为例的批判"，载《法制与社会发展》2018年第6期。

传染病范围的拟制性司法解释也难以避免反教义学化的批评。

有关危害公共安全犯罪与妨害传染病防治罪之间的界限划分，也是困扰疫情防控初期司法实务部门的难题之一。这主要是因为，根据现行《刑法》第114条和第115条有关以危险方法危害公共安全罪和过失以危险方法危害公共安全罪的罪刑规范，当行为客体为传染病病原体时，所涉及的传染病种类不受甲类传染病的限制，即涵盖甲类传染病和乙类传染病等疾病类别。相较于妨害传染病防治罪的"三年以下有期徒刑或者拘役"和"三年以上七年以下有期徒刑"两档法定刑区间，以危险方法危害公共安全罪"尚未造成严重后果的"与"致人重伤、死亡或者使公私财产遭受重大损失的"，分别处"三年以上十年以下有期徒刑"和"十年以上有期徒刑、无期徒刑或者死刑"，而过失以危险方法危害公共安全罪的法定刑区间为"三年以上七年以下有期徒刑"和"三年以下有期徒刑或者拘役"。由此可见，以故意为主观方面且仅针对甲类传染病的妨害传染病防治罪的法定刑，从整体上略轻缓于包含乙类传染病的以危险方法危害公共安全罪和过失以危险方法危害公共安全罪。这便导致当行为人故意引起乙类传染病病原体传播且危害公共安全时，可能成立以危险方法危害公共安全罪，而此罪的法定刑整体上显然要高于妨害传染病防治罪。如此，便造成了静态法庭关系层面的轻罪重罚或重罪轻罚的失衡局面。[1]此外，妨害传染病防治罪作为故意犯罪，其主观故意是否包括引起甲类传染病传播或者有传播严重危险的结果，似乎也有讨论的空间。

事实上，相关领域的权威专家预测认为，"在可预期的未来里，大流行流感或生物恐怖活动将引发公共卫生紧急状况"，[2]此前侵袭全球的重症急性呼吸综合征（SARS，本文以下简称"非典"）疫情、中东呼吸综合征疫情和埃博拉病毒等均为适证。考虑到重大传染病疫情具有高致病、易于传播等特性，妨害疫情防控犯罪行为相较于一般犯罪具有可能引发疫情传播与扩散、扰乱正常医疗制度、干扰防疫物资供应和增加社会恐慌、破坏社会公共秩序等更为严重的社会危害性，如何理解《意见》所渗透之刑事政策及其限度显得尤为重要。另外，这对明确宽严相济刑事政策的具体导向、依法从重从严涉疫

---

〔1〕 参见谢杰："妨害新冠肺炎疫情防控犯罪问题的刑法分析"，载《民主与法制时报》2020年2月11日。

〔2〕 Sharona Hoffman，"Responders' Responsibility: Liability and Immunity in Public Health Emergencies"，*Georgetown Law Journal*，2008，Vol. 96，p. 1913.

犯罪之刑事政策的尺度与边界，以及涉疫犯罪之罪与非罪、此罪与彼罪之界分等影响深远。

二、重大传染病疫情背景下刑事政策之限度探讨

（一）贯彻宽严相济刑事政策契合疫情防控需要

政策是法律的灵魂，而法律则是政策的具象化表现。无论是 20 世纪 50 年代符合社会维稳需要之镇压与宽大相结合的刑事政策，还是新中国成立初期具备过剩威慑功能却违背犯罪涨幅规律的"严打"刑事政策，抑或是近期对我国司法实践具有深远影响之宽严相济刑事政策，均体现出了对刑罚规范形成的判罚结果产生的合乎目的之制约。[1]其中，宽严相济刑事政策是对我国司法实践中长期以来秉持之"惩治和宽大相结合"刑事政策的发展，贯穿于刑事立法、司法和刑罚执行之始末，并以展现宽与严之间的彼此衔接和相互平衡为重要特征。具体而言，宽严相济的刑事政策要求法官把控区别对待之要义，透过案件的表面现象，综合分析犯罪行为的社会危害性和犯罪人的主观恶性，在裁判过程中体现刑罚个别化与刑法个别主义的彼此呼应。而充分考虑人民群众安全感之满足以及惩治犯罪的实际需要，正确把握宽与严的辩证关系，克服重刑主义之桎梏和谨防一味从宽，乃为贯彻落实宽严刑事政策之关键。宽与严的边界不仅需要与社会客观发展情况相协调，还应在具体案件处理过程中体现必要的关照。这是因为，法官受宽严相济刑事政策的影响，已然突破了"案件审理者"这一纯粹身份，而更似"社会关系的调控者"，通过对自由裁量权的依法行使，实现定分止争、疏解民愤、缓和矛盾和对罪犯的教育改造，进而实现案件裁判法律效果和社会效果的有机统一。

最高人民法院在 2010 年 2 月 8 日印发的《关于贯彻宽严相济刑事政策的若干意见》中明确要求，对于严重暴力犯罪和严重影响人民群众安全感的犯罪，应毫不动摇地坚持依法严惩严重刑事犯罪的方针，这便为突发公共卫生事件背景下刑事政策取向之确立提供了恰当语境。新冠肺炎疫情爆发初期，大量真假难辨的信息和各地频繁出现的不理解甚至抗拒防疫政策的行为，都为民众准确认识疫情形势和采取合理应对措施制造了困难，民众难以"知晓

---

〔1〕 参见孙万怀：《在制度和秩序的边际——刑事政策的一般理论》，北京大学出版社 2008 年版，第 7 页。

公共卫生风险"[1]成了造成社会恐慌和谣言传播的内因。面临这一严峻且急迫的突发公共卫生危机,重大疫情防控任务异常艰巨,为回应民众关切和维护社会秩序,作为包含"对各类行为应罚性的评估、对犯罪回应和打击的整体态度、刑罚量总体投入的预算、刑罚手段与非刑罚手段的分配、控制和预防犯罪效果的预测和检验,以及划定对特定犯罪的刑罚反应的适当幅度等"[2]核心内容的刑事政策,应摒除虚无的形式概念,转而回归至对具体犯罪的回应,即体现出对稳定有序之疫情防控秩序的维护,以及对严重危害疫情防控相关犯罪的依法从严从重打击。

基于中央层面对防疫刑事法治的宏观部署,各地司法机关从严打击涉疫情犯罪的规定、细则和指导意见等相继发布。在《意见》"依法及时、从严惩治妨害疫情防控的各类违法犯罪,为坚决打赢疫情防控阻击战提供有力法治保障"的明确要求下,各地法院系统和其他司法机关严厉打击妨害疫情防控相关犯罪的规定、通告和通知也接踵出台。例如,湖北省公安厅于2020年1月底出台的《关于依法严厉打击涉医违法犯罪维护医疗秩序的通告》明确规定了扰乱医疗机构正常诊疗秩序、新冠肺炎病毒携带者故意传播新冠肺炎病原体或疑似患者拒绝接受检疫、强制隔离或治疗造成传染病传播、故意伤害医务人员、严重扰乱医疗秩序和以暴力、威胁方法阻碍国家机关工作人员依法履行疫情防控职责等6类涉医违法犯罪打击目标。又如,辽宁省高级人民法院于2月初印发的《关于依法严厉惩治妨害预防、控制新型冠状病毒疫情有关刑事犯罪的紧急通知》,同样对13类涉及疫情防控的犯罪行为作出了严厉打击的精准部署,要求对涉及疫情防控的犯罪行为"依法从快审判、从严惩处"。另如,上海市高级人民法院于2月初发布的《关于充分发挥审判职能作用为依法防控疫情提供司法服务和保障的指导意见》也作出了"依法从严惩处抗拒疫情防控措施、故意传播病原体、侵犯医务人员安全、扰乱医疗秩序、制假售假、哄抬物价、诈骗、聚众哄抢、造谣传谣、疫情防控失职渎职、贪污挪用、破坏交通设施、破坏野生动物资源等妨害疫情防控的违法犯罪行为"等规定。由此可见,中央宏观层面的司法解释与地方司法机关下发的司

---

[1] James G. Hodge, Lexi C. White & Sarah A. Wetter, "From Anthrax to Zika: Key Lessons in Public Health Legal Preparedness", *Indiana Health Law Review*, 2018, Vol. 15, p. 23.

[2] 车浩:"刑事政策的精准化:通过犯罪学抵达刑法适用——以疫期犯罪的刑法应对为中心",载《法学》2020年第3期。

法文件无一例外地均体现出了新冠肺炎疫情防控期间"依法从严从重处罚涉疫情犯罪之刑事政策",[1]即对具有严重社会危害性的妨害疫情防控犯罪行为采取从严惩处的刑事政策路径,以保障人民群众的生命安全和身体健康。

(二)战"疫"刑事政策之边界

突发公共卫生应急处置须秉持"跨越生物医学/科学技术和法律范畴桎梏的整体性思维模式"。[2]其中,刑事政策的变动和转向应以社会环境之所需为前提。面对不确定的社会风险和党中央强化公共卫生法制保障的宏观要求,[3]为发扬刑法教义学的实践品性和刑事政策学的理论智识,将二者融会贯通是符合时代需要和司法实际需求的必然选择。[4]换言之,社会各领域"风险"的客观存在事实,是要求刑法决策者作出政策导向功利选择之动因,也是以释法为中心的刑法教义学所应予审慎回应的。基于对风险客观认知的考虑,此处的"风险"应作狭义解读,即作为"人类文明发展中的一个自然规律……任何时代都有风险",而"人类感知和应对风险的能力也是不断进化的"。[5]因此,针对公共健康风险所作出的法律应对模式上的调整,其讨论的对象应具有边界。倘若借重大传染病疫情将法律应对模式的针对面向扩大至全部社会现象和行为,则是对我国社会发展状况的片面理解,也不利于创新驱动发展战略的落实和正常生产生活的有序开展。

如前所述,尽管"依法从严从重处罚"妨害疫情防控各类犯罪行为的刑事政策总基调得以明确,但这一政策中的"严厉打击""从严惩处"以及"从严追究刑事责任"等用语是围绕刑罚处罚的轻重,还是超出纯粹刑罚达致刑法解释的"从严"范畴,抑或是刑事责任追究的"从重""从快",尚存疑惑。事实上,跳脱后疫情时代常态化防控的基本面,考虑到经济健康发展和

〔1〕 涉疫情犯罪的刑事政策又称战"疫"刑事政策。姜涛:"非常时期涉疫情犯罪教义学的争议问题",载《政治与法律》2020年第5期。

〔2〕 Andra le Roux-Kemp, "International and Operational Responses to Disease Control: Beyond Ebola and Epistemological Confines", *Indiana Health Law Review*, 2018, Vol. 15, p. 250.

〔3〕 面对具有不确定性的社会风险,党中央提出了强化公共卫生法制保障的宏观要求,即强调完善公共卫生重大风险的研判、评估、决策、防范等协同机制的构建。参见习近平:"完善重大疫情防控体制机制健全国家公共卫生应急管理体系",载《人民日报》2020年2月15日。

〔4〕 参见赵运锋:"以刑制罪:刑法教义学与刑事政策学相互贯通的路径选择",载《北方法学》2014年第5期。

〔5〕 姜涛:"社会风险的刑法调控及其模式改造",载《中国社会科学》2019年第7期。

企业稳步复工复产的迫切期盼，过度强调对妨害疫情防控违法犯罪的打击，或者单一强调对个罪的严格适用和加重处罚，而忽视经济发展的客观要求以及企业复工生产所采取的可被允许的自救行为等，均存在违背宽严相济刑事政策"宽严有据、轻重适当"等要求之嫌。此外，割裂刑事政策的整体性要求而仅关注或强调案件的加快、从重处理，还可能存在"严打"政策的回溯危险。事实上，刑罚作为有限性社会资源，在抑制犯罪的同时必然会带来社会成本的损耗，而符合现代社会发展水平和国家政治经济实际的宽严相济刑事政策，"以最小的社会成本将犯罪控制在社会所能容忍的限度内为目标"，[1]其中蕴含严格把控战"疫"特殊刑事政策之边界的要求。

从外延上理解，战"疫"刑事政策要求面对妨害疫情防控各类犯罪行为，秉持刑事法治基本精神，结合疫情防控的客观形势和"预防为主、防控为先"的常态化精准防控需要，针对故意传播疫情、拒不配合执行疫情防控措施和严重扰乱正常医疗秩序等严重妨害疫情防控的刑事犯罪行为，予以及时、严厉的规制。此外，鉴于疫情的快速传播特性，为避免人民群众的生命安全和身体健康面临现实、紧迫的重大风险，还需要在查处、侦办、起诉和审判涉疫情刑事案件时提高效率，依法从快惩治，进而发挥良好的刑罚打击和一般预防功能。但与此同时，还必须妥善处理好宽与严的辩证关系，在惩治妨害疫情防控犯罪过程中落实"依法从宽"，重视个案研判和从宽情节的具体适用，这便是从内涵层面落实战"疫"刑事政策的必要补充。这是因为，《意见》并非中央宏观层面的政策性宣言，它所强调之"依法严惩妨害疫情防控的各类违法犯罪"也必须符合罪刑法定、罪责刑相一致原则以及实体与程序规范，准确适用法律，既要重视对犯罪嫌疑人、被告人各项诉讼权利的依法保护，又要在处理过程中严格把握罪名的适用立场和从宽情节的具体落实，充分发挥刑法的教育挽救功能，切忌基于工作需要而采取"一刀切"的从严政策，对于情节轻微或社会危险性不大的违法行为，要善于采用非刑罚处罚方式予以灵活处理。

三、重大传染病疫情背景下的刑法规范适用

现代刑法教义学以维护刑法规范之稳定性为前提，并给予客观现实和司

---

〔1〕 苏彩霞：《中国刑法国际化研究》，北京大学出版社 2006 年版，第 133 页。

法实践以必要关照。[1]通过刑事政策的灵活导向，实现刑法法益保护目的和犯罪预防目的之合一。回归重大传染病疫情的时代语境，涉疫情刑法教义学应结合战"疫"刑事政策总结具体个罪的犯罪治理经验，进而为特殊时期的司法实践提供具有妥适性、必要性且兼具限度性的价值判断标准。刑事政策除了对量刑具有明确指导作用外，还应为不同具有交叉、包容关系的个罪构成要件提供认定法条竞合或想象竞合的必要标准。这是因为，刑事政策既具有诸如从轻、减轻或从重处罚等传统量刑层面的指导意义，还能在定罪阶段进行罪与非罪、此罪与彼罪、重罪与轻罪等宽严把握，便于刑法适用结构和犯罪圈的动态调整。[2]下文将从颇具代表性的妨害传染病防治罪和以危险方法危害公共安全罪之规范适用入手进行简要讨论。

（一）妨害传染病防治罪的刑法规范适用

作为规制新冠肺炎疫情传播风险最为直接且基础的刑法规范依据，《刑法》第330条所规定之妨害传染病防治罪仅指妨害"甲类传染病"的防控。然而，随着《传染病防治法》经历了2004年和2013年两次大修后，为契合国际检疫传染病标准，我国已在法律层面明确取消国务院自行增加或减少传染病病种之权限。为实现妨害传染病防治罪在司法实践中的适用，最高人民检察院和公安部于2008年发布的《关于公安机关管辖的刑事案件立案追诉标准的规定（一）》将"甲类传染病"扩大解释为"甲类以及按照甲类管理的传染病"。如前所述，尽管此种降低犯罪认定门槛的做法遭到了部分学者的批评，但为避免妨害传染病防治罪沦为僵尸条款和无罪化处理可能导致的社会失范局面，从尊重司法解释权威性和应对疫情的必要社会反应等角度看，司法实践赋予按照甲类管理的传染病规范意义上的甲类传染病的含义，具有现实必要性和可行性。

妨害传染病防治罪是实施了违反传染病防治法规定的行为，具有相关情形[3]，造成了甲类传染病以及依法确定采取甲类传染病预防、控制措施的传

---

〔1〕 参见刘艳红："刑法教义学化应走出五大误区"，载《检察日报》2018年8月30日。

〔2〕 参见姜涛："非常时期涉疫情犯罪教义学的争议问题"，载《政治与法律》2020年第5期。

〔3〕 《刑法》第330条第1款规定了妨害传染病防治罪的五类情形，具体包括：①供水单位供应的饮用水不符合国家规定的卫生标准的；②拒绝按照疾病预防控制机构机构提出的卫生要求，对传染病病原体污染的污水、污物、场所和物品进行消毒处理的；③准许或者纵容传染病病人、病原携带者和疑似传染病病人从事国务院卫生行政部门规定禁止从事的易使该传染病扩散的工作的；④出售、运输疫区中被传染病病原体污染或者可能被传染病病原体污染的物品，来进行消毒处理的；⑤拒绝执行县级以上人民政府疾病预防控制机构依照传染病防治法提出的预防、控制措施的。

染病传播或者有传播的严重危险，所侵害的法益是传染病预防、控制的公共卫生管理秩序。因此，对该罪主要行为类型特别是兜底行为类型的认定，应紧密围绕其引证法律《传染病防治法》的义务性规范。当前，战"疫"刑事政策主要针对妨害传染病防治罪"拒绝执行防控措施"这一兜底行为的类型化认定，具体表现为违反医疗措施、隐瞒流行病学史和其他违反《传染病防治法》的行为。其中，《意见》明确规定，新冠肺炎确诊病人和病原体携带者，拒绝隔离治疗或隔离治疗期限未满擅自脱离，并进入公共场所或者公共交通工具，故意造成新冠肺炎疫情传播的，以以危险方法危害公共安全罪定罪处罚，而非认定为妨害传染病防治罪。这是因为，对于经确诊的行为人不采取防护措施进入公共场所或乘坐公共交通工具的行为，难以将其造成危害结果的主观心态认定为过失。反之，若行为人自行驾车逃离隔离场所或藏匿家中，并未进入公共场所或乘坐公共交通工具，则不能认定其是以危险方法危害公共安全。根据行为人违反防疫措施的严重性，行为人可能构成妨害传染病防治罪。对于疑似病人而言，若非经由专门的医疗机构根据法定标准进行判断，则在其未被官方认定为疑似病人之前，进入公共场所或乘坐公共交通工具，即使造成新冠肺炎疫情传播，也不能被认定为以危险方法危害公共安全，而只具有妨害传染病防治之嫌。[1]这是出于对疑似病例认定方面的专业性要求之考虑，以避免因地域性歧视或标签化评价而破坏地区之间民众的团结。正如疫情爆发初期，由于恰逢春运且公民在传染病防治和自我保护方面缺乏相关知识，加之人员流动管控政策未能得到各行政管辖区的有效协调，导致彼时户籍歧视、地域歧视现象激增，过度防疫和不文明执法现象亦有出现。

此外，有关妨害传染病防治罪的主观方面的思考也尤为必要。如前所述，妨害传染病防治罪侵害的法益是传染病预防、控制的公共卫生管理秩序，而公共卫生秩序中的传染病防治管理秩序则是该罪所侵害之社会关系。因此，认定该罪是否包含"引起甲类传染病传播或者有传播严重危险"之故意，思绪须在引证法律与刑法间来回穿梭。事实上，妨害传染病防治罪被置于《刑法》分则第六章"妨害社会管理秩序罪"之第五节"危害公共卫生罪"，除了基于刑法规范整体的考虑，更体现了本罪的罪质内涵。换言之，对于故意扰乱公共卫生秩序，实施了违反《传染病防治法》的妨害传染病预防、控制

---

〔1〕 参见欧阳本祺："妨害传染病防治罪客观要件的教义学分析"，载《东方法学》2020年第3期。

工作的行为，并且造成甲类传染病传播或者有传播严重危险的，可构成本罪。其中，不具有造成甲类传染病传播或者有传播严重危险之故意，不影响事实层面对引证法的违反、对公共卫生秩序的扰乱，更不影响妨害传染病防治罪的成立。这是因为，当行为人实施了违反《传染病防治法》的相关行为，具有《刑法》列明之情形，引起了甲类传染病传播的实害结果或有传播严重危险的风险结果时，即使行为人对造成该实害结果或风险结果不具有主观故意，也不影响妨害传染病防治罪之成立。

（二）以危险方法危害公共安全罪之规范适用

以危险方法危害公共安全罪与妨害传染病防治罪在此次新冠肺炎疫情爆发初期不乏罪行界限之争，引起了不小的争端。事实上，正如前述，妨害传染病防治罪不以行为是否具有引起甲类传染病以及依法确定采取甲类传染病预防、控制措施的传染病传播的实害结果或有传播严重危险的风险结果之故意为前提，当行为人实施了违反《传染病防治法》的行为且造成了甲类传染病以及依法确定采取甲类传染病预防、控制措施的传染病传播或者造成传播严重危险的结果时，若有证据证明行为人明知上述行为结果并希望或者放任该结果发生，则构成以危险方法危害公共安全罪。换言之，司法机关在认定行为人是否符合以危险方法危害公共安全罪时，应当充分考察行为人是否具有报复社会的目的和恶意传播的主观故意。此外，对于主观上不具有希望或者放任之心态，但有证据证明行为人应当预见上述结果但因疏忽大意而没有预见的，或者已经预见了但轻信自己能够避免，以致发生上述结果的，构成过失以危险方法危害公共安全罪。

值得一提的是，已被权威医学部门（如医院或防疫部门）认定为确诊病人、病原体携带者和疑似病人，拒绝隔离治疗或隔离期未满擅自脱离，并且进入公共场所或乘坐公共交通工具而造成疫情传播的，由于行为人已对自己所确诊之传染病有所认识或者明知已出现疑似症状仍然逃避隔离观察，因此应以以危险方法危害公共安全罪论处。这是因为，以危险方法危害公共安全罪所侵犯之法益为不特定多数人的公共安全利益，包括生命、身体等个人法益抽象而成的较为广泛的公众利益。当然，在疫情爆发之初，由于民众对病毒传播途径不甚了解，因此并不存在要求行为人在新年假期具备作出积极配合严厉防疫政策、杜绝探亲访友等全部适法行为的期待可能性，进而使得判断刑事违法性的前提条件阙如。因此，对于以危险方法危害公共安全罪的认定，尤其要谨防出于"从严"或"加快"惩处相关犯罪目的，而当然主张行为人出于自保或畏惧而从事违反防疫措施的行为，必然存在传播疫情的危险或明知存在危险。

四、妨害传染病防治罪的刑法修正审思

为了高效、科学地应对公共卫生危机，以新冠肺炎为代表的重大传染病疫情得到了立法领域的及时关注，最为直接的体现即为 2020 年 12 月 26 日由第十三届全国人民代表大会常务委员会第二十四次会议通过的《刑法修正案（十一）》。从宏观层面上看，《刑法修正案（十一）》依旧因循修正案的立法模式，主要从安全生产、食品药品安全、金融安全、公共卫生安全等六个方面进行补充和修订。既涉及对高空抛物、抢夺正在行驶中的公共交通工具等日常生活中可能"危及公共安全"的行为的规制，又注重对危害食品药品安全等重要民生利益犯罪行为的从严惩治。[1]换言之，本次《刑法修正案（十一）》既关注了时事热点和百姓关切，重视对民生领域的保护，又能做到对疫情防控经验的总结与锤炼，兼顾对非传统国家安全因素之关照。

（一）《刑法修正案（十一）》修改妨害传染病防治罪的积极面向

突如其来的新冠肺炎疫情，犹如一颗检测我国政治制度、应急防控能力和防疫法律体系全面与优越与否的"试金石"。也正是在全民共同参与防治新冠肺炎疫情的时空背景下，为避免妨害传染病防治的严重危害行为出现刑法规制上的"空白"，本次《刑法修正案（十一）》第 37 条[2]着重修订了该罪名，旨在弥补刑法漏洞，不仅提高了对公共卫生安全的保护力度，更体现出了国家安全观中的社会安全、卫生防疫安全等面向，符合新时代整体国家

---

〔1〕 参见徐岱：《刑法修正案（十一）（草案）》的修订进路"，载《法治研究》2020 年第 5 期。

〔2〕《刑法修正案（十一）》第 37 条具体内容为："将刑法第三百三十条第一款修改为：违反传染病防治法的规定，有下列情形之一，引起甲类传染病以及依法确定采取甲类传染病预防、控制措施的传染病传播或者有传播严重危险的，处三年以下有期徒刑或者拘役；后果特别严重的，处三年以上七年以下有期徒刑：（一）供水单位供应的饮用水不符合国家规定的卫生标准的；（二）拒绝按照疾病预防控制机构提出的卫生要求，对传染病病原体污染的污水、污物、粪便进行消毒处理的；（三）准许或者纵容传染病病人、病原携带者和疑似传染病病人从事国务院卫生行政部门规定禁止从事的易使该传染病扩散的工作的；（四）出售、运输疫区中被传染病病原体污染或者可能被传染病病原体污染的物品，未进行消毒处理的；（五）拒绝执行县级以上人民政府、疾病预防控制机构依照传染病防治法提出的预防、控制措施的。"

安全观的内核。

首先，从该条款的修改内容上看，《刑法修正案（十一）》的修改合理扩充了妨害传染病防治罪的行为模式，并给予"乙类甲管"传染病作为构成该罪的独立地位。一方面，第 1 款对原有犯罪构成要件中的"引起甲类传染病传播或者有传播严重危险"予以补充，明确了"依法确定采取甲类传染病预防、控制措施的传染病传播"作为构成要件组成部分的独立地位。使得类似新冠肺炎这种"被纳入法定传染病乙类管理，但采取甲类传染病的预防、控制措施"的"乙类甲管"传染病，在出现具体情形，引起传播或传播严重危险时，具有了成立犯罪之可能。另一方面，《刑法修正案（十一）》依据防控经验，合理扩充和丰富了该罪的行为模式，即增加了"出售、运输疫区中被传染病病原体污染或者可能被传染病病原体污染的物品，未进行消毒处理的"和"拒绝执行县级以上人民政府、疾病预防控制机构依照传染病防治法提出的预防、控制措施的"等内容。在此次新冠肺炎疫情爆发之初，各地拒绝执行地方政府、疾病防控机构有关防控措施的情形屡见不鲜，不仅给基层防控工作增加了难度，给防疫部门、医护工作者和广大基层防控人员增加了工作负担，更不利于营造"尊医重卫"的良好社会氛围。鉴于此，对本罪行为模式的完善和丰富〔如增加未消毒处理而出售、运输疫区中被传染病病原体污染或者可能被传染病病原体污染的物品的情形，以及拒绝执行一定级别（县级以上）政府、疾病防控机构依据《传染病防治法》提出的预防、控制措施的情形〕，既是尊重传染病防治的科学经验，不排除未经消毒的疫区物品传播疾病的可能，又是对县级以上人民政府和疾病防控机构依法提出之防控措施的兜底性支持。

其次，该条款的修改也反映出了部门法规范之间的衔接必要。现行《刑法》颁布施行至今，第 330 条关于妨害传染病防治罪的规定一直未有修订。而与之相关的其他引证法律规范则经历了数度修改。例如，由全国人民代表大会常务委员会于 1989 年 2 月 21 日发布、同年 9 月 1 日施行的《传染病防治法》，分别于 2004 年、2013 年修订。其中，2004 年正式将防疫机构的称谓，由 1989 年的"卫生防疫机构"修改为"疾病预防控制机构"，并在 2013 年修改时予以保留和沿用。这主要是对 2003 年非典疫情经验的总结，和对新中国成立以来卫生防疫机构建设、疾病预防控制体制改革成果的总结与提炼。至今，《刑法》第 330 条妨害传染病防治罪中的防疫部门，一直被表述为"卫生防疫机构"，自《刑法修正案（五）》开始，并无对此表述的更新。因此，《刑法修正案（十一）》将防疫部门更名为与其他法律法规保持一致的"疾病预防控制机构"，至少反映了部分法规范之间的衔接必要，是充分考虑其他法律规范的变动与修订的体现，值得肯定。

最后，该条款的修改也不失为刑法规范内部之自洽与调和的表现。众所周知，刑法修订注重科学性，要求立法者在新增或修订罪名时，应当充分考虑与原有类罪、个罪的体系性与逻辑性，避免因章节和条款内部失衡而产生新的立法冲突。[1]也就是说，刑法修正的规范目的、具体款项内容设置必须体现出对既有刑法规范的全面关照。[2]这也必然要求，以修正案形式予以修正的款项，其内容在刑法分则内部应当适宜、恰当、逻辑自洽。而《刑法修正案（十一）》第37条对妨害传染病防治罪的修改意见，无论是对行为类型的丰富，抑或是对具体情形的扩充，均符合《刑法》分则第六章"妨害社会管理秩序罪"第五节"危害公共卫生罪"的文义和实质。此外，新增的行为模式也是在参考流行病疫学传播途径（存在物传人的可能）的基础上进行的合理增设。另外，《刑法修正案（十一）》对妨害传染病防治罪范围之调整，有利于避免《刑法》第330条第3款关于甲类传染病的范围"依照《传染病防治法》和国务院有关规定确定"，与国家卫生健康委员会发布之公告形式的规范性文件，在确定甲类传染病范围上效力悬殊或牵强认定。

（二）有关妨害传染病防治罪的修正仍需调试

作为一部内容丰富、涉及面广且体现新国家安全观的刑法修正案，《刑法修正案（十一）》部分条文的修改逻辑、文义措辞还有不尽完善之处。下文仅就《刑法修正案（十一）》第37条关于妨害传染病防治罪的修改仍需调整与商榷的部分简要展开。

一方面，修改后的逻辑关系尚需推敲。《刑法修正案（十一）》第37条对妨害传染病防治罪的构成要件和具体情节的扩充，其目的在于有效防控甲类传染病和国家依法采取甲类传染病防控措施的传染病的传播与扩散，以保障民生，五种具体犯罪行为模式的设定，除了涵盖原有内容外，还进行了颇

---

〔1〕 参见徐岱："《刑法修正案（十一）（草案）》的修订进路"，载《法治研究》2020年第5期。
〔2〕 参见魏东、赵天琦："刑法修正案的规范目的与技术选择——以《刑法修正案（十一）（草案）》为参照"，载《法治研究》2020年第5期。

具针对性且便于操作的处理。但值得注意的是，此处的逻辑关系是："引起甲类传染病""以及""依法确定采取甲类传染病预防、控制措施的传染病传播""或者""有传播严重危险的"。根据最新版《现代汉语词典》的解释，"以及"被用作是"连接并列的词或词组"，表示在时间、范围上的延伸，即连接前后、体现并列逻辑关系的连接词。参照现行《刑法》的规定，该法条的逻辑结构应是（A 的传播或 A 的传播严重危险），A 顾名思义指的是"甲类传染病"，而《刑法修正案（十一）》则对该罪的构成要件作了（A 且 B 的传播）或（A 且 B 的传播严重危险）的逻辑限定，其中 B 指的是"依法确定采取甲类传染病预防、控制措施的传染病"。倘若此处修改最终得到确定，则会导致只有在（A 且 B 传播）或者（A 且 B 存在传播的严重危险）时，才有可能追究行为人的刑事责任。这显然与该法条的修改初衷相违背，即构成该罪所需符合之条件更为严苛，显然与本罪作为修正法条的初衷以及所处之疫情常态化防控的时空背景相矛盾。此外，还可能遭受规范修订价值取向不明的质疑，如某一条款中同时出现扩充和限缩犯罪类型或构成要件的自相矛盾的修改处理等。因此，《刑法修正案（十一）》该条款中的"以及"宜换成"或者"。

另一方面，鉴于刑法规范对罪刑法定原则的严格遵守和适应社会生活灵活要求的需要，刑法应当在保持基本的明确性之余，具备一定的张力或概括性。因此，刑法条文的用语必须要做到精炼、精确和精准，以保证能够在法条的刚性与弹性之间寻得恰当的平衡。[1]然而，《刑法修正案（十一）》中的"依法确定采取"与"依法采取"，无论是含义，还是对后文的指代意义，其内涵与实质都并无二致。那么，当"依法采取"甲类传染病预防、控制措施的传染病与"依法确定采取"该类传染病的形式和实质内涵相同时，立法者没有理由徒增"确定"这样一个似乎带有"时间节点式"的词语。因为，"依法采取"必然是有关部门依据相关法律法规所确定采取的。此外，基于维护刑法内部规范的自洽性的考虑，也有删除"确定"二字的必要。纵观我国现行《刑法》，并无任何一个款项包含"依法确定采取"。若将《刑法》第399 条徇私枉法罪中的"不依法采取诉讼保全措施"改为"不依法确定采取

---

〔1〕 参见付立庆："论刑法用语的明确性与概括性——从刑事立法技术的角度切入"，载《法律科学（西北政法大学学报）》2013 年第 2 期。

诉讼保全措施"，难免显得有些冗赘与多余。

正如美国历史学家麦克尼尔将传染病称作是"人类历史上一项基本的参数以及决定因子"，[1]由经济社会、产业格局的发展和生态环境的变化所诱发的重大突发传染性疾病，将对世界各个国家和地区的社会治理、风险干预和涉疫犯罪防控模式产生影响。这也使得应对重大疫情的"跨越生物医学/科学技术和法律范畴桎梏（biomedical/scientific and legalistic confines）的整体性思维模式"[2]之确立显得尤为急迫和必要。随着经济社会、产业格局的发展和生态环境的变化，人类社会将面临更加纷繁复杂的重大传染病风险。而重大传染病疫情防控和公共卫生应急处置有赖于"综合多元治理"模式的建立与运用。其中，既需要卓富医疗和科技知识的专业人才的研判、有条不紊的后勤物资配给，又需要发挥具有指引功能的条理清晰的法律规范和刑事政策等。[3]作为规范社会秩序的"最后一道防线"，针对严重侵犯法益的犯罪行为，刑法有其介入的必要，但也要谨守刑法谦抑主义，不得过早、过度干预，进而造成民众个人自由的不当限缩。[4]落实战"疫"刑事政策应注意规避宽严相济基本要求的背离，避免"一刀切"式从严或从"严格"向"严厉"的不当移转。另外，建立刑法教义学与刑事政策学之间的沟通渠道，既要依法严惩妨害疫情防控的相关犯罪，特别注重对抗拒防疫措施的恶性犯罪的从重打击，又要发挥刑罚的教育矫治功能，做到宽严有据、罚当其罪。

---

〔1〕 [美] 威廉·麦克尼尔：《瘟疫与人：传染病对人类历史的冲击》，杨玉龄译，天下远见出版社 1998 年版，第 339 页。

〔2〕 Andra le Roux-Kemp, "International and Operational Responses to Disease Control: Beyond Ebola and Epistemological Confines", *Indiana Health Law Review*, 2018, Vol. 15, p. 250.

〔3〕 See Lance Gable, "Evading Emergency: Strengthening Emergency Responses Through Integrated Pluralistic Governance", *Oregon Law Review*, 2012, Vol. 91, pp. 376~377.

〔4〕 参见崔仕绣："我国互联网金融领域的涉罪分析与刑法规制", 载《广西大学学报（哲学社会科学版）》2018 年第 4 期。

疫情防控期间刑事政策与刑法基本原则的协调适用

吕小红[*]

一、问题的提出

新型冠状病毒肺炎（COVID-19，本文以下简称"新冠肺炎"）疫情爆发后，最高人民法院和最高人民检察院（本文以下简称"两高"）联合有关部门制定了《关于做好新型冠状病毒肺炎疫情防控期间保障医务人员安全维护良好医疗秩序的通知》、《关于依法惩治妨害新型冠状病毒感染肺炎疫情防控违法犯罪的意见》（本文以下简称《意见》）、《关于进一步加强国境卫生检疫工作 依法惩治妨害国境卫生检疫违法犯罪的意见》等司法解释，明确提出了从严惩治妨害疫情防控犯罪的刑事政策。"刑事政策的目标是合理组织对犯罪的反应"，[1]犯罪情况随着经济社会的发展和治安形势的变化而变化，刑事政策的内容也应据此适当调整。疫情发生后，社会各方面变得极其敏感脆弱，涉疫情犯罪不同于常态下的犯罪行为，表现出异常严重的社会危害性，确立从严惩治刑事政策是根据社会现实状况适时调整宽严相济刑事政策从严一面的结果，有其必要性和合理性。紧接着的问题是在司法实践中如何落实从严惩治涉疫情犯罪的刑事政策，这关乎该刑事政策的现实意义。

司法机关贯彻刑事政策应根据具体犯罪情况有所区别，但是整体而言做到与刑法基本原则相协调是最基本的要求。刑法基本原则集中体现一国刑法的基本价值，是刑事立法和司法必须始终遵守的基本准则。司法实践贯彻刑事政策，"必须坚持严格依法办案，切实贯彻落实罪刑法定原则、罪刑相适应

---

* 上海政法学院刑事司法学院助教，法学博士，日本成蹊大学联合培养博士。

[1] 车浩："刑事政策的精准化：通过犯罪学抵达刑法适用——以疫期犯罪的刑法应对为中心"，载《法学》2020年第3期。

原则和法律面前人人平等原则，依照法律规定准确定罪量刑"。[1]如此才能保证对具体行为的定罪处罚具有合法性与合理性。虽然《意见》及其他司法文件对依法严惩各类妨害疫情防控违法犯罪作出了详细解释，"两高"也陆续发布了一系列涉疫情防控犯罪典型案例，展示出了司法机关依法贯彻从严惩治刑事政策的具体操作，[2]在统一司法方面发挥着积极作用，但是在与刑法基本原则相协调方面却有所不足。例如，《意见》要求在疫情防控期间实施相应犯罪的应该作为从重情节考虑，但是法定量刑情节和"酌定量刑情节必须能够对犯罪的社会危害性和犯罪人的人身危险性造成影响"，[3]无条件地将涉疫情节一律作为从重情节可能会收获罪刑失衡的处罚结果。典型案例中的"湖北通城毛某某、胡某某抢劫案"就是一个反面例子。在该案中，行为人实施犯罪时并不知晓被害人是防疫工作人员，事后查明这一身份也不能影响抢劫罪的客观危害性，司法机关认定该案属于"针对与防控疫情有关的人员实施违法犯罪的，要作为从重情节予以考量"[4]明显缺乏正当依据，难以实现刑法的公平正义，将该案作为典型案例指导司法实践并不妥当。因此，下文将结合《意见》等司法解释和"两高"发布的涉疫情防控典型案例探讨防控疫情期间司法实践贯彻从严惩治刑事政策如何做到与刑法基本原则相协调。

二、从严惩治刑事政策与罪刑法定原则的协调适用

（一）罪刑法定原则对贯彻从严惩治刑事政策的意义和要求

《刑法》第 3 条明确规定了罪刑法定原则，该原则的基本含义是对任何行为法无明文规定不为罪，法无明文规定不处罚。理论上一般认为民主和自由是罪刑法定原则的思想基础，[5]该原则具有限制国家刑罚权滥用、保障公民权利和自由的意义，刑事立法和司法活动遵循该原则是实现刑事法治的基本要求。刑事司法贯彻从严惩治刑事政策必须严格遵循罪刑法定原则，做到按

---

〔1〕 2010 年 2 月 8 日最高人民法院《关于贯彻宽严相济刑事政策的若干意见》。

〔2〕 最高人民法院发布 3 批共 26 个涉疫情防控犯罪典型案例，最高人民检察院发布 10 批共 55 个涉疫情防控犯罪典型案例。

〔3〕 高铭暄："宽严相济刑事政策与酌定量刑情节的适用"，载《法学杂志》2007 年第 1 期。

〔4〕 "最高检发布首批十个妨害新冠肺炎疫情防控犯罪典型案例"，载最高人民检察院官网：ht-tps://www.spp.gov.cn/spp/xwfbh/wsfbt/202002/t20200211_454256.shtml1，访问日期：2020 年 7 月 4 日。

〔5〕 参见张明楷：《刑法学》（第 5 版·上），法律出版社 2016 年版，第 46 页。

照刑法规定定罪处罚，否则将难以保证从严惩治结果的合法性。"刑事政策相对灵活，有时停留在对个案的思考和判断上，如果脱离刑法的约束，缺乏具体科学的下位规制支撑，刑事政策就可能陷入偶然和专断，难以为正义的判决提供理由。"〔1〕遵循罪刑法定原则是刑事司法贯彻从严惩治刑事政策不可逾越的底线。

罪刑法定原则的基本要求是依法定罪处罚，如何依法涉及刑法解释问题。每一次适用刑法都是一个解释刑法的过程，适用罪刑法定原则最重要的是对刑法条文进行合理解释，即解释无论如何都不能超出刑法条文的可能含义。〔2〕进一步而言，在刑法解释中，应通过文义解释确定刑法条文的文义边界。文义解释被视为坚守罪刑法定原则的基本解释方法，该解释方法要求在无特殊立法解释的情况下，按照"某一语言体系中的普通人共同接受的一般含义"〔3〕理解刑法条文的语义。"从发生学的角度看，文字语义首先是一种基于习惯的约定，特别是刑法文本这种规范性语言，缺乏可验证的经验事实相对照，其语义主要来源于社会共同体的约定或共识。"如此理解刑法条文的文义边界才能保证一般公众对刑罚的预测可能性，避免出现因害怕遭受国家刑罚权的意外打击而导致国民行为自由萎缩的情况，体现出罪刑法定原则限制权力、保障人权的价值。

（二）贯彻从严惩治刑事政策中涉罪刑法定原则的具体问题

虽然《意见》等司法解释及典型案例都强调"依法"对涉疫情犯罪进行从严惩治，司法机关在落实从严惩治刑事政策时总体上并无明显违背罪刑法定原则的内容，但是也有值得进一步思考之处。例如，妨害传染病防治罪的适用有违反罪刑法定原则之嫌。

不同于2003年重症急性呼吸综合征（SARS，本文以下简称"非典"）疫情期间"两高"发布的《关于办理妨害预防、控制突发传染病疫情等灾害的刑事案件具体应用法律若干问题的解释》没有提及妨害传染病防治罪，《意见》激活了该罪名，明确指出针对抗拒疫情防疫措施的行为可以妨害传染病防治罪论处。新冠肺炎和非典都被定性为采取甲类传染病预防、控制措施的

---

〔1〕 周光权：《刑法学习定律》，北京大学出版社2019年版，第247页。
〔2〕 参见周光权：《刑法总论》（第3版），中国人民大学出版社2016年版，第47、49页。
〔3〕 魏治勋："文义解释的司法操作技术规则"，载《政法论丛》2014年第4期。

乙类传染病，[1]但是因对妨害传染病防治罪中"甲类传染病"的理解不同，导致两次疫情防控期间该罪名的适用情况完全不同。[2]"2003 年原卫生部将'非典'列入法定传染病，但未明确为甲类传染病或者按照甲类传染病管理，导致适用妨害传染病防治罪存在障碍。"[3]非典疫情期间的主流观点认为，对乙类传染病非典肺炎适用妨害传染病防治罪有违罪刑法定原则。[4]而在新冠肺炎期间，司法机关在"田某某妨害传染病防治案"等典型案例中均以"国家卫生健康委员会宣布对新冠肺炎采取甲类传染病预防、控制措施"为由认定新冠肺炎属于妨害传染病防治罪中的甲类传染病。学者对此也纷纷表示赞同，认为"应当激活该罪名的威慑效应，为疫情防控发挥作用"，[5]如果沿用 2003 年的做法可能导致司法机关片面追求适用重罪、判处重刑的倾向，也可能出现要么构成重罪要么不构成犯罪的情况。[6]

　　本文认为，虽然对新冠肺炎采取甲类传染病预防、控制措施可见其实质危害性接近甲类传染病，但这也不能否定部分妨害疫情防控的行为具有严重的社会危害性，有刑法处罚的必要性，但是在通过刑法追求实质合理性时必须以满足形式合法性为前提。从符合文义的角度来看，将属于乙类传染病的新冠肺炎纳入妨害传染病防治罪中的甲类传染病范围，已经超出了一般人的理解范围。换言之，司法机关对妨害新冠肺炎防治的行为以妨害传染病防治罪论处实际上已经超出了刑法条文的文义边界，作出了罪刑法定原则禁止的类推解释。有观点认为，我国司法解释有"准立法"的性质，部分违背罪刑法定原则的内容也有司法适用的普遍性。[7]但是在人民主权理念的指导下，

---

　　〔1〕　根据《中华人民共和国国家卫生健康委员会公告》（2020 年第 1 号）、《传染病防治法》第 4 条的规定，新型冠状病毒感染的肺炎和传染性非典型肺炎都属于采取甲类传染病的预防、控制措施的乙类传染病。

　　〔2〕　裁判文书网中收录的 19 份涉妨害传染病防治罪的判决时间均为 2020 年，访问日期：2020 年 7 月 16 日。

　　〔3〕　"'两高'研究室负责人就妨害疫情防控犯罪案件法律适用答记者问"，载腾讯网：https://xw.qq.com/amph mlt/20200228A05E7K00，访问日期：2020 年 8 月 9 日。

　　〔4〕　参见刘宪权："涉'非典'犯罪行为定性的刑法分析"，载《检察风云》2003 年第 12 期；曲新久："'非典'时期的'典型'反应——评'两高'的一个刑事司法解释"，载《政法论坛》2003 年第 3 期；等等。

　　〔5〕　李勇："妨害传染病防治行为类型及罪名适用"，载《检察日报》2020 年 3 月 9 日。

　　〔6〕　参见朱婷："激活危害公共卫生罪罪名适用之法治逻辑"，载《检察日报》2020 年 4 月 12 日。

　　〔7〕　参见陈正沓："突发传染病疫情防控中的刑法适用研究"，载《现代法学》2003 年第 4 期。

《立法法》第 7 条明确规定只有能够代表全体人民意志的全国人民代表大会和全国人民代表大会常务委员会有权制定和修改刑法，司法权僭越立法权作出创设性解释扩张刑法适用范围在根本上缺乏正当性，司法实践中具有普遍效力并不能改变这一违法事实，反而有损刑法的权威性和有效性。从另一个角度来说，《刑法》第 330 条规定妨害传染病防治罪中甲类传染病的具体范围依照《传染病防治法》和国务院有关规定予以确定，刑事司法机关通过解释甲类传染病扩张适用此罪名，在违背了罪刑法定原则的同时也有违刑法谦抑性理念。

也许正是为了避免在发生其他类似的传染病时适用妨害传染病防治罪规制相应的妨害行为再次遭到违反罪刑法定原则的质疑，《刑法修正案（十一）》将《刑法》第 330 条涉及的传染病范围修改为"引发甲类传染病以及依法确定采取甲类传染病预防、控制措施的传染病"。[1] 从这一修改内容可知，新冠肺炎防控期间通过司法解释的方式解释甲类传染病进而扩张妨害传染病防治罪适用范围的做法确实值得反思。

三、从严惩治刑事政策与罪责刑相适应原则的协调适用

（一）罪责刑相适应原则对贯彻从严惩治刑事政策的意义和要求

《刑法》第 5 条规定："刑罚的轻重，应当与犯罪分子所犯罪行和承担的刑事责任相适应。"这项内容被称为罪责刑相适应原则或罪刑均衡原则，以刑罚正义与刑罚个别化的统一为价值目标，也是指导刑事司法的重要原则。[2] 在不违背罪刑法定原则的前提下，疫情防控期间司法机关在贯彻从严惩治刑事政策进行定罪处罚时还必须符合罪责刑相适应原则的要求，以此才能保证"从严"惩治结果的妥当性。任何违背罪责刑相适应原则的刑法适用，要么导致处罚过轻难以实现惩罚和预防犯罪的目的，要么导致处罚过重不当侵害犯罪人的正当权益，难以实现刑法正义。在发生重大卫生事件等特殊时期，社会不稳定，司法机关往往希望通过刑法强大的威慑力一步到位地实现社会治理目的，这样就极易出现重刑化的思想倾向，因而更加有必要强调罪刑相适

---

〔1〕 "刑法拟从六方面进行修改补充高空抛物及公共安全或将入刑"，载中国人大网：http://www.npc.gov.cn/npc/ c30834/202006/217d1dbe19654a92ade3a4affc9fcc1c. shtml，访问日期：2020 年 7 月 3 日。

〔2〕 参见周光权：《刑法总论》（第 3 版），中国人民大学出版社 2016 年版，第 57 页。

应原则的重要性。在司法实践中"决不能为了体现从严从快的打击要求，人为降低犯罪标准、模糊一般违法与刑事犯罪的界限"，[1]作出罪刑失衡的定罪处罚。

罪刑相适应原则的基本要求是对某一犯罪行为的定罪处罚必须与犯罪人的罪行和刑事责任相适应，做到重罪重罚、轻罪轻罚、罚当其罪、罪刑相称。也就是对涉疫情犯罪行为既不轻纵，也不无故重罚，保证从严惩治的"严"处罚与具体犯罪行为的客观危害性、犯罪人的主观恶性或人身危险性相适应。具体操作时，应注意以下两个方面的内容：第一，判处的罪刑与犯罪行为的客观危害性相适应，以妥当地理解某一罪名保护法益为前提，应从行为侵害法益的方式和后果考虑罪行轻重。对没有侵害特定罪名保护法益或者侵害程度较轻微的行为进行定罪处罚或者处以重罪重刑无论如何也做不到罪刑均衡。第二，判处的罪刑与行为人主观恶性或人身危险性相适应，应考虑行为时行为人主观上的故意、过失、目的、动机以及其他能够说明其人身危险性的犯罪情节。[2]

（二）贯彻从严惩治刑事政策中涉罪责刑相适应原则的具体问题

结合《意见》和典型案例的具体内容来看，在处理以下三个问题时要特别注意罪责刑相适应原则的要求。

问题一，如何判断作为"从重情节"的涉疫情情节。《意见》明确指出："对于在疫情防控期间实施有关违法犯罪的，要作为从重情节予以考量，依法体现从严的政策要求。"这样的量刑要求"不注意不同犯罪认定的从严从重把握，无怪乎被某些学者警示为'严打'政策的复活"。[3]犯罪情节是与犯罪行为或犯罪人相关且能够影响定罪量刑的主客观内容，判断某一情节是否属于从重情节不能简单地以与疫情有关为依据，而是应该从涉疫情情节能否加重犯罪行为的客观危害性或犯罪人的主观恶性或者人身危险性予以考虑，如此才能保证处罚结果不会违背罪责刑相适应原则。

在"两高"发布的典型案例中，绝大多数案例所涉疫情情节都有加重犯罪行为的法益侵害性、加深行为人主观恶性或加大其人身危险性的效果。例

---

[1] 黄京平："法治思维：追求刑事政策把握与刑法适用统一融合"，载《检察日报》2020年4月21日。

[2] 参见黎宏：《刑法学总论》（第2版），法律出版社2016年版，第27页。

[3] 姜涛："非常时期涉疫情犯罪教义学的重要问题"，载《法学》2020年第4期。

如在疫情期间诈骗援鄂医护人员财物、不配合检查杀害疫情防控工作人员足以见得行为人的主观恶性极深。对这样的案件依法从重处罚能实现从严惩治刑事政策与罪责刑相适应原则的协调适用。但是，有的案例所涉疫情情节没有影响定罪量刑的因素，司法机关也认定存在从重情节。例如，前文提及的"湖北通城毛某某、胡某某抢劫案"。不区分涉疫情情节的做法反映出司法机关在疫情防控期间为了最大限度地发挥刑法保护法益的机能或是过度重视一般预防的刑罚目的，确实存在重刑化的思想倾向。

问题二，如何处理罪名竞合问题。在我国刑法中，不同罪名之间犯罪构成交叉重合的情况很普遍，行为人实施一个犯罪行为可能同时触犯多种罪名即发生罪名竞合问题，选择何罪予以处罚必须以罪责刑相适应原则为指导，以此才能保证刑法适用的妥当性。根据保护法益是否属于同一类型，罪名竞合可以分为保护法益同一的罪名竞合和保护法益不同的罪名竞合。前者如生产、销售不符合医用标准器材的行为同时符合生产、销售伪劣产品罪与生产、销售不符合医用标准的器材罪，两个罪名都以社会主义市场经济秩序为保护法益。后者如行为人假冒国家工作人员招摇撞骗他人钱财同时触犯招摇撞骗罪和诈骗罪，前罪属于妨害社会管理秩序罪，后罪属于侵犯财产犯罪。理论上一般认为：保护法益同一的罪名竞合属于法条竞合，以"特别法优于普通法"为处理原则；保护法益不同的罪名竞合称为想象竞合，应择一重罪论处。虽然区分罪名竞合类型选择不同处理方法的思路有其合理性，但上述处理方法难以保证所有的处理结果均符合罪责刑相适应原则。

在处理保护法益同一的罪名竞合问题时，从尊重立法所选价值的角度来看，"特别法优于普通法"的做法有其合理性，而且，在通常情况下刑事立法对某一法益侵害行为进行特别规定就是考虑到按照普通规定难以妥当评价该行为，由此得出的结论不会背离罪责刑相适应原则的要求。但是，因为立法疏忽或追求特定的刑事政策目标等原因不能排除适用特殊规定可能会出现严重罪刑失衡的情况。此时，按照"重法优于轻法"的要求择一重罪处理才能实现刑法的公平正义。正是基于这样的考虑，《刑法》第149条专门指出，符合第141条至第148条规定的生产、销售特定伪劣商品的行为，同时又构成第140条规定的生产、销售伪劣产品罪的，依照处罚较重的论处，旨在提醒刑法适用者在处罚发生此类罪名竞合的行为时要注意罪刑均衡的要求。

不同于保护法益同一的罪名竞合中一个行为只发生一个法益侵害后果，

保护法益不同的罪名竞合中实际上存在多个法益侵害后果，择一重罪处理可能会出现没有充分评价行为法益侵害性的问题。例如，上文提到的行为人假冒国家工作人员招摇撞骗他人钱财，若数额特别巨大，按诈骗罪论处法定刑为 10 年以上有期徒刑或者无期徒刑，并处罚金或者没收财产，而按照招摇撞骗罪论处只能判处 3 年以上 10 年以下有期徒刑，择一重罪处罚成立诈骗罪，该行为妨害社会管理秩序的法益侵害性将难以得到相应的刑法评价。理论上，多数观点认为，想象竞合因只有一个行为，所以只能定一罪，虽然行为是刑法评价的对象，但是准确地说刑法只评价侵害法益的行为，当行为人实施的行为侵害数个法益时，刑法原则上应该一一进行评价才能完全实现保护法益的目的，否则就会出现刑法评价不充分，进而轻纵犯罪的情况。还有观点认为，发生想象竞合的行为客观上有多个法益侵害事实，与数罪并罚的情况没有什么不同，只能从主观责任方面考虑作为一罪减轻处罚的依据。[1]即行为人只有实施一个犯罪行为的主观意思，成立两罪进行数罪并罚从责任的角度来看显然过重。但是，发生想象竞合的情况中行为人主观上也可能同时存在侵害多个法益的意思，如上例中行为人主观上就同时存在妨害社会管理秩序和诈骗他人财产的主观故意，此时对于行为人主观方面也没有值得优待的合理根据。

本文认为，想象竞合择一重罪处理虽为司法操作提供了极大的便利，但却难以与罪责刑相适应原则相协调，应根据罪名竞合程度区分情况讨论发生想象竞合行为的刑法评价问题。第一，竞合罪名中一个罪名包括另一罪名的构成要件内容直接按照前罪处罚，前罪的法定刑合理考虑到后罪的违法性。例如，暴力夺取他人财产可以构成抢劫罪和故意伤害罪，刑事立法将暴力手段作为抢劫罪的客观要件，在设置具体罪名的法定刑时已经考虑到手段行为对其他法益的侵害性，成立抢劫罪一罪即能充分评价其违法性。第二，竞合罪名仅有部分构成要件内容重合的，除非刑法有特殊规定（如《刑法》第286 条之一"有前两款行为，同时构成其他犯罪的，依照处罚较重的规定定罪处罚"），否则原则上应数罪并罚。因为发生此类想象竞合的一个行为与侵害相同法益的数个行为在客观的法益侵害性和主观恶性上没有实质区别，仅以方便司法操作还不足以对该类行为按照一罪进行从轻处理，数罪并罚才能

---

〔1〕 ［日］松原芳博:《刑法总论》（第 2 版），日本评论社 2017 年版，第 480 页。

充分评价该类行为的法益侵害性，得出符合罪责刑相适应原则的结论。对一个行为中不同的法益侵害事实进行相应的刑法评价不违反禁止重复评价原则所禁止的对"同一事实的同一不法内涵和罪责内涵的重复考量"。[1]此外，对刑法条文已明确要求择一重罪处罚的想象竞合，还应该从重处罚，即将超出罪名的法益侵害事实作为酌定从重情节予以考虑，通过调整量刑适当缓和以一罪论处不能充分评价该类行为客观危害性的问题。

《意见》和典型案例涉及的犯罪行为都有可能出现一行为触犯多个罪名的情况。其中，针对制假售假犯罪领域最常见的保护法益同一的罪名竞合问题，《刑法》第149条以及"两高"《关于办理生产、销售伪劣商品刑事案件具体应用法律若干问题的解释》都明确规定以择一重罪处罚为原则。典型案例中的"刘某某、王某销售伪劣产品案""北京某大药房有限公司及郑某某销售假冒注册商标的商品案"[2]的裁判都明确指出行为同时构成销售假冒注册商标的商品罪和销售伪劣产品罪，择一重罪处理。关于保护法益不同的罪名竞合问题，理论和实践的主流观点以择一重罪为处理原则，但是正如前文所述，该类行为客观上存在多个法益侵害事实，行为人主观罪过也不限于侵害一个法益，仅以重罪一罪论处有轻纵犯罪之嫌，只有数罪并罚或按照刑法要求择一重罪从重处罚才能保证定罪处罚符合罪责刑相适应原则。

问题三，如何解释外延模糊的构成要件内容。在我国《刑法》中，兜底条款中的"其他"和"情节严重"等罪量因素属于典型的外延模糊的构成要件内容。前者是刑事立法为了弥补列举的疏漏，在某一罪名的构成要件内增加"其他"涵盖立法当时难以预测或者描述的行为方式。例如，《刑法》第225条非法经营罪中"其他严重扰乱市场秩序的非法经营行为"的规定。后者是刑事立法考虑到刑罚的严厉性和刑法的谦抑性，通过在部分犯罪中增加情节或结果等罪量因素以明确犯罪与其他法益侵害较轻微行为的区别。例如，《刑法》第293条寻衅滋事罪规定的"随意殴打他人，情节恶劣的""强拿硬要或者任意损毁、占用公私财物，情节严重的"。如何解释兜底条款的"其他"和"情节严重的"等罪量因素直接影响着相关罪名的适用范围。考虑到

---

〔1〕 聂慧苹："禁止重复评价之刑法展开与贯彻"，载《中国刑事法杂志》2015年第3期。

〔2〕 "人民法院依法惩处妨害疫情防控犯罪典型案例（第二批）"，载最高人民法院官网：http://www.court.gov.cn/zixun-xiangqing-224571.html，访问日期：2020年7月10日。

刑事立法规定兜底条款和罪量因素，为了保证刑法适用范围的妥当性，确定两者的外延离不开罪责刑相适应原则的指导。因为结合特定罪名保护的法益、配置的法定刑解释某一罪名中的"其他"行为、"情节严重"等罪量因素做到罪刑均衡，才能肯定刑法规制结果的合理性。

以下，笔者将对《意见》和典型案例所涉非法经营罪和寻衅滋事罪的解释内容是否符合罪责刑相适应原则展开讨论。

按照《意见》的规定，哄抬物价的行为可以按照《刑法》第 225 条第 4 项的规定成立非法经营罪，[1]在 "上海某工贸有限公司及谢某某非法经营案"[2]、"广东廉江谭某某涉嫌非法经营案"[3]等典型案例中，司法机关均认为行为人在疫情防控期间，违反国家有关市场经营、价格管理等规定，哄抬口罩价格，牟取暴利，扰乱市场秩序，情节严重，构成非法经营罪。但是，非法经营罪并不规制所有的非法经营行为，根据同类解释的方法，从《刑法》第 225 条列明的非法经营行为来看，"非法经营罪中的非法经营行为，并非单纯违反工商行政管理法规的行为，而是违反了国家特许经营的有关规定，未经特许经营业务行政管理机关的批准，擅自经营特许经营业务的经营行为"。[4]即只有扰乱国家特许经营管理秩序或理解为国家特定的市场准入管理秩序的非法经营行为才可能构成非法经营罪。然而，在疫情防控期间哄抬口罩等防疫物资价格的行为虽然扰乱了社会秩序，但是国家对这些经营行为并无特殊的市场准入要求，也就不可能侵害到国家特许经营管理秩序，将这些行为认定为非法经营罪处罚罪不当行，谈何罪刑均衡。司法机关违背非法经营罪的犯罪本质要求解释兜底条款实际上已经是罪刑法定原则不允许的类推解释。

按照 2013 年"两高"《关于办理寻衅滋事刑事案件适用法律若干问题的

---

〔1〕《意见》："（四）依法严惩哄抬物价犯罪。在疫情防控期间，违反国家有关市场经营、价格管理等规定，囤积居奇，哄抬疫情防控急需的口罩、护目镜、防护服、消毒液等防护用品、药品或者其他涉及民生的物品价格，牟取暴利，违法所得额较大或者有其他严重情节，严重扰乱市场秩序的，依照刑法第二百二十五条第四项的规定，以非法经营罪定罪处罚。"

〔2〕"人民法院依法惩处妨害疫情防控犯罪典型案例（第二批）"，载最高人民法院官网：http://www.court.gov.cn/zixun-xiangqing-224571.html，访问日期：2020 年 7 月 10 日。

〔3〕"最高检发布首批十个妨害新冠肺炎疫情防控犯罪典型案例"，载最高人民检察院官网：https://www.spp.gov.cn/ spp/ xwfbh/wsfbt/202002/t20200211_ 454256.shtml#1，访问日期：2020 年 7 月10 日。

〔4〕黎宏：《刑法学总论》（第 2 版），法律出版社 2016 年版，第 200~201 页。

解释》第 2 条的规定，"致一人以上轻伤或者二人以上轻微伤的"即符合寻衅滋事罪"随意殴打他人，情节恶劣的"要求。典型案例如"唐某某寻衅滋事案"中，行为人疫情防控期间在医院随意殴打他人，造成 3 人轻微伤成立寻衅滋事罪。司法解释如此规定"情节恶劣"，主要是考虑到我国行政处罚和刑罚处罚二元模式下，低于此标准的轻微伤害行为进行行政处罚足以实现保护社会管理秩序的目的，根据刑法进行定罪处罚只会造成国家刑罚资源的浪费，也有损刑法适用的权威性。需要注意的是，寻衅滋事行为的罪量因素过于严重，可能同时触犯寻衅滋事罪和其他犯罪，以寻衅滋事罪处罚有可能导致刑罚的不足。例如，行为人随意殴打他人致人重伤构成故意伤害罪最高能判处 10 年有期徒刑，成立寻衅滋事罪最高刑只达到 5 年有期徒刑显然过轻，根据前文所述，此时因侵害到不同类型的法益应该进行数罪并罚才能做到罪刑均衡。此外，寻衅滋事行为同时触犯到妨害公务罪等其他妨害社会管理秩序罪时，应以"重法优于轻法"为处理原则。

四、从严惩治刑事政策与法律面前人人平等原则的协调适用

（一）法律面前人人平等原则对贯彻从严惩治刑事政策的意义与要求

平等是正义的重要内容，是人类的理想，是法治国家的基本目标，没有平等就没有法治，也就难以实现有序的社会状态，保障社会的安定与和平将无从谈起。[1]《宪法》第 5 条第 5 款规定："任何组织或者个人都不得有超越宪法和法律的特权。"第 33 条第 2 款规定："中华人民共和国公民在法律面前一律平等。"《刑法》第 4 条规定的法律面前人人平等原则是宪法平等原则在刑法中的具体体现，刑事司法贯彻从严惩治刑事政策做不到"等者等之，不等者不等之"、得出不公平的结论当然违宪，无正当性可言。

法律面前人人平等原则的基本内涵是："对于任何人犯罪，不论其家庭出身、社会地位、职业性质、财产状况、政治面貌、才能业绩如何，一律平等地适用刑法追究其相应的刑事责任，依法定罪、量刑和行刑，不允许任何人有超越法律的特权。"[2]即要排除与定罪量刑无关因素的干扰，平等地定罪处罚和执行刑罚。现代意义上的法律面前人人平等原则禁止歧视性适用刑法，也

---

〔1〕 参见张明楷：《刑法格言的展开》（第 3 版），北京大学出版社 2013 年，第 69~73 页。

〔2〕 高铭暄、马克昌主编：《刑法学》（第 6 版），北京大学出版社 2014 年版，第 28 页。

要求适用刑法时注意对弱势群体的倾向保护，"以纠正、弥补法律上或事实上的不平等，真正实现实质的平等"，即允许合理的差别对待。判断差别对待是否为平等原则所允许，可以从以下三个方面入手：比较对象保护法益是否具有确定可比性、判断差别对待的目的是否正当、从罪责刑相适应方面考虑差别对待的合理性。[1]

实际上，法律面前人人平等原则与罪刑法定原则和罪责刑相适应原则紧密相关。罪刑法定原则要求按照刑法规定的统一标准进行定罪处罚，为实现法律面前人人平等提供了形式条件；罪责刑相适应原则要求排除其他无关因素的干扰，仅考虑影响定罪量刑的内容得出罪刑均衡的处罚，从实质上保证了法律面前人人平等的实现。换言之，对某一行为进行定罪处罚不符合罪刑法定原则或罪责刑相适应原则也不可能做到法律面前人人平等。例如，前文提及的司法机关将乙类传染病新冠肺炎解释为妨害传染病防治罪的甲类传染病违背罪刑法定原则，从对同样采取甲类传染病预防、控制措施的乙类传染病非典肺炎作出不同解释来看，司法机关如此操作不符合平等原则"等者等之"的要求。同样，将客观危害性和主观恶性相同的一个行为和数个行为进行不同定罪处罚也与法律面前人人平等的要求相背离。但这并不意味着法律面前人人平等原则没有独立存在的意义。平等或不平等是比较的结果，罪刑法定原则和罪责刑相适应原则更关注个案的合法妥当，并没有提供可比较的视角，法律面前人人平等原则的意义体现为追求案件之间的公平正义，尤其是出现差别对待时有必要从平等原则的角度考虑结果的合理性。

（二）贯彻从严惩治刑事政策中涉法律面前人人平等原则的具体问题

从《意见》和典型案例的内容来看，司法机关对涉疫情犯罪行为进行从重处罚体现了从严惩治刑事政策的要求，根据宽严相济的刑事政策对认罪认罚的涉疫情犯罪行为进行从宽处理，都应该注意做到法律面前人人平等。换言之，在进行从重或者从宽的区别对待时必须考虑此差别对待是否为平等原则所容许。正如前文所述，对涉疫情犯罪行为毫无区别地一律从重处罚难以满足罪责刑相适应原则的要求。从另一个角度来说，这一做法也不符合平等原则"不等者不等之"的要求，做不到法律面前人人平等。同样，认罪认罚从宽制度可以适用于所有涉疫情犯罪行为，但不结合具体案件情况只要犯罪

---

[1] 参见于改之、吕小红："刑法解释中平等原则的适用"，载《比较法研究》2017年第5期。

人认罪认罚就从宽处理，也难以做到罚当其罪、罪刑均衡，有可能得出明显违背人民群众公平正义观的结论。[1]结合上文所述，平等进行定罪处罚的核心是排除与定罪量刑无关因素的影响，依法作出与犯罪人所犯罪行和承担的刑事责任相适应的定罪处罚。具体到涉疫情犯罪的处理，只有当涉疫情情节、认罪认罚与行为的客观危害性或行为人的主观恶性、人身危险性相关，根据刑法规定合理考虑这些情节对涉疫情犯罪行为进行有区别的定罪处罚，才为法律面前人人平等原则所容许。

结　语

"刑法基本原则既然是贯穿于全部刑法规范和刑法适用的准则，是刑事法治基本精神的集中体现，它们对刑事立法和刑事司法所具有的巨大指导意义便是不容置疑的。"[2]在防疫期间，确立从严惩治的刑事政策对发挥刑法社会治理功能有其积极意义，但是刑事司法在贯彻从严惩治刑事政策时不能脱离罪刑法定原则、罪责刑相适应原则和法律面前人人平等原则的指导和约束，否则难以保证定罪处罚的合法性和妥当性。《意见》等司法解释和"两高"发布的典型案例为司法机关在处理涉疫情犯罪行为时如何贯彻从严惩治刑事政策提供了具体的指导，但是其中也存在与刑法基本原则不协调的内容，在进行司法操作时不能完全照搬这些内容，否则会得出有违刑法公平正义的处罚结果。这也是在提醒司法机关在今后无论如何根据社会变化调整刑事政策内容，在司法实践中落实刑事政策的过程中都必须重视刑法基本原则的意义和要求，遵循刑法的基本价值，实现立法和司法的良性互动。

---

〔1〕 参见最高人民法院、最高人民检察院、公安部、国家安全部、司法部《关于适用认罪认罚从宽制度的指导意见》。

〔2〕 高铭暄、马克昌主编：《刑法学》（第6版），北京大学出版社2014年版，第25页。

生物安全的刑法保障

姚建龙* 罗建武**

自 2019 年年底以来，生物安全成了社会各界普遍关注的热点议题。习近平总书记在中国共产党中央全面深化改革委员会第十二次会议上强调，要将生物安全纳入国家安全体系，提升国家生物安全治理能力，以维护人民群众生命健康安全与国家长治久安。保障生物安全必须走法治化道路，应当厘清并充分发挥法律体系中不同类别法律的应有作用，尤其是要合理运用刑法的保障作用。就生物安全的刑法保障而言：首先，应当科学、全面地界定刑法保障视域下"生物安全"的内涵；其次，要明晰生物安全法律保障体系中刑法保障功能的定位，并反思生物安全刑法立法的现状；最后，在厘清刑法保障的体系性地位及刑法立法不足的基础上，提出未来我国生物安全刑法保障应当重点完善的方向。本文研究的意义在于理性看待并完善刑法的生物安全保障作用，提升国家总体的安全水平，以法治化、常态化治理实现国家安全利益与人民群众生命健康权益的双重保障。

一、刑法保障视域下之"生物安全"的内涵厘清

对于"生物安全"的概念界定，不仅要追溯、厘清理论渊源，明确核心实质，也要紧扣时代背景，增强前瞻性与发展性，避免封闭性与落后性。就前者而言，就是要全面、深入地辨明"生物安全"在风险社会中的风险实质，从而对其进行风险分级；对后者而言，就是要将"生物安全"上升到国家安全的高度，以有效、全面地统筹生物安全法律保障体系的完善，为生物安全

---

* 上海社科院法学所所长、研究员、博士生导师。

** 武汉大学法学院博士研究生。

刑法保障厘定功能与地位。生物安全概念的合理界定对于生物安全理论研究的深入以及法律保障的完善尤其是刑法保障的展开均具有重要的理论与实践价值。

全国人民代表大会常务委员会于 2019 年 10 月 21 日首次对《生物安全法（草案）》进行审议，2020 年 4 月 30 日公布的《生物安全法（草案二次审议稿）》将"生物安全"定位于国家应对"生物因子及相关因素威胁"的能力，并列举了具体活动的涉及领域，包括疫情防控、生物技术研发、实验室生物管理、人类遗传资源与生物资源管理、防范外来物种入侵与生物多样性保护、应对微生物耐药、防御生物恐怖袭击与生物武器威胁等内容。[1]本文认为，有必要从正面对"生物安全"进行规范视野解构，明确其核心内涵是层级化的风险，进而才是形成体系性的国家应对能力。同时，基于刑法保障国家安全的立场，还应当对生物安全法益进行二元划分，以实现积极刑法预防观与刑法谦抑主义的协调共生，以服务实践。

（一）风险社会理论中的"生物安全"

对于"生物安全"的范畴，既不能单从其字面含义去理解，也不能仅从国家应对能力构建去颠倒界定，而是必须放在风险社会的世界性议题背景下去深入解构，避免生物安全理解的过度抽象化与泛化，以实现生物安全风险应对能力的层级化、体系化完善。

从 20 世纪 90 年代贝克等人提出并发展"风险社会"观点及理论到现在被广泛应用到社会学、法学等学科理论构建与实践之中，尽管对"风险社会"理解的深度与广度不尽相同，但各界似乎都已接受当前社会的变革性转变并试图将其应用到对诸多现象的解释、应对当中。的确如此，当今社会的系统性、复杂性、多变性错纵交织，社会治理的难度剧增，各种显性风险与潜在风险也此起彼伏，我们正面临一个机遇与挑战并存、革新与风险同步的社会。针对生物安全风险，基于其涉及面广、危害性大、应对难度高等特点，我们

---

〔1〕《生物安全法（草案二次审议稿）》第 2 条："本法所称生物安全，是指国家有效应对生物因子及相关因素威胁，在生物领域能够保持稳定健康发展，利益相对处于没有危险和不受威胁的状态，具备保障持续发展和持续安全的能力。从事下列活动，适用本法：（一）防控重大新发突发传染病、动植物疫情；（二）研究、开发、应用生物技术；（三）实验室生物安全管理；（四）人类遗传资源与生物资源安全管理；（五）防范外来物种入侵与保护生物多样性；（六）应对微生物耐药；（七）防范生物恐怖袭击与防御生物武器威胁；（八）其他与生物安全相关的活动。"

必须要对"生物安全"进行深入、全面的解构，以推动生物安全保障体系的层级化发展。

就实然层面而言，生物安全风险是一种人类社会发展与科技研发过程中的技术风险，危害后果具体、可见、严重。发展科技是人类社会的必然选择，由于科学技术具有客观性、不确定性，在被人类利用过程中必然会存在一定的风险，而人为的不当或者不法研发及利用更是加剧了科技风险。这是工业社会被逐步淘汰、风险社会渐渐形成的三大凸显问题之一，即有害技术无处不在。[1]这里所谓的"有害技术"，并非是对科技的彻底否定，而是从风险社会的视角着重强调在科技发展过程中对技术潜在风险的重视与预防。生物技术研发及应用更是存在巨大的、不确定的潜在风险，必须要坚持科学技术伦理。换言之，科技是一把"双刃剑"，必须在有利于人类、防范风险的原则基础之上来开展科学技术研究及应用。

也正因为如此，对于生物安全风险，必须要坚持防患于未然，以治理逻辑加强对生物安全风险的预防和管控。从这个意义上说，生物安全风险又是一种治理风险，这也是作为现代化进程之一的风险社会中各领域所面临的共同问题——对工业化社会已获得的标准进行重新制定。[2]究其原因，在于支配关系的颠倒：由工业社会中的财富生产支配风险生产转变为风险生产支配财富生产。[3]而另一方面，"传统风险管理方式的弊端在于集中关注正常过程而忽视极端情况，以假装控制的方式反而加剧不可控制性。并且，传统风险分析和管理根植于安全研究，重点是对不确定性实施一种能被社会接受且有效的'管理'，必须要转变为关注风险制造因果条件，而不仅仅是对结果的处置"。[4]对中国而言，由于历史上没有现代化的有利商业化背景，尽管经过四十余年的现代化建设，中国的社会发展和经济建设取得了举世瞩目的成就，但也存在着诸多体制性弊端亟待革新。贝克将中国的这种现代化称为"压缩

---

〔1〕参见邓正来："中国法律哲学当下基本使命的前提性分析——作为历史性条件的世界结构"，载《法学研究》2006年第5期。

〔2〕参见［德］乌尔里希·贝克、［英］安东尼·吉登斯、［英］斯科特·拉什：《自反性现代化：现代社会秩序中的政治、传统与美学》，赵文书译，商务印书馆2001年版，第10~11页。

〔3〕参见［德］乌尔里希·贝克：《风险社会：新的现代性之路》，张文杰、何博闻译，译林出版社2018年版，前言第7页。

〔4〕贝克、邓正来、沈国麟："风险社会与中国——与德国社会学家乌尔里希·贝克的对话"，载《社会学研究》2010年第5期。

的现代化"，"既加强了风险的产生，又没有给风险的制度化预期和管理留下时间"。[1]因此，面对风险社会的各种风险（包括生物安全风险），我国必须要加强对风险深层次原因的研究，加强提前预防，将治理端口前移，以强化治理体系和治理能力现代化。

之所以以如此的篇幅探讨风险社会下的生物安全风险，目的不仅在于避免刑法理论研究对于风险社会理论的应用太过宏观、抽象，更重要的意义在于促使反思生物安全风险管理向治理逻辑转换以及刑法介入保障的程度，以体系化、层级化、法治化实现生物安全保障体系的发展。

（二）新国家安全观中的"生物安全"

对于"生物安全"的理解，不仅要进行社会学范式剖析，明确其具体内涵，还应当从国家安全的宏观层面去进一步与中国实际需求相结合，使对"生物安全"的界定既不至于泛化，也能够服务于国家安全保障体系大局。

"国家安全"一词的正式提出可追溯至20世纪80年代末，邓小平在于1989年12月1日会见日本国际贸易促进协会时指出国家安全要始终放在第一位。尽管当时的内涵相对单一，主要是国家主权安全，但从国家最高层面首次、正式使用国家安全一词意义重大。此后，历届党中央及其领导人都高度重视并发展了国家安全理论思想。尤其是十八大以来，习近平总书记也一再强调国家安全的重要性，并且创造性地提出了"总体国家安全观"，其内涵丰富、逻辑严密且不断发展，形成了涉及传统安全与非传统安全、自身安全与共同安全两个维度，将中国发展与人类发展有机统一的新国家安全观。

总体国家安全观作为引领新时代国家安全治理能力的新安全观，其最大的特点就在于体系性、开放性、发展性。在2020年年初指挥抗击新型冠状病毒肺炎（COVID-19，以下简称"新冠肺炎"）疫情的过程中，习近平总书记始终强调要贯彻落实总体国家安全观，并且在中国共产党全面深化改革委员会第十二次会议上明确，要将生物安全纳入国家安全体系，提升国家生物安全治理能力，以维护人民群众生命健康安全与国家长治久安。实际上，从2019年上半年开始的生物安全立法就是在习近平总书记重要指示要求下所开展的生物安全保障法治化发展进程。而本次疫情的发生更加凸显出了生物安

---

〔1〕 贝克、邓正来、沈国麟："风险社会与中国——与德国社会学家乌尔里希·贝克的对话"，载《社会学研究》2010年第5期。

全立法的必要性与紧迫性。在这样的背景下，2020 年 4 月《生物安全法（草案）》已通过二审并于同年 6 月结束意见征求。从全国人民代表大会公布的意见征求情况来看，社会公众关注的焦点在于"生物安全"的概念界定；生物安全管理体制的完善；严格法律责任；处理好与相关法律的关系。[1]

在国家安全体系框架内分析生物安全的地位及其保障价值，对于发展总体国家安全观，保障国家全方位的长久稳定与发展具有重要意义。在此之前，国家安全体系涵盖了 12 种具体与抽象有机统一的安全范畴。其中，政治安全是根本，经济安全是基础。[2]在国家安全体系内，与生物安全相关的是科技安全、生态安全、资源安全。当然，生物安全与后三者存在交叉、重叠关系，定位生物安全的地位不仅要考虑自身的属性，也要在整体国家安全体系内自洽。在传统安全威胁尚不突出的背景下，应当重视非传统安全中更多关乎共同安全的、关乎生命健康的、紧迫性的安全范畴。生物安全作为一种非传统安全，更是一种紧迫性的、关涉生命健康利益的共同安全。进一步而言，生物安全应该是除传统安全中政治安全、国土安全、军事安全以及非传统安全中的经济安全之外，居于文化安全、社会安全、科技安全、网络安全、生态安全、资源安全等重点安全之上的核心安全，从而形成根本安全、基础安全、核心安全、重点安全相结合的"四位一体"国家安全逻辑体系。

生物安全之所以能够居于核心安全的地位，在很大程度上是这次疫情使我们认识到了生物安全的重要性，其影响范围之广、程度之深，能够使社会经济几乎陷于停摆状态。可见，作为风险社会诸多风险之一的生物安全风险，在我国国家安全观体系框架之下更显其重要性、紧迫性。对生物安全进行风险社会视野下的解读对于确定刑法保障的地位具有基础性作用，而进一步在总体国家安全观中加深对于生物安全的体系性定位更加有利于为生物安全刑法保障提供正确指引。进入新时代后，加强生物安全法治保障已经成为新时代贯彻落实总体国家安全观与全面依法治国方略的有力诠释与重要内容。

---

〔1〕 参见"生物安全法草案等公开征求意见情况对外公布"，载法制网：http://www.legaldaily.com.cn/index/content/2020-08/07/content_ 8271687.html，访问日期：2020 年 9 月 17 日。

〔2〕 总体国家安全观对于安全内容的排序是：政治安全、国土安全、军事安全、经济安全、文化安全、社会安全、科技安全、网络安全、生态安全、资源安全、核安全、海外利益安全。本文认为，其中的政治安全、国土安全、军事安全、核安全、海外利益安全应当属于传统安全，而经济安全、文化安全、社会安全、科技安全、网络安全、生态安全、资源安全，以及新近提出的"生物安全"，都应当属于非传统安全的范畴。

（三）生物安全的法益保护"二元论"

在刑法保护客体问题上，刑法学界逐渐倾向于法益理论，因其更加契合实质犯罪概念，而根源在于"刑法并没有保护所有应当保护的社会利益的功能与效力"。[1]换言之，刑法除了保护侵害其直接构成犯罪的重要法益外，只能以保障法的角色出现，以保障其他法律及其所保护的法益。就生物安全的刑法保障而言，不仅需要厘清生物安全的内涵，更加需要警惕刑法介入生物安全法律保护体系时，其保护的刑法法益是什么，并追问有无必要动用刑罚手段。这是构建生物安全刑法保障体系的根基性问题，也是本文的核心问题之所在，是反思当前生物安全刑事立法及其完善的重要前提。

生物安全不仅是一种具体的科技风险，更加是一种治理风险，是具有层级性、复杂性的系统范畴。就前者而言，科技发展包括生物安全都需要法治化保障，但必须要警惕泛化安全保障论，推动科技进步与安全保障的双赢。就后者而言，刑法参与风险治理的手段与程度都应当审慎。但无论如何重视，法益的探寻及其重要性的判断无疑都是刑法保障生物安全的根本进路。需要强调指出的是，尽管法益理论正在我国理论界和实务界盛行，但对于具体何谓法益，我们实际上也不宜再下一个更加具体的定义。法益只是抽象地表示刑罚规范的保护客体或者目的，并不存在一般的本质内涵，需要在使用过程中自由地赋予，是一个开放的、包容的概念。[2]因而，对于生物安全刑法保护的法益确定需要结合具体实践，坚持动态调整、具体认定的思路。

根据《生物安全法（草案二次审议稿）》第2条对"生物安全"的界定，生物安全涉及的具体领域包括：传染病、动植物疫情；研发及应用生物技术；生物实验室安全；人类遗传资源与生物资源安全管理；生物入侵与生物多样性；微生物耐药；生物恐怖袭击与生物武器威胁；等等。概括而言，其涵盖的生物安全范畴是生物致病风险、生物生态侵害风险、生物技术自身风险、生物技术非法利用风险、生物生态风险及生物资源利用管理风险等。进一步可以被分为四大类别：一是正常、合理研发及应用生物技术、利用生物资源过程中的潜在未知风险；二是违反生物安全操作规程或管理规范尚未

---

[1] 李海东：《刑法原理入门（犯罪论基础）》，法律出版社1998年版，第14~15页。

[2] 参见［日］参见伊东研祐：《法益概念史研究》，秦一禾译，中国人民大学出版社2014年版，第9页。

造成严重后果；三是利用生物及生物技术实施违法犯罪所造成的重大生物安全威胁及实害结果；四是拒不履行或拒不配合生物安全管理、防治制度要求的职责或义务而造成的生物安全风险。实际上，我们可以发现，上述四种类型的生物安全风险，除第一种完全属于正常科研活动中的未知科技风险外，其余三种都综合了人为的非正常科技风险和生物安全管理（治理）风险。鉴于此，对于生物安全的法治保障应当坚持前置法保护与刑法保护相结合，附属刑法、单行刑法与刑法典保护相结合的刑法保障体系。

从宏观上来说，就是要做到该前置法保障的，刑法不越界，而该刑法介入的领域和时间，刑法适时、适度犯罪化，即在兼顾刑法谦抑主义和积极刑法预防观下坚持生物安全法益保护的"二元论"——对于风险一般的生物安全坚持前置法"优先、穷尽"原则，对潜在风险巨大的生物安全坚持刑罚威慑论，预防危害巨大的风险转化为现实。针对如何判断生物安全风险程度，可以考虑以下几个方面：对正常、合理的研发及应用风险应当非犯罪化；对违规造成生物安全风险的，应当视其程度基于行业处理或作出违法认定；对利用生物及生物技术实施犯罪活动或其本身属于犯罪范畴的，应当坚决予以刑罚制裁；对违反生物安全管理（治理）职责或义务的，也应当视情况严重性依法认定为相关犯罪。

综前述而言，以风险社会理论和新国家安全观为基础，以法益保护二元论为导向，宜将生物安全界定为人类在利用生物及生物技术过程中的合理潜在风险、违规研发风险、犯罪利用风险及违反生物安全防控责任义务风险等有机涵盖科技风险与治理风险两个面向的安全威胁。需要强调指出的是，就生物安全刑法保障而言，我国必须要重视相关行为的实质可罚性，其内容应当包括无价值判断的犯罪行为本身之当罚性和目的论判断的处罚行为人必要性之要罚性。[1] 即是要避免在立法上、司法上将生物安全作泛化解释而扩张生物安全刑事立法与刑事司法的边界，从而侵犯公民个人权利。

二、刑法内外：生物安全刑法保障的立法变迁

从生物安全的概念界定到坚持生物安全法益保护二元论，其目的在于实

---

[1] 参见［日］松原芳博：《犯罪概念和可罚性：关于客观处罚条件与一身处罚阻却事由》，毛乃纯译，冯军审校，中国人民大学出版社 2020 年版，序言第 2~6 页。

现精细化的生物安全法律保障体系与层级，有利于反思、指导、完善生物安全的刑法立法。对于生物安全刑法保障而言，必须坚持刑法之外由前置法调整并坚持"优先、穷尽"原则，而在刑法之内由刑法保护并坚持"严而不厉"的生物安全刑法保障发展进路。当然，在前置法空白而法益保护紧迫之时，刑法也应当及时介入。鉴于此，必须检视当前我国生物安全刑法立法的现状，以在法益保护二元论的指导下完善我国的生物安全刑法立法保障体系。需要强调指出的是，生物安全刑法立法不仅包括刑法典及单行刑法，还涉及属于附属刑法范畴的行政刑法规范，以及关涉生物安全的刑法前置法等法律规范。

我国刑法立法历经四十多年的发展，形成了包括 1 部刑法典、11 个刑法修正案、1 部单行刑法、13 个立法解释的现行有效刑法规范体系。基于回顾、检视我国生物安全刑法保障的立法发展历程之需要，本文还会涉及 1979 年《刑法》及已经失效的 21 部单行刑法，[1]以立法变迁经验来指导当前及今后生物安全刑法立法的完善与发展。

（一）1979 年《刑法》颁布：单一化阶段

我国 1979 年《刑法》的出台几经曲折，在十一届三中全会精神的指导下，国家对搁置已久的原刑法草案第 33 稿在短短的近 4 个月的时间内进行了 3 次修订并最终审议通过。[2]之所以如此匆忙通过是基于当时结束刑事司法无法可依时代的迫切需要。但不容回避的是，1979 年《刑法》不论是在体系上，还是在条文内容上，从颁布后及现在来看都显得较为粗糙、滞后，缺乏前瞻性，突出表现在罪名体系的不完善上，这一特点当然也体现在与生物安全相关的罪名上。

具体而言，1979 年《刑法》与生物安全相关的条文是：①第二编第二章危害公共安全罪下的第 115 条，其中包括对放射性、毒害性物质的安全管理。这里涉及的应当是生化安全危险。②第二编第六章妨害社会管理秩序罪下的第 178 条，其中对国境卫生检疫作出规定，以防止传染病的传播。从对于生

---

〔1〕 我国刑法立法历史上累计公布过 22 部单行刑法，陈兴良教授在《回顾与展望：中国刑法立法四十年》一文中提出我国有 24 部单行刑法，实际上其中 1981 年 6 月 10 日通过的《关于死刑案件核准问题的决定》和 1983 年 9 月 2 日通过的《关于迅速审判严重危害社会治安的犯罪分子的程序的决定》属于刑事诉讼法规范的内容。故本文依然坚持我国有 22 部单行刑法的观点。

〔2〕 参见高铭暄："20 年来我国刑事立法的回顾与展望"，载《中国法学》1998 年第 6 期。

物安全的极为单一的刑法保障也可以看出，当时的 1979 年《刑法》体系与内容在随后几年无法适用司法实践需要在预料之中。我国在随后的 14 年时间里密集出台了 22 部单行刑法，呈现出时间间隔短、生效时间快的特征。[1]其中，涉及生物安全保障的主要是 1993 年 7 月 2 日起实施的《全国人民代表大会常务委员会关于惩治生产、销售伪劣商品犯罪的决定》。该决定明确将生产、销售不符合卫生标准的食品造成严重食源性疾患纳入刑法规制。

当然，单行刑法中还有包括珍贵、濒危野生动物保护，惩治走私，严惩偷越国边境犯罪等决定，但从当时来看，其立法目的都与生物安全保障无关。因此，本文未将其列入生物安全刑法立法范畴。

（二）1997 年《刑法》颁布：重点化阶段

经过近二十年以单行刑法方式对 1979 年《刑法》进行的完善，在吸收 22 个单行刑法的基础上，全国人民代表大会于 1997 年对 1979 年《刑法》进行了体系性修订，使得我国刑法典的体系结构更加完善、条文内容更加规范明确、对司法的指导作用也更加突出，这些都使得我国刑法立法迈入了一个新的发展时代。

同样，我国的生物安全刑法立法也体现出了重点化完善的特征，具体包括以下几个方面的内容：

第一，在第二编第二章危害公共安全罪中，在保留原有关于放射性、毒害性物质的生产、存储、运输、使用之相关规定（1997 年《刑法》第 136 条）的基础上，增加了对非法携带放射性、毒害性物质的刑法规制（1997 年《刑法》第 130 条）。

第二，在第二编第三章破坏社会主义市场经济秩序罪中，在保留原有生产、销售不符合安全标准的食品引起严重食源性疾病犯罪（1997 年《刑法》第 143 条）的基础上，增加了掺入有毒、有害非食品原料的犯罪行为方式（1997 年《刑法》第 144 条）。

第三，在第二编第六章妨害社会管理秩序罪中新增独立节罪名——危害公共卫生罪。其中，第 330 条规定了违反《传染病防治法》的规定引起甲类传染病传播的犯罪行为；第 331 条规定了从事实验、保藏、携带、运输传染

〔1〕 参见姚建龙、罗建武："我国反黑刑法立法四十年回顾与展望"，载《犯罪研究》2019 年第5 期。

病菌种、毒种的刑法规制；第 332 条在原有 1979 年《刑法》之违反国境卫生检疫的规定的基础上增加了单位犯罪的规定；第 337 条规定了对违反进出境动植物检疫法构成犯罪情形的规定，入罪标准是逃避动植物检疫，引起重大动植物疫情的，同时也增加了单位犯罪的规定。

第四，在第二编第六章妨害社会管理秩序罪中新增独立节罪名——破坏环境资源保护罪。其中，在第 338 条污染环境罪中规定了排放、倾倒或处置含有传染病病原体废物的刑事责任；在第 341 条中增加非法猎捕、杀害、非法收购、运输、出售珍贵、濒危野生动物及其制品的犯罪行为，并且不同于原来将此类罪名置于破坏社会主义市场经济秩序罪的体例安排；第 346 条针对本节所有罪名都增加了单位犯罪，以全面保护野生动植物资源及环境。

第五，在第二编渎职罪一章中新增 3 条涉及生物安全监管职责的渎职犯罪，分别是：第 408 条的环境监管失职罪、第 409 条的传染病防治失职罪、第 413 条的动植物检疫徇私舞弊罪与动植物检疫失职罪。在刑法中专门规定涉及生物安全保障职责的渎职犯罪也应当是 1997 年《刑法》结构与内容科学性、体系性完善的重要体现之一。

以上是对 1997 年《刑法》生物安全刑法保障所作的全面立法梳理，体现了此阶段刑法立法的重点化完善特征，包括五大重点类罪：危害公共安全犯罪、破坏社会主义市场经济秩序犯罪、危害公共卫生犯罪、破坏环境资源保护犯罪及生物安全保障渎职类犯罪。需要说明的是，由于对于生物安全概念的理解不同，对于生物安全罪名体系的归结也会呈现出差异，这也正体现出了厘清"生物安全"法益内涵的重要性。这也是本文开篇首先对"生物安全"从多角度进行概念界定与内涵厘清的原因所在。

（三）刑法修正案时期：精细化阶段

尽管 1997 年《刑法》进行了系统性修订，但基于社会经济迅速发展及司法实践暴露出来的问题，1997 年《刑法》依旧呈现出了修改与完善的必要性。而针对生物安全保障的刑法立法也在一系列刑法修正案中得到了精细化的完善，一共涉及 6 个刑法修正案。

第一，《刑法修正案（三）》（2001 年 12 月通过）在第 114 条、第 115 条的"放射性、毒害性"中增加了传染病病原体。同时，也在第 125 条、第 127 条的"放射性、毒害性"中增加了传染病病原体，丰富了生化类危险危害公共安全的种类。此外，还在第 291 条后增加一条，作为第 291 条之一，以规制投放虚假的爆炸性、毒害性、放射性、传染病病原体等物质，或者编造爆炸威胁、生化威胁、放射威胁等恐怖信息，或者明知是编造的恐怖信息而故意传播扰乱社会秩序的行为。实际上，该条并不是实体意义上的生物安全风险，而是风险治理意义上的生物安全。

第二，《刑法修正案（四）》（2002 年 12 月通过）在第 152 条中增加一款作为第 2 款，将逃避海关监管将境外固体废物、液态废物和气态废物运输进境，情节严重的行为纳入刑法规制范围。这对于防治来自海外的生物安全威胁具有重要作用，生物安全刑法保障理应国内外兼顾，以做到全面保障。

第三，《刑法修正案（七）》（2009 年 2 月通过）对第 337 条第 1 款进行修改，包括：①增加危险犯，即将违反有关动植物防疫、检疫的国家规定有引起重大动植物疫情危险，情节严重的行为纳入刑法规制。②在动植物检疫国家规定之外增加动植物防疫国家规定，丰富了前置法内容。③删除"逃避动植物检疫"的目的规定，以简化条文内容。

第四，《刑法修正案（八）》（2011 年 2 月通过）对第 143 条和第 144 条的罚金方式作出调整，即由原来的按照销售金额进行比例罚金改为笼统的罚金制。其目的在于更好地提升对此类犯罪的惩治力度，而避免了依据销售金额而确定罚金金额的不利之处。同时，还降低了环境污染罪的入罪门槛，即取消"造成重大环境污染事故，致使公私财产遭受重大损失或者人身伤亡的严重后果"的规定，以"严重污染环境"替代。

第五，《刑法修正案（九）》（2015 年 8 月通过）在第 133 条之一中丰富了危险驾驶罪的行为方式，将"违反危险化学品安全管理规定运输危险化学品，危及公共安全"的行为纳入刑法规制。实际上，此处要作扩大解释，在第 136 条"危险物品肇事罪"中，不仅违反规定运输危险化学品会危及公共安全，违反规定运输放射性、毒害性等物品也会危及公共安全。

第六，《刑法修正案（十一）》（2020 年 12 月通过）针对此次疫情第一次专门提出要加强生物安全刑法保障，修改、增加了共 3 个条文：①提高污染环境罪的法定刑为 7 年以上有期徒刑，并规定了 4 种法定情形。②在第 341 条增加一款以规制由食用野生动物带来的巨大生物安全风险。但存在的问题是规定"以食用为目的"则大大缩小了刑法保障的范围，并不利于真正减少甚至杜绝由人类利用（包括食用）野生动物带来的传染病意义上的生物安全风险。③在第 344 条中增加一款以规制引进、释放或丢弃外来物种造成的生物入侵范畴的生物安全风险。

从刑法修正案对生物安全的立法完善过程我们可以发现，进入 21 世纪以后，生物安全刑法立法朝着精细化方向发展，不断弥补漏洞。比如，丰富生物安全危险来源、坚持国内外协同防范、增加危险犯、降低入罪门槛、强化刑罚力度，以及根据疫情常态化防控需要进行针对性立法等。此外，还应当进一步完善刑法之外的生物安全保障前置法，主要体现为要构建法律效力较高的、能够指导、协调多部门发挥联合保障作用的行政法律法规体系。[1]

依然需要强调指出的是，由于"生物安全"的正式提出与重视是在此次疫情当中，并无明确界定，[2]本文对于生物安全刑法立法的变迁梳理及其反思都是在界定"生物安全"概念的基础之上进行的，也只有这样才能够避免生物安全刑法立法反思的全面泛化，也更有利于今后生物安全刑法立法的进一步完善。

三、立法展望：生物安全刑法保障的完善建议

不论是对生物安全的法益保护二元论的阐述，还是对生物安全刑法立法的发展反思，需要紧紧围绕生物安全的概念内涵。同样，对于生物安全刑法立法保障的完善也应当围绕这一全文核心主线。就完善建议而言：一方面是在宏观层面上以生物安全概念为指导，明确生物安全保障的刑法内容体系架构；另一方面则是从具体层面提出罪名体系的完善建议、刑罚制度的完善建议，以及从立法基础层面倡导多元化的生物安全刑法立法修改模式。

（一）明确生物安全的刑法立法理论体系

通过对我国生物安全刑法立法的变迁历程进行梳理，我们可以将其立法特点归纳为契合整体刑法立法发展轨迹的由单一化阶段到重点化阶段再到精细化阶段的发展过程与完善内容。然而，不容忽视的是，我国的生物安全刑法

---

〔1〕 参见柯坚："我国生物安全立法问题探讨"，载《中国环境管理》2000 年第 1 期。

〔2〕 尽管《生物安全法（草案二次审议稿）》第 2 条对"生物安全"进行了明确界定，但本文认为其将"生物安全"界定为一种国家应对威胁的能力是不可取的，不利于从根源上建立、完善生物安全法律保障尤其是刑法保障体系。

立法保障体系仍然存在体系性缺陷：一是存在立法空白，如人类基因编辑、[1] 滥食野生动物等。二是对于罪名的体系定位有待进一步厘清，如将严重危及生命健康、危害公共卫生犯罪置于社会管制秩序罪之下。三是在突出公共卫生安全保障，强化涉生物安全公共安全保障之外，对生物安全风险治理层面的立法不足主要体现为在生物安全前置法不健全的前提下，行刑衔接存在不畅或漏洞。

　　基于以上问题，在提出具体的生物安全刑法保障立法建议之前，我国必须要明确和完善生物安全的刑法立法体系。一方面，依然要重视界定生物安全概念内涵的重要性及其内容；另一方面，也要对比借鉴国外生物安全相关立法的管理模式。就前者而言，笔者梳理了自然科学界对于"生物安全"概念的理解与界定。其中较为全面的观点是："现代生物安全理论以生命科学为核心，涵盖引起生物危害的内部因素（生物危害因子、科技产物）、外部条件（非人为如气候变暖、人为利用）、危害表现形式及发生规律与防控手段等内容。"[2]但此种概念界定涉及的范畴过于广泛，未集中于对生物安全本身的内涵界定，无法促使生物安全法律保障体系（尤其是刑法立法保障体系）走向健全。另外，生物安全刑法立法保障体系的构建是应当以技术为基础还是以风险治理为基础也是一个重要问题。与此相关，国际社会形成了两种立法模式：①以美国、加拿大等国为代表的基于产品的生物安全立法管理模式；②以欧盟等为代表的基于技术的生物安全立法管理模式。[3]对于第一种模式，其弊端较为严重，主要表现为生物安全管理无法治本，无法形成有效的生物安全风险治理。而第二种模式是以技术为防控核心的生物安全管理模式，这实际上也是生物安全最基础层面意义上的生物安全保障。从长远看，这种安

---

　　[1]　南方科技大学原副教授贺某奎在2017年3月至2018年11月期间通过伪造相关文书，招募8对夫妇志愿者（艾滋病病毒抗体男方阳性、女方阴性）参与人类胚胎基因编辑实验，最终有2名志愿者怀孕，其中1名已生下双胞胎女婴。2019年12月30日，深圳市南山区人民法院对此案一审公开宣判，包括贺某奎在内的3名被告人因共同非法实施以生殖为目的的人类胚胎基因编辑和生殖医疗活动，构成非法行医罪，分别被依法追究刑事责任。但笔者认为，贺某奎的行为实质上无法构成非法行医罪，其行为无法满足"为他人治病的"犯罪要件构成，因为贺某奎等人的行为不是针对患病的男性志愿者，而是改变人类胚胎基因，企图使女性志愿者生下"健康婴儿"。因此，刑法立法应当完善相关罪名，以更加合理、明确地规制此类行为，而不能扩大解释为其他罪名。

　　[2]　刘杰等："我国生物安全问题的现状分析及对策"，载《中国科学院院刊》2016年第4期。

　　[3]　于文轩、王灿发："国外生物安全立法及对中国立法的思考"，载《科技与法律》2005年第4期。

全保障模式的治理深度和广度远远不够，在世界风险社会的全球背景下，各国都会面临第二现代性（风险社会）的基本挑战。[1]因此，不仅要强调生物安全风险治理层面的立法保障，还应当正确看待全球都将面临生物安全威胁，此次新冠肺炎疫情的全球爆发就是一个例证。

就构建生物安全的刑法立法保障而言，我国应当结合生物安全的概念界定与二元化的法益保护理念，并吸收生物安全立法四十余年的变迁经验。当然，也应当充分借鉴、衔接正在制定过程中的《生物安全法》，这对于构建一体化的生物安全刑法保障体系、坚持刑法内外相结合的刑法保障理念均具有重要的指导价值。具体来说，生物安全保障的刑法立法体系应当包括以下几个方面的内容：其一，公共卫生安全刑法保障。其中的重点是防范重大突发新发传染病、动植物疫情。其二，生物科技风险刑法保障。其中的重点是规范生物技术的研发及应用、实验室安全等。其三，涉生物安全风险类公共安全刑法保障。对于利用传染病病原体、生化物质进行危及公共安全行为的，也应当以危害公共安全罪的相关罪名及刑罚加以规制。当然，还包括生物恐怖袭击。其四，生物资源及人类遗传资源的刑法保障。对于其中破坏生物资源的犯罪可由现行的破坏环境资源保护罪进行刑法保障，而针对人类遗传资源的刑法立法则是空白，应当是今后生物安全刑法立法的完善重点之一。其五，生物安全管理渎职类犯罪。一般公民的生物安全保障义务应当被规定在对相关行为罪名的规范当中，如妨害公务罪。而国家机关及其工作人员的生物安全保障职责则应当在《刑法》的渎职罪类罪中予以专门明确，除现有的罪名外，还应当继续予以完善。其六，生物安全关联犯罪刑法保障。基于生物安全的复杂性、系统性，加之全球风险化，对于生物安全的刑法保障还应当坚持一体化、国际化视野，加强治理关联犯罪（如走私犯罪、偷越国边境犯罪、涉生物武器犯罪等），这是后疫情时代防控常态化、全球化带给我们的有益启示。

生物安全刑法立法保障体系的构建不仅要借鉴正在制定的《生物安全法》的相关立法体系，更重要的是要坚持技术风险和治理风险的双重保障理念，明确刑法保障的边界，充分发挥前置法的规范作用，在确保生物安全的前提

---

[1] 参见［德］乌尔希里·贝克：《世界风险社会》，吴英姿、孙淑敏译，南京大学出版社2004年版，第3页。

下要基于生物技术等科技手段拓展足够的发展空间。当然，刑法立法体系还涉及刑法规范的类型，包括附属刑法、单行刑法及刑法典。关于这一问题，笔者将在后面的立法模式当中进行详细论述。

（二）优化生物安全罪名体系与刑罚制度

就我国的社会现状及治理需求来看，在短时期内坚持预防刑法立法观，适时、适度犯罪化是必然趋势，但应当明确的是总体上还是应顺应刑法现代化的潮流，在刑法立法上突出表现为"严而不厉"〔1〕的犯罪化进路。不仅如此，刑法立法还应当做到"可进可退"——既可以做到犯罪化，也可以做到在犯罪化一定时期后非犯罪化，这也是兼顾刑法谦抑主义与积极刑法预防观的实现路径。当然，生物安全刑法立法规范体系的具体完善也应当坚持这样的理性思路。

在罪名体系问题上，在生物安全概念界定的基础上，本文梳理出了如下生物安全刑法罪名体系：①第二编第二章危害公共安全罪中的"投放危险物质罪""危险驾驶罪""危险物品肇事罪"。②第二编第三章破坏社会主义市场经济秩序罪中的"生产、销售有毒、有害食品罪"。③第二编第六章妨害社会管理秩序罪第五节危害公共卫生罪中的"妨害传染病防治罪""传染病菌种、毒种扩散罪""妨害国境卫生检疫罪""妨害动植物防疫、检疫罪"；第六节破坏环境资源保护罪中的"污染环境罪""危害珍贵、濒危野生动物罪""非法猎捕、收购、运输、出售陆生野生动物罪"。④第二编第九章渎职罪中的"环境监管失职罪""传染病防治失职罪""动植物检疫徇私舞弊罪""动植物检疫失职罪"。可以发现，当前生物安全刑法罪名存在的问题有：一方面，一些保障领域的罪名不完善；另一方面，一些罪名的体系地位不恰当。

鉴于此，本文提出如下几点具体的完善建议：一是根据全面禁食野生动物的需要，应当删除《刑法》第341条第2款（非法狩猎罪），以避免与《刑法修正案（十一）》增加的禁食用野生动物的规定相冲突。同时，删除草案中"以食用为目的"的规范表述，以弥补以其他目的猎捕、收购、运输、出售野生动物而实际作为食用用途的立法漏洞。二是在分则第二章危害公共安全罪之后增设一章——危害生物安全罪，将现有刑法罪名体系不能恰当归

---

〔1〕　参见储槐植：《刑事一体化》，法律出版社2004年版，第198页。在书中，储槐植教授提出的"严而不厉"理论其具体含义是刑事法网严密、刑事责任严格，但刑罚趋轻且合理。

入的新型危害生物安全的犯罪行为纳入其中，以衔接《生物安全法》中达到犯罪程度的行政违法行为。如非法人类基因编辑行为，严重的生物安全能力建设失职、渎职行为，等等。由此一来，既可以不打乱当前的刑法罪名体系，又能够及时规制新型危害生物安全的犯罪行为。

在刑罚制度体系的完善方面，主要问题在于刑罚轻重结构不合理。如传染病防治失职罪的法定最高刑为3年有期徒刑，而同属于渎职罪类罪名下的"动植物检疫徇私舞弊罪、动植物检疫失职罪"的法定最高刑为10年有期徒刑。再如，《刑法修正案（十一）》针对禁食野生动物设置的刑罚竟与第1款的"危害珍贵、濒危野生动物罪"一致，而后者的法定最高刑为10年以上有期徒刑。显而易见，违反禁食野生动物刑法规范的刑事责任与危害珍贵、濒危野生动物有着巨大差别。因此，在完善生物安全刑罚制度的过程中，我国应当严格遵守"严而不厉"的刑法立法价值导向。此外，还应当考虑充分将罚金刑运用到生物安全刑法保障措施之中，以提高犯罪成本。

（三）提倡多元化生物安全刑法立法模式

在生物安全刑法立法模式上，目前为止主要是刑法典和刑法修正案。至于13个立法解释，对于生物安全尚未涉及。而就其附属刑法而言，"我国已经没有实质意义上的附属刑法"，[1]包括《生物安全法》在法律责任章节中也未设具体的附属刑法条款，而是笼统地规定为"违反本法规定，构成犯罪的，依法追究刑事责任"。由此而言，我国生物安全刑法立法的模式相对单一，且刑法修正案立法修改模式本身也存在着僭越全国人民代表大会立法权的实质性缺陷及刑法条款协调引用困难、修改频率高等形式性缺陷。[2]因此，不管是整体的刑法修订，还是就生物安全刑法立法的完善，都应当丰富刑法修订模式，坚持刑法修正案、单行刑法与附属刑法有机结合、协调统一的多元化理念。

首先，就刑法修正案而言，不宜每一次修订都将所有内容纳入其中，而忽视对刑法典的规范体系是否会产生不利影响，如罪名体系归类不当、刑罚轻重不协调等。相反，可以考虑同时采用刑法修正案和单行刑法的方式。这

---

〔1〕 参见姚建龙主编：《刑法学总论》，北京大学出版社2016年版，第8~9页。

〔2〕 姚建龙、林需需："多样化刑法渊源之再提倡——对以修正案为修改刑法唯一方式的反思"，载《河南警察学院学报》2018年第6期。

不仅有利于刑法规范体系的协调，也有利于理论研究与司法适用的运用。其次，在单行刑法问题上，在遇到社会情况重大变化（如突发新发重大传染病疫情）时，应当出台专门的单行刑法，这样既能够提高司法应对的效率，也能够在今后不适应实际情况之时及时废止，不至于频繁改、废刑法典。最后，由于我国实际上已经不存在附属刑法规范，因此是否应当在行政法律法规中规定附属刑法条款还有待考证。但从理论上而言，在行政法律法规中直接规定相应的附属刑法规范的确可以提高规范的适用效率，并且也不会使得刑法典过于庞杂、体系混乱。至于具体如何规定，有学者提出，"以指引型为主体、修改型为补充、创制型为特别"。[1]但这样是否会使得附属刑法的制定及应用更加无所适用？可见，针对这一问题，还需要学界进一步进行专门、深入的研究。

结 语

不论刑法学界是否承认风险刑法这一概念，经济社会与科学技术的发展及应用都已经将我们带入了一个与众不同、风险纷繁复杂的时代，这已经是一个不争的事实。在这样一个时代，刑法应当如何作为与不为，是一个问题的两面，并不对立，更不冲突。换言之，刑法谦抑主义与积极刑法预防主义既不是各自为政也不是冲突对立。相反，它们是刑法合理发挥其功能与作用的两大调节器。因此，犯罪化与非犯罪化在当代中国都应当被重视。

风险刑法的本质是预防刑法，[2]在预防刑法时代，协调经济社会（包括科技发展与犯罪圈扩大）的问题，最根本的还是应当坚持刑法现代化的价值要求，实现路径还应当更多地借鉴"严而不厉"的刑法立法思路。在生物安全刑法保障问题上，我们首先应当明晰生物安全法益的重要性与复杂性，其次在具体的立法过程中还应当兼顾刑法现代化、一体化发展的内在要求，最后还应当运用立法技术保证刑法立法的科学性、合理性与实践性。只有

---

〔1〕 张勇："生物安全立法中附属刑法规范的反思与重构"，载《社会科学辑刊》2020年第4期。文中作者提出："指引型，是指不单独设置罪状和法定刑，而是采用依照刑法第×条的规定定罪处罚的立法模式；修改型，是指由于刑法典的条文不足以合理规制而对其进行修改和补充，包括构成要件的增删或法定刑幅度的调整以调控入罪范围；创制型，是指刑法典缺乏规定而在附属刑事责任条款中规定独立的罪名、罪状和法定刑，但应当遵守刑法总则的相关规定。"

〔2〕 参见劳东燕："风险社会与变动中的刑法理论"，载《中外法学》2014年第1期。

科学、完备的刑法立法才能够从根本上确保最大程度的正确、高效刑事司法。随着后疫情时代无可避免地到来，生物安全法治化保障已经成为我国国家治理体系与治理能力现代化的重要内容，生物安全刑法保障完善也将是今后刑法学界研究的热点与重点。期待刑法在参与社会治理的过程中发挥更多有益作用！

疫情期间制作并散布虚假封城信息的实然刑法应对

王立志*

一、导入案例及其疑问

2020 年春节，突如其来的新型冠状病毒肺炎疫情（COVID-19，本文以下简称"新冠肺炎"）在武汉爆发，并迅速蔓延至全国。为遏制疫情扩散，武汉官方在 2020 年 1 月 23 日紧急宣告："全市城市公交、地铁、轮渡、长途客运暂停运营；无特殊原因，市民不要离开武汉，机场、火车站离汉通道暂时关闭。"紧随其后，湖北鄂州、仙桃、枝江、潜江、黄冈、赤壁等地市也先后发布了类似的封城公告。然而，正值国难当头，举国上下众志成城、抗击疫情的关键时刻，网络上却突然出现了湖北省外多个城市即将封城的谣言。这些谣言迅即引爆了当地居民的惶恐情绪，对业已凶险严峻的疫情而言更是雪上加霜。对此，案发地公安机关果断采取措施，发布警情通报，还对制作并散布虚假封城信息者依法予以刑事拘留。以下是本文遴选出的一些典型案例：

案例一：2020 年 1 月 26 日，南京警方发布警情通报：孙某出于吸引眼球之目的，制作并在网络上散布"南京自 1 月 27 日 0 时起交通停运、全面封城"的谣言（落款为南京日报记者赵某某）。该谣言被迅速转发扩散，造成恶劣社会影响。26 日当晚，南京警方以寻衅滋事罪对孙某依法刑事拘留。[1]

案例二：2020 年 1 月 27 日，太原警方发布警情通报：田某制作并上网散布所谓的《太原市新型冠状病毒感染的肺炎疫情防控指挥部关于实施交通管制的

＊ 郑州大学法学院教授，博士生导师，法学博士，政治学博士后。

〔1〕 参见"男子编造传播南京封城等谣言，涉嫌寻衅滋事被刑事拘留"，载新浪网：http://jiangsu. sina. com. cn/news/s/2020-01-27/detail-iihnzahk6504739. shtml，访问日期：2020 年 2 月 14 日。

通告》，谎称"太原将于1月26日14时实施交通管制"。该谣言被迅速转发扩散，造成了恶劣的社会影响。太原警方随即以寻衅滋事罪对田某依法刑事拘留。[1]

案例三：2020年2月7日，东莞市政法委会同公、检、法部门联合发布《东莞关于严厉打击处理涉疫违法犯罪行为的通告》，通报了伍某元编造东莞封城谣言的案件。2020年1月26日，伍某元制作并上网散布所谓《东莞市关于实施交通管制的通告》，谎称27日东莞封城，禁止车辆船只进入，市域各县区间通道关闭。该谣言在超过600条微信、微博中扩散，造成了严重的社会混乱。东莞警方随后在湖南省抓获伍某元，并以寻衅滋事罪对其依法刑事拘留。[2]

以上是本文归纳整理的不法分子制作并散布封城谣言之相关刑事案件。封城谣言无疑会加剧民众的恐慌情绪，值得谴责，而公安机关也依法对造谣者采取了刑拘措施。但与此同时，诸多疑问也必须予以澄清。例如，谣言和虚假信息之间有何种内在联系？制作并散布虚假封城信息之行为是否属于宪法中言论自由的保护对象？该行为是否值得刑事处罚？此外，从形式上看，该行为同时涉嫌编造、故意传播虚假恐怖信息罪，编造、故意传播虚假信息罪，以及寻衅滋事罪，究竟按照哪个罪名处理才更加合理？对此，本文亦将不揣冒昧，对上述问题展开条分缕析般的精细解读，并将具体观点逐一胪列如下。

二、封城谣言属于虚假信息，制作散布该虚假信息已超过言论自由之边界

前文三个案例之共性在于：上述封城谣言均系凭空捏造、信口雌黄的虚假信息，且均被迅速扩散并造成了恶劣的社会影响或严重的社会混乱。而三市警方都以编造传播封城谣言（而非虚假信息）为由，对涉案犯罪嫌疑人依法刑事拘留。在此可能产生疑问的是，谣言和虚假信息是否能够完全等同？[3]另外，《宪法》第35条规定了公民的言论自由权，制作并散布虚假封城信息是否

---

〔1〕 参见"太原将实施交通管制防止疫情扩散的造谣者已被刑拘"，载《太原晚报》2020年1月27日。

〔2〕 参见"东莞关于严厉打击处理涉疫违法犯罪行为的通告"，载搜狐网：http://www.sohu.com/a/371311868_482372，访问日期：2020年2月14日。

〔3〕 在此需要特别注意的是，本文之所以强调"虚假信息"和"谣言"之区别，还有一个原因是，按照《刑法》条文及相关司法解释之规定，寻衅滋事罪，编造、故意传播虚假恐怖信息罪，以及编造、故意传播虚假信息罪的罪状中，并无所谓的"谣言"之称谓，而"虚假信息"才是上述罪名的法定术语。

为《宪法》中的言论自由权所保护？倘若如此，《刑法》就更无法对其"痛下重手"了。毕竟，言论自由是公民的一项极其重要的政治性宪法权利。公民有权对公众人物进行议论及批评，也有权以发表言论之方式参与社会事务管理，上述言论自由权利之行使理应受到宪法保护，断无可能构成犯罪。[1]而下文将对这些问题逐一予以回应。

首先，本文三个案例中的封城谣言属于虚假信息。

谣言（rumors），又称流言。自人类文明伊始，谣言之笛便从未停止演奏。美国学者克纳普主张，谣言是一种未经官方证实（without official verification）而散播的主题性论述，其目的则是"取信于人"。[2]美国学者凯瑟琳·弗恩-班克斯指出，谣言是通过口口相传或者电子媒介形式予以传播的资讯。谣言既没有可靠的资讯来源，亦未经事实查验。某种言论，即便定论过早但未经证实，依然有可能属于谣言。[3]法国学者卡普费雷则认为，谣言是产生于社会生活并被广为传播的讯息。这种讯息或者被官方公开否认，或者尚未经过正式的官方证实。谣言具备以下两个特征："谣言是一种讯息"，"谣言是为了使人相信"。[4]按照卡普费雷的观点，所谓官方证实，是指谣言当事人（例如政府、厂商、个人、团体、组织等当事人）的验证，或是由中立客观之第三方来出面核实。[5]

从以上学者的观点中不难看出，谣言并不能完全等同于"谎言（亦即本文中所称的虚假信息）"。谣言的本质特征不在于其"虚假性"，而在于其"不可靠性及未经证实性"。甚至在特殊情况下，谣言还有可能会成为"遥远的预言"。如此说来，谣言和虚假信息虽有天然的内在联系，然而二者却并不能等同视之。但就本文而言，上述三个案例中的所谓"封城谣言"事后都被有关政府部门辟谣为虚假信息，故都属于已经被证明为凭空捏造的谎言，因而三个案例中的"封城谣言"完全可以被视为"虚假封城信息"。

其次，制作并散布虚假封城信息之行为远远超过了言论自由的边界。

---

〔1〕 参见张明楷："言论自由与刑事犯罪"，载《清华法学》2016年第1期。

〔2〕 See R. H. Knapp, "A Psychology of Rumor", *Public Opinion Quarterly*, 1944, p. 8.

〔3〕 参见［美］凯瑟琳·弗恩-班克斯：《危机传播——基于经典案例的观点》（第4版），陈虹等译，复旦大学出版社2013年版，第63~72页。

〔4〕 参见［法］让-诺埃尔·卡普费雷：《谣言》，郑若麟、边芹译，桂冠图书出版公司1992年版，第20页。

〔5〕 参见李欣颖等："网路谣言的跨国传播现象初探"，载《资讯社会研究》2003年第5期。

应当肯定的是，制作并散布信息是公民言论自由的表现方式，也是其参与公共事务管理的重要手段。"聚讼纷争，针锋相对是公共事务辩论的显著特征，往往辩论中还会夹枪带棒，充满对政府及其官员的猛烈抨击。然而，此种辩论也必须是开放式的、不加束缚且充满活力的。"[1]人非圣贤，不可能洞悉一切知识或学问，因而难免会言语有错。对此，开放而民主的现代社会也应当有充足的容错机制。故此，言论自由也就包括了在一定范围之内，说错话而不受追究的权利。即便是表达虚假信息，也未必会被法律所禁止。[2]但同时，每个公民都并不是生活在和其他民众零接触的真空状态中，任何权利的行使都有一定的界限，言论自由亦无可例外。事实上，类似于其他基本宪法权利，言论自由权利之行使有其特定的理论背景及启动条件，不能超出人类可想象之范围，因而其适用可能性也是有一定限制的。[3]《宪法》第 51 条就指出：公民权利之行使，应当以不侵犯国家、集体的利益及其他公民的正当权利为前提。既然如此，公民在网上的行文或发帖中的某些内容包含虚假信息时，其言论自由的合法边界究竟如何确定，也是适法者必须高度关注的重要问题。对此，在不同的场合下应依照一定准则，结合具体个案作出判断。

一般认为，"恶意"和"明显而即刻的危险"是判断传播虚假信息是否超越言论自由边界的主客观方面的两个重要标准。其中，"恶意"是指主观上的判断标准。该标准系放之四海而皆准，几乎可以适用于对任何违法犯罪的裁判。就虚假信息的传播而言，若传播者缺乏主观上的过错（故意或者过失）心理，即便误传了虚假信息，也依然属于言论自由的合理范围。仅以网络诽谤为例，若传播者自认为信息千真万确，实际上却严重失真，但因缺乏主观"恶意"，也难以成立不法诽谤。所谓的"明显而即刻的危险"则肇始于美国联邦最高法院的一系列判决。霍姆斯大法官在 1918 年"申克诉合众国案"（Schenck v. United States）中主张：即便是言论自由最极端的捍卫者，也不会去刻意放任某人在剧院中大声喊叫火灾谣言而造成观众惊慌失措。就涉及言论自

---

[1] New York Time v. Sullivan, 376 U. S. 254 (1964).

[2] 每次被问及真实年龄时，香港歌手谭咏麟总是回复称，只有 25 岁；很多商家也往往会谎称所销售的椰子是市场中最甘甜可口，也是最为价廉物美的。处罚这些虚假信息的编造者，显然会令人感到匪夷所思。

[3] 参见［美］阿兰·艾德斯、克里斯托弗·N. 梅：《美国宪法个人权利案例与解析》，项焱译，商务印书馆 2014 年版，第 365 页。

由类的案件审理而言，其核心问题是需要核实在某特定环境下发表该言论是否能够引起明显而即刻的危险。[1]而在 1920 年的"舍弗诉合众国案"（Schaefer v. United States）中，霍姆斯和美国联邦最高法院的另一位大法官布兰代斯共同指出：如果法院意图对某被告的言论定罪，仅仅因为该言论具备内心恶意还是不够的，还应当证明该言论确有造成现实侵害的明显而即刻的危险。[2]此后，"明显而即刻的危险"之标准，日益为世界各国法学界所普遍接受。现如今，该标准也成了判断具体个案中虚假言论有无超越合法边界的客观标准。

那么，本文列举的三个案例中制作并散布虚假封城信息之行为有无超过言论自由的边界呢？对照上述"恶意"和"明显而即刻的危险"标准，其结论显然也是不言而喻的。一方面，虚假封城信息均是由犯罪嫌疑人自己编造的，并且还分别冠以"新型冠状病毒感染的肺炎疫情防控指挥部"，或"某日报社记者"之名。既然如此，无论具体动机何在，各案件犯罪嫌疑人对自己所制作散布的封城信息的虚假性都必然是明知的，因而其主观恶意也是能够肯定的。另一方面，众所周知的是，在传染病防治的所有措施中，封城属于最高的等级，也几乎是防控疫情的最后手段。除非万不得已，否则政府部门不会擅动封城控疫的念头。[3]因而，封城措施一旦适用便意味着疫情已然到了万分险恶的最后关头。此次新冠肺炎疫情来势汹汹，每日新增病例居高不下，各地民众也莫不是胆战心惊、谈疫色变。此时，制作及散布虚假封城信息不仅会加剧民众的恐慌心理，还会促使其做出大规模出城避难、疯狂抢购等非理性行为，甚至还会在局部地区引发聚众哄抢、聚众冲击国家机关、杀人、放火、强奸、抢劫等严重危害社会行为。就此而言，制作及散布虚假封城信息也能产生客观层面的"明显而即刻的危险"。[4]综上所述，本文列举

---

　　〔1〕　参见龙显雷："谈美国宪政下的言论自由——'明显而即刻的危险'原则的历史分析"，载《法商研究（中南政法学院学报）》1997 年第 2 期。

　　〔2〕　参见荆知仁：《美国宪法与宪政》，三民书局 1984 年版，第 168 页。

　　〔3〕　下文还将结合《传染病防治法》具体法条，说明制作及散布虚假封城信息具备实质的刑事可罚性。

　　〔4〕　2020 年 2 月 14 日，重庆警方发布警情通报：网传"铜梁区太平镇今天发生恶性案件"的视频系谣言。经警方核实，网传视频内容系外省 2 月 5 日发生的一起命案，铜梁区太平镇未发生网传恶性案件。本案中，警方仅仅进行辟谣，而未对视频发布者采取任何措施。该案详情可参见"重庆铜梁区太平凉水发生恶性案件？警方深夜辟谣"，载网易网：http://news.163.com/20/0215/00/F5CRITN600018990.html，访问日期：2020 年 2 月 15 日。在本文看来，该案件中，即便视频发布者有主观"恶意"，但也没有出现客观上的"明显而即刻的危险"。

的三个案例中，犯罪嫌疑人制作及散布虚假封城信息之行为，不仅具备了主观"恶意"，而且也达到了客观上"明显而即刻的危险"的标准。因而，该行为也远远超过了言论自由的合法边界。

三、制作并散布虚假封城信息具有实质的刑事可罚性

疫情期间，制作并散布虚假封城信息尽管已经超过了公民言论自由的合法边界，但这并不意味着其必然应当接受刑法的规制。毕竟，宪法和刑法在制定目的、调控范围以及处罚严厉程度上均大异其趣。宪法不保护的虚假言论并非一定能成立犯罪。既然如此，制作并散布虚假封城信息是否需要刑法规制呢？对此，本文将引入实质的刑事可罚性概念，并将具体观点胪陈如下。

在刑法学上，"可罚性"之含义丰富多彩。首先，"可罚性"是指某行为已经被刑法分则明确列为处罚对象，亦即"形式的刑事可罚性"。其次，"可罚性"还可以体现为该行为确实值得刑事处罚，对此可称为"实质的刑事可罚性"。就二者的关系而言，"实质的刑事可罚性"是"形式的刑事可罚性"的适用基础，也是衡量某危害社会行为是否应当入罪的实质标准。[1] 换言之，完全可以这样认为：实质的刑事可罚性是决定某一行为是否需要刑事追诉的最基本依据，缺乏实质的刑事可罚性的行为根本无须刑法登台亮相。那么，制作并散布虚假封城信息是否具有实质的刑事可罚性呢？对此，本文将作出如下肯定回答。

正如前文所述，封城是疫情防控的最后手段。那么，封城意味着什么？制作并散布虚假封城信息究竟会有什么样的社会危害，值得刑法如此大动干戈？《传染病防治法》第42条规定，疫情期间，县级以上地方人民政府报经上一级人民政府决定可以采用限制或者停止集市等其他人群聚集的活动，停工、停业、停课，封闭可能造成传染病扩散的场所。而《突发公共卫生事件分级标准（试行）》5.4"应急措施"章节则规定，在甲、乙类传染病疫情突发期间，经报请上一级政府同意，县级以上政府可以决定将某一特定地区划为疫区；就甲类传染病而言，报请省一级政府批准后，县级以上政府还可以在其管辖范围内对疫区采取封锁措施。事发地县级以上政府可以在本行政

---

〔1〕 参见冯军："德日刑法中的可罚性理论"，载《法学论坛》2000年第1期。

区域内临时征用房屋、交通工具以及相关设备和设施。[1]从上述法条规范中我们不难看出,封城指令一旦启动,市内道路禁行、出市通道封闭、超市及购物中心停业、工厂停工、学校停课,而房屋及车辆也有可能会被紧急征用。这显然会严重影响民众的生命、自由及财产权利。疫情期间,制作并散布虚假封城信息不仅会动摇人心,妨害疫区民众的正常生产生活,还会对社会公共秩序和经济社会秩序造成极大破坏。事实上,网络散布灾情、疫情信息及其防控措施方面的虚假信息之社会危害性远远超乎人们的想象。对此,仅从2010年山西地震谣言事件之破坏性就可以窥见一斑。2010年2月20日至21日,山西即将发生大地震的谣言在网络上疯狂流传。受其影响,20日凌晨,山西太原、晋中、晋城、长治、阳泉、吕梁等六地区数百万群众紧急上街"躲避地震",山西地震官网一度瘫痪。21日,山西地震局火速发布公告辟谣。[2]事实上,本文列举的三个编造封城谣言案件的客观危害并不亚于2010年山西地震谣言事件,也必然会造成案发地某些"行政村或者社区居民生活秩序严重混乱"。[3]更有甚者,虚假封城信息之扩散还会引发更为严重的群体事件及其他连锁反应。相关部门如果应对迟缓,还会导致大规模社会动乱,乃至爆发民变或者酿成其他不可估量的惨祸。就上述三个案例而言,尽管各地警情通报对案情介绍得非常简单,但从"谣言被迅速扩散,造成恶劣社会影响或社会混乱"的描述,以及三名传谣者被刑拘的事实我们不难判断,三个案件已在当地造成了严重的社会危害。此时,刑罚一旦缺位,案发地就将沦为流氓及骗子的天堂,这种局面显然不符合社会公众的认同,更难为人民所接受。如此说来,制作并散布虚假封城信息之行为完全具备"实质的刑事可罚性",对之应当予以相应的刑法规制。

---

〔1〕 国家卫生健康委员会已经将新冠肺炎纳入了《传染病防治法》乙类传染病,并实行了甲类管理。

〔2〕 参见"多起网络谣言影响大,传山西地震百万人街头避难",载《羊城晚报》2012年4月17日。

〔3〕 《刑法》第291条之一第1款编造、故意传播虚假恐怖信息罪之立案标准系"严重扰乱社会秩序",而"行政村或者社区居民生活秩序严重混乱"则是后文所称的2013年最高人民法院《关于审理编造、故意传播虚假恐怖信息刑事案件适用法律若干问题的解释》所规定的"严重扰乱社会秩序"的具体表现之一。制作并散布虚假封城信息之行为的社会危害如果达到这一标准就足以证明,该行为确实值得给予刑事处罚。这从另外一个侧面也能够说明,本文所强调的制作并散布虚假封城信息具有实质的刑事可罚性的观点还是言之有理、持之有据的。

四、制作并散布虚假封城信息不构成编造、故意传播虚假信息类犯罪

一般认为，在紧急事态中制作散布虚假信息，可能涉嫌编造、故意传播虚假恐怖信息罪，以及编造、故意传播虚假信息罪。但是，基于以下缘由，本文认为，制作、散布封城谣言不构成上述两个犯罪。

（一）虚假封城信息不属于虚假恐怖信息

《刑法》第291条之一第1款设置了编造、故意传播虚假恐怖信息罪。该条款规定："……编造爆炸威胁、生化威胁、放射威胁等恐怖信息，或者明知是编造的恐怖信息而故意传播，严重扰乱社会秩序的，处……"编造、故意传播虚假恐怖信息，制造恐怖气氛，引起民众惊惧，严重扰乱社会秩序，将其入罪有利于维护社会稳定，以及保护人民群众生命、财产安全。因而，《刑法修正案（三）》第8条增设该罪。此后，2013年最高人民法院《关于审理编造、故意传播虚假恐怖信息刑事案件适用法律若干问题的解释》（以下简称2013年《虚假恐怖信息解释》）第2条将"严重扰乱社会秩序"作为该罪的立案标准，而"造成行政村或者社区居民生活秩序严重混乱"则是"严重扰乱社会秩序"的表现形式之一。

诚如前文所称，制作散布虚假封城信息必然会造成案发地某些"行政村或者社区居民生活秩序严重混乱"，且就其特性而言，虚假封城信息一旦扩散，也会导致民众人心惶惶，并因此造成相当严重的恐怖气氛。故此，直观来看，制作并散布虚假封城信息似乎可以构成编造、故意传播虚假恐怖信息罪。但其实不然，《刑法》第291条之一第1款之条文虽使用了"爆炸威胁、生化威胁、放射威胁等恐怖信息"这一开放式表述。然而，一方面，封城系疫情控制措施将虚假疫情控制措施信息等同于虚假恐怖信息，这显然是不可理喻的，也远远超越了恐怖信息应有之文义射程。另一方面，仔细翻阅法条后我们不难发现，2013年《虚假恐怖信息解释》第6条所谓的"虚假恐怖信息"，是指以发生爆炸威胁、生化威胁、放射威胁、劫持航空器威胁、重大灾情疫情等严重威胁公共安全的事件为内容，可能引起社会恐慌或者危及公共安全的虚假信息。[1]由此看来，封城信息也不可能属于恐怖信息。就此而言，

---

[1] 需要特别注意的是，2013年《恐怖信息解释》中的"重大灾情、重大疫情"，后来为《刑法修正案（九）》设置的编造、故意传播虚假信息罪所吸收。

结合恐怖信息之基本文义，从《刑法》具体条文及 2013 年《虚假恐怖信息解释》之相关规定来看，制作并散布虚假封城信息并不构成编造、故意传播虚假恐怖信息罪。

（二）虚假封城信息不属于虚假疫情信息

《刑法》第 291 条之一第 2 款设置了编造、故意传播虚假信息罪。该条款规定："编造虚假的险情、疫情、灾情、警情，在信息网络或者其他媒体上传播，或者明知是上述虚假信息，故意在信息网络或者其他媒体上传播，严重扰乱社会秩序的，处……"由于编造、故意传播虚假恐怖信息罪的适用范围过窄，仅限于编造"虚假恐怖信息"，而无法处置司法实践中日益高发，且严重扰乱社会秩序的编造虚假"险情、疫情、灾情、警情"之行为。故此，《刑法修正案（九）》第 32 条专门增设了编造、故意传播虚假信息罪以弥补上述处罚罅隙。在本次疫情期间，为保障疫情防控工作的顺利开展，最高人民法院、最高人民检察院、公安部、司法部（以下简称"两高两部"）于 2020 年 2 月 6 日颁布了《关于依法惩治妨害新型冠状病毒感染肺炎疫情防控违法犯罪的意见》（以下简称《意见》），其中也要求严惩造谣言犯罪。《意见》第 2 条第（六）项规定："依法严惩造谣传谣犯罪。编造虚假的疫情信息，在互联网络或者其他媒体上传播，或者明知是虚假疫情信息，故意在互联网络或者其他媒体上传播，严重扰乱社会秩序的，依照刑法第二百九十一条之一第二款的规定，以编造、故意传播虚假信息罪定罪处罚。……"

仅从《刑法》第 291 条之一第 2 款之立法规定来看，前文列举的三个案例和编造、故意传播虚假信息罪的罪状似乎丝丝入扣、针线吻合，尤其是封城本身又是和疫情息息相关，因而虚假封城信息好像就应当属于虚假疫情信息。而《意见》第 2 条第（六）项之规定则着重强调在疫情期间更应当严惩编造虚假疫情信息的造谣传谣犯罪。由于前文三个案件都发生在新冠肺炎爆发期间，如此说来，将这三个案件以编造、故意传播虚假信息罪处置仿佛也是理所当然的。但事实并非如此，疫情的基本含义是"疫病的发生和发展情况"，而封城只是应对及防控疫情的重要手段，尽管二者之间会有藕断丝连的内在联系，但其差别也还是非常明显的。事实上，国家卫生健康委员会定期发布的"疫情实时追踪"也只是包括确诊病例、疑似病例、治愈及死亡人数，对于采取何种药物治疗以及疫情防控措施则只字不提。正是基于此，本文也会格外强调"疫情"和作为疫情处置措施的"封城"之间的重大差异。事实上，将二者混为一谈不仅会使得对"疫情"的理解超出其应有之语义，并且还会造成"疫情"的外在边缘漫漶不清。另外，《意见》第2条第（六）项还特别规定：……编造虚假信息，或者明知是编造的虚假信息，在互联网络上传播……造成公共秩序严重混乱的，依照刑法第二百九十三条第一款第四项的规定，以寻衅滋事罪定罪处罚。"这也能够证明，最高司法机关也认为"与新型肺炎有关的虚假信息"并非"虚假疫情"。就此而言，编造、故意传播虚假信息罪能够有效惩处制作并传播虚假疫情信息的犯罪，但对于制作并传播虚假封城信息之犯罪则鞭长莫及。

此外，还存在如下疑问。能否对"疫情"等核心词语做出模糊性理解，从而延展编造、故意传播虚假信息罪的适用范围？对此，有学者曾指出，应通过妥当的刑法解释，合理地将其他相近的虚假信息变通理解为"险情、疫情、灾情、警情"等四种法定信息，从而使得该罪的内涵更具有开放性和灵活性。该学者进而认为，交通事故后编造高额赔偿金的虚假信息应被解释为"险情"善后信息，可被纳入虚假"险情"范畴。[1]对此观点，本文难以认同。上述网络传谣行为并未产生前文所称的"明显且即刻的危险"，而且在实际上，该解释方法已然超越了罪刑法定原则的底线，大有进行不利于被告人的类推解释之嫌。在此，应当特别注意扩大解释和类推解释的区别。通常认为，当某种解释超出词语可能具有的含义，其结论让人事先无法准确预测，令人感觉特别意外，甚至难以信服时，该解释往往就属于类推解释。[2]正如以故意杀人罪处罚滥杀无辜者是理所应当的，但用该罪来处罚制作杀人工具者则会令人莫名惊诧。同理，这种"合理延伸"的解释论固然能使得编造、故意传播虚假信息罪的适用空间无限提升，但也可能会得出某些令人啼笑皆非的无理推论。仅以编造、故意传播虚假信息罪为例，植物疫情可以被"合理延伸"为《传染病防治法》的"疫情"，股灾情况可以被"合理延伸"为"灾情"，失业保险预险情况可以被"合理延伸"为"险情"。更有甚者，男女警察之间的恋情可以被"合理延伸"为"警情"。此外，上述"合理延伸"的解释方法一旦普遍适用，还极易招致张冠李戴、错读误断法律宗旨和意图

---

〔1〕 参见姜瀛："从'网络寻衅滋事罪'到'编造、故意传播虚假信息罪'——适用关系、优化路径与规制场域"，载《法治现代化研究》2019年第2期。

〔2〕 参见张明楷：《刑法学》（第5版），法律出版社2000年版，第62~63页。

的潜在风险，甚至存在着深文周纳、故意篡解法条而出入人罪的可能性。例如，"包二奶"可以被"合理延伸"成"批发形式的卖淫"，情妇也可以被"合理延伸"为"有感情的妇女"。诚如是，则罪刑法定原则的底线也将为之洞穿。因此，适法者一旦逾越法条文应有的语义而随心所欲地解释刑法，必将突破刑法解释的合理边界。这样不仅会增加刑法适用的不确定性，也和罪刑法定原则大相径庭。[1]就此而言，上述解释方法及其推论是本文无论如何也无法接受的。

五、制作并散布虚假封城信息按照寻衅滋事罪处理更为适宜

寻衅滋事罪是 1997 年《刑法》中一个声名狼藉的罪名，令人闻之色变，也深为法学界所唾骂。但尽管如此，仅就上述三个案件而言，在业已否定编造、故意传播虚假恐怖信息罪，以及编造、故意传播虚假信息罪之适用后，本文还是坚持认为按照 1997 年《刑法》第 293 条及相关司法解释之规定，应当将这三个案例认定为寻衅滋事罪，尤其是在新型冠状病毒肺炎疫情防控期间，这种认定更具妥当性。

《刑法》第 293 条第 1 款第（四）项将"在公共场所起哄闹事，造成公共场所秩序严重混乱的"列为寻衅滋事罪的罪状之一。2013 年，最高人民法院、最高人民检察院颁布的《关于办理利用信息网络实施诽谤等刑事案件适用法律若干问题的解释》第 5 条第 2 款规定："编造虚假信息，或者明知是编造的虚假信息，在信息网络上散布，或者组织、指使人员在信息网络上散布，起哄闹事，造成公共秩序严重混乱的，依照刑法第二百九十三条第一款第（四）项的规定，以寻衅滋事罪定罪处罚。"为严惩本次疫情中的谣言犯罪，"两高两部"在前文所提及的《意见》第 2 条第（六）项中也将编造与新型肺炎有关的虚假信息之行为认定为寻衅滋事罪。由此可知，从 1997 年《刑法》具体条文及上述司法解释之相关规定来看，南京、太原及东莞警方适用寻衅滋事罪来处理前文列举的三个编造封城谣言之案件，还是有着极其充分的实定法依据的。

在此仍需特别注意的是，尽管本文主张将制作并散布虚假封城信息认定

---

〔1〕 参见高翼飞、高爽："立场选择与方法运用：刑法解释的'道'和'器'——以刑法修正案相关罪名为例展开"，载《中国刑事法杂志》2012 年第 10 期。

为寻衅滋事罪，但这并不意味着对寻衅滋事罪与生俱来的弊病就可以视而不见。张明楷教授就曾指出，寻衅滋事罪造成的公共场所秩序严重混乱应当是物理秩序的混乱。公共场所是指公众身体（而非言论）可以随意进出的区域，而具有虚拟色彩的网络空间并非公共场所。[1]另外，寻衅滋事罪"口袋罪"的特征，极易为司法专横提供便利，并因此而惨遭世人诟病。所以，在具体个案中如果能用其他罪名解决问题，则尽量不要适用寻衅滋事罪。但不可否认的是，该罪非常适用于处置类似于"封城谣言"等虽在1997年《刑法》中没有明确规定，但已具有实质刑事可罚性的恶意传谣犯罪。并且，尤其重要的是，这种适用还有《刑法》具体条文以及相关司法解释提供合法性支撑，因而也不会违背罪刑法定原则。此外，正如前文所述，编造、故意传播虚假恐怖信息罪，以及编造、故意传播虚假信息罪都有其不可回避的效用短板。若完全封杀寻衅滋事罪在治理谣言犯罪中的适用，则将意味着在重大灾难期间，诸如造谣救灾军警将会无偿征收居民车辆及房屋，或者散布某行政村将会被临时作为泄洪区分流洪水的谣言，或者编造战争即将爆发的虚假军情等传谣行为无法得到有效的刑法惩罚。显而易见的是，上述传谣行为的社会危害性相较于编造虚假恐怖信息，或者虚假险情、疫情、灾情、警情等谣言犯罪而言，可谓是有过之而无不及，对此不施加刑事惩罚措施，将会严重损害民众安全感及刑法应有的权威与尊严。

面对这种局面，无论是单纯地批评现有刑事立法还是主张尽快修改立法均非明智之举。一方面，前者未必公允。或许有人称增设编造、故意传播虚假信息罪时，应当在"险情、疫情、灾情、警情"之后写上"及其防控信息"，这样就不至于无法处罚制作并散布虚假封城信息等造谣行为。但是，并非所有的疫情防控信息都和封城信息那样影响巨大。例如，造谣称政府限价销售的 N95 口罩每只将涨价 1 元，固然也是散布虚假疫情防控信息，但是刑法显然不会为此大动干戈。同时，不切实际地批评现有刑事立法还有些吹毛求疵，毕竟立法有其时代局限性和滞后性。事实上，人类社会生活是在无时无刻的运动发展中的，立法者对于变动不居的法律关系及纷繁复杂的新动态、

---

〔1〕 参见张明楷："言论自由与刑事犯罪"，载《清华法学》2016年第1期。

新情况也难以精准预测。[1]故而，立法者也无法做到全知全能，在立法时洞悉察觉现有的一切问题，其也不可能将未发生或者难以想到的事项列入立法议程。"谁在起草法律时就能够避免与某个无法估计的、已生效的法规相抵触？谁又可能完全预见全部的构成事实，它们藏身于无尽多变的生活海洋中，何曾有一次被全部冲上沙滩？"[2]另外，刑法典应当是刑法人心中的"圣经"，而只有一板一眼、咬文嚼字地对刑法条文进行精细研磨和通透理解，才能更好地适用刑法。[3]因此，不能一味地抱怨，而是应立足现有的法律资源，用足、用好已有的法条规范去处理司法实践中的具体问题，这才是优秀的适法者应尽之职责。另一方面，将迫在眉睫的问题交给立法者事后处理，既不现实也难以满足司法实践的急迫需要。毕竟，当兔子出现在田地里时，谁也不会放下身边的弓箭，而返家去取更为精准的猎枪。同理，在疫情防控期间对传谣犯罪的遏制刻不容缓，国家所需要的是及时而有效地严惩封城谣言的"司法产品"，而不是在今后的一段时间内应当如何不紧不慢地修改现有立法。[4]另外，衡量传谣犯罪的实然应对之策，不仅要看某一法条或司法解释在解决具体实践问题时的妥当性，还应看适法者对其接受程度如何。同样，一些法官或检察官在面对非法经营罪时也会无所适从，主要是因为《刑法》第225条第（四）项中的"其他严重扰乱市场秩序的非法经营行为"难以界定。然而，两高一旦针对特种经营行为颁布了具体司法解释，法官或检察官在适用非法经营罪之罪名时便绝对不会有任何犹豫。

正基于此，本文依然坚持认为，在寻衅滋事罪之适用已经有充足的《刑法》法条依据以及相关司法解释的强力支持下，以及适法者对《刑法》具体法条及相关司法解释极其信赖的情况下，不要因为寻衅滋事罪存在某些缺陷就在亟须严惩封城传谣犯罪的关键时刻将其束之高阁。总体而言，疫情防控期间必须严惩封城谣言，这是国家及民众对刑法现实而紧迫的需要，也只能

---

〔1〕 参见［法］亨利·莱维·布律尔：《法律社会学》，许钧译，上海人民出版社1987年版，第63页。

〔2〕 ［德］拉德布鲁赫：《法学导论》，米健、朱林译，中国大百科全书出版社1997年版，第106页。

〔3〕 参见冯军：《刑法问题的规范理解》，北京大学出版社2009年版，前言。

〔4〕 这应当是诸如高校法学院刑法教授等学术研究者，而非一线基层司法工作人员所应当考虑的问题。

依靠实然的法条规范（亦即《刑法》第 293 条寻衅滋事罪）来满足。而针对现有的立法缺陷，则可以交由应然的，也是亡羊补牢式的立法后续修订来从容处理。这是处置制作并散布虚假封城信息之犯罪最为妥帖、适宜的应对之策。[1]

（原文载于《法律适用》2020 年第 4 期）

---

　　[1]　在本文看来，如果能够科学地修订《刑法》第 291 条之一第 2 款中的编造、故意传播虚假信息罪，将诸如制作并传播封城谣言等行为与编造、扩散虚假"险情、疫情、灾情、警情"等有同样社会危害的传谣犯罪一网打尽的话，就可以彻底排除封城谣言案件中寻衅滋事罪的适用。

我国野生动物刑法保护规定的不足及其完善

周铭川*

近年来，随着生态文明建设的大力推进，维护生物多样性和生态平衡成为全民共识，野生动物的法律保护也得到了前所未有的重视。由于2019年年底爆发的新型冠状病情肺炎疫情被认为与食用野生动物有关，禁食野生动物也逐渐成为全民共识。为此，全国人民代表大会常务委员会于2020年2月及时出台《关于全面禁止非法野生动物交易、革除滥食野生动物陋习、切实保障人民群众生命健康安全的决定》（本文以下简称《决定》），全面禁止猎捕、食用野生动物，把野生动物保护提高到了全新高度。然而，就刑法保护而言，相关规定仍然存在立法滞后、罪刑设置不合理、违背刑法基本理论等问题，应当尽快予以修改完善。

一、司法解释的相关规定不符合刑法基本理论

最高人民法院于2000年11月颁布的《关于审理破坏野生动物资源刑事案件具体应用法律若干问题的解释》，对我国野生动物刑法保护起到重要作用。然而，其第2条的规定明显不符合刑法基本理论，应予修改完善。

该第2条规定，《刑法》第341条第1款规定的"收购"包括以营利、自用等为目的的购买行为。其中，"自用"包括自己食用、收藏、饲养等，[1]"等"可以解释为包括"他用"。但这根本没必要规定，因为"收购"当然可

＊ 上海交通大学法学院副教授。

〔1〕 2014年全国人民代表大会常务委员会《关于〈中华人民共和国刑法〉第三百四十一条、第三百一十二条的解释》规定："知道或者应当知道是国家重点保护的珍贵、濒危野生动物及其制品，为食用或者其他目的而非法购买的，属于刑法第三百四十一条第一款规定的非法收购国家重点保护的珍贵、濒危野生动物及其制品的行为。"

以是出于各种目的，刑法本身并未限制必须出于何种目的，只要是购买了，就属于收购。[1]况且，以营利为目的的收购，本身只是"出售"的预备行为，是为了出售牟利而收购，正如贩卖毒品罪中的"收购"是"贩卖"的预备行为一样，[2]将这种预备行为与为了自用或他用而收购的实行行为相提并论，是将预备行为与实行行为混为一谈。换言之，作为一种与"运输、出售"并列规定的实行行为的"收购"，仅指为了自用或他用等目的而收购，是作为消费最终端的收购，不应包括以营利为目的的收购，否则便是将刑法条文中的"收购"解释为包括"出售"的预备行为，这显然不妥。

该第2条还规定，"运输"，包括采用携带、邮寄、利用他人、使用交通工具等方法进行运送的行为。其中，携带是指自己随身携带；邮寄是指利用不知情的邮局寄送。由于现在私营快递相当发达，其业务量远远超过邮局邮寄，这里的"邮寄"应当扩大解释为包括快递在内。由于都是对刑法条文中的"运输"进行解释，因此将"邮寄"扩大解释为包括"邮寄"和"快递"不属于类推解释。例如，在"靳某非法运输、出售珍贵、濒危野生动物制品案"中，被告人使用"顺丰快递"将象牙制品寄送给购买者，被法院认定为"运输、出售"。[3]自己使用交通工具进行运送是一种常见的运输方式，问题不大。

将"利用他人运送"规定为"运输"的一种方式明显不妥。因为，所谓利用他人运送，是指收购者或出售者教唆、雇佣他人帮其运送。显然，对教唆者应当按"收购"或"出售"定罪，不能按"运输"定罪。将"运输"解释为包括利用他人运送，是将一部分"出售"与"收购"解释为"运输"，违背了《刑法》并列规定"收购、运输、出售"的本意。换言之，当《刑法》将"运输、收购、出售"规定为三种并列的实行行为时，所谓"运输"是指作为实行行为的运输，仅指自己亲自实施运送行为，不包括教

---

〔1〕 2018年《野生动物保护法》第15条第3款规定："禁止以野生动物收容救护为名买卖野生动物及其制品。"这表明，即使是为了收容救护而购买，也属于违法行为。不过，如果是为了收容救护（比如放生）而购买，并且客观上不会导致野生动物死亡，应当能阻却违法性，不构成犯罪。因为这种行为客观上不会导致野生动物死亡，不会破坏野生动物资源，主观上行为人的动机是良善的，值得赞赏和鼓励。

〔2〕 参见李立众："贩卖毒品罪中'买入毒品即既遂说'之反思"，载《华东政法大学学报》2020年第1期。

〔3〕 参见北京市第二中级人民法院［2014］二中刑终字第799号刑事裁定书。

唆他人运输或者为他人运输提供帮助，运输者是帮助收购者或出售者运送的人。虽然收购者、出售者可能教唆其他人帮其运送物品，但只应当以"收购"或"出售"之实行行为定罪，而不应当同时根据教唆来定"运输"，只有对亲自运送才能定"运输"。如果是收购者或出售者本人运输，则也应当仅定"收购"或"出售"而不能定"运输"。因为，除了送货上门等少数情形之外，运输是收购与出售所必然伴随的行为，应当与收购或出售包括地评价为一罪。否则，几乎所有的收购和出售都会被认定为"收购、运输"或"运输、出售"，这是毫无必要的。如果是收购者或出售者利用不知情的其他人运送，则属于利用他人运送的间接正犯，这与知情的他人能够单独构成"运输"有所不同。

在"尹某运输珍贵、濒危野生动物案"中，被告人尹某收藏动物标本，于2013年5月份指使被告人杨某从卢氏县县医院家属楼冯某（制作标本者、加工者）住处拿走一只老鹰标本，送至卢氏县滨河路公园附近交给呼某，再由呼某将老鹰标本送至位于郑州市中原区的尹某家中。经鉴定，涉案老鹰为国家二级重点保护野生动物。法院认为，被告人尹某指使杨某、呼某为其运输珍贵、濒危野生动物制品，该利用他人运送的行为属于《刑法》规定的"运输"，判决三人构成非法运输珍贵、濒危野生动物制品罪。[1]从案情来看，该案应当是尹某猎捕、杀害或者向他人收购之后，让人送至冯某住处制作成标本，再让杨某、呼某帮他拿回家，但由于司法机关没有查明冯某是否系猎捕者、杀害者或收购者，因此只好对尹某以"利用他人运送"的"运输"定罪。在"邹某运输珍贵、濒危野生动物及其制品案"中，被告人邹某将一包红珊瑚放入其儿子携带的手提包内，告知其儿子包内有给其孙子的物品，后其儿子在乘火车前往福州时被公安人员查获。经鉴定，查获的物品为红珊瑚原枝及其制品，总重为318.8克，核定价值人民币12.752万元。法院认为，邹某利用他人运送国家一级保护水生野生动物红珊瑚及其制品，其行为已构成非法运输珍贵、濒危野生动物、珍贵、濒危野生动物制品罪；虽然邹某并未亲自实施运输行为，但其通过他人运输，是利用他人之手实现自己的犯罪目的，这种行为与其亲自动手实施运输行为没有任何差别。[2]本案中，

---

〔1〕 参见郑州市中级人民法院［2016］豫01刑终266号刑事裁定书。
〔2〕 参见宁德市中级人民法院［2019］闽09刑终387号刑事裁定书。

司法机关同样未查明被告人是否系野生动物的猎捕者、杀害者、收购者，因此只好对被告人以"运输"定罪，但法院的裁判理由却很牵强，若按法院的逻辑，任何雇凶杀人者都是利用他人之手实现自己的犯罪目的，其教唆行为都与他亲自动手杀人的实行行为没有任何差别，这显然是在有意混淆教唆行为与实行行为的概念。实际上，在本案中，邹某不过是想将红珊瑚及其制品送给其孙子当礼物，根本没有想到所谓"运输"，让其儿子将礼物带给其孙子在日常生活中是很自然的事情，根本没有人会想到这也是"运输"。

该第 2 条还规定，"出售"，包括出卖和以营利为目的的加工利用行为。该规定同样存在预备行为与实行行为概念混淆的问题。什么叫"以营利为目的的加工利用"？这不太容易解释清楚，可以设想以下几种情形：

第一种情形是，行为人接受准备出售者的委托或雇用，帮助其加工，赚取加工费或工资奖金。虽然这种加工行为不是出售行为，但却有助于准备出售者出售，是他人出售的预备行为，属于他人出售的帮助犯。在"仲某非法出售珍贵、濒危野生动物制品案"中，被告人杨某多次收购象牙制品，先后雇用被告人仲某等三人在某平房内为其加工、制作象牙饰品，雇用崔某帮杨某在住所和加工工作室之间运送象牙制品，并由杨某自己通过手机微信等形式发布象牙制品图片、联系买家进行销售。法院认为，被告人仲某明知杨某出售象牙制品，仍受雇于杨某为其加工象牙制品，属于"以营利为目的的加工利用"的"出售"行为，构成非法出售珍贵、濒危野生动物制品罪。[1]本案中，虽然所定罪名是正确的，对出售的帮助犯当然可以定"出售"，但其解释理由却很牵强。因为仲某只是受杨某雇用为其加工象牙制品，赚取一定收入，而没有自己对外销售象牙制品，所赚取的只是加工费或劳务费，不是销售象牙制品所得利润，并且只实施了帮助杨某"加工"的行为而不存在"利用"行为，不应当认定为以营利为目的的加工利用行为。

第二种情形是，行为人接受收购者的委托或雇用，帮助收购者加工自用，赚取加工费或工资奖金。例如，某国家二级厨师受某富豪雇用专门为其烹饪珍贵、濒危野生动物。这种情形明显不是"出售"，虽然加工行为有助于收购者收藏、食用等，但加工本身既不是收购也不会有助于收购者收购，当然更不

---

〔1〕 参见唐山市路南区人民法院［2016］冀 0202 刑初 36 号刑事判决书。

会变成出售。不过，帮助购买者加工，既可能属于不可罚的事后帮助行为[1]（比如，帮助象牙购买者将象牙雕刻成象牙装饰品，人们仍能一眼看出是象牙做的），也可能属于掩饰、隐瞒犯罪所得的行为[2]（比如，帮助犀牛皮购买者将犀牛皮制成皮带，导致外人很难看出皮带是犀牛皮做的；小餐馆帮助珍贵、濒危动物购买者将珍禽异兽烹调成山珍海味，导致外人难以看出是珍禽异兽）。虽然这种情形严格说来也不属于"以营利为目的的加工利用"，但由于行为人收取了加工费，因此容易被法院认定为具有营利目的。

第三种情形是，收购者在收购之后自己加工但既不出售也不用于其他牟利行为，而是用于欣赏、收藏或食用，这种加工属于收购行为的事后不可罚行为，以"收购"定罪即可，不能将这种加工解释为"出售"，进而与"收购"一起作为选择性罪名中的独立行为，否则就是将"收购"一种行为认定为"收购、出售"两种行为。当然，该种情形不属于"以营利为目的"的情形。

第四种情形是，准备出售者收购之后自己加工，之后整体出售或分开出售。这种加工处于收购与出售过程之间，是出售的预备行为，在实施了实行行为的犯罪中，预备行为要被吸收而不具有独立意义，不能将其解释为一种独立的出售行为。例如，酒店收购珍贵、濒危野生动物之后，将之烹调成山珍海味供客人食用；象牙贩子收购象牙之后，自己加工成精美的象牙工艺品出售。对行为人根据其收购行为、出售行为以"收购、出售"定罪即可，加工行为不具有独立意义。

第五种情形是，准备出售者在收购之后自己加工，之后用于展览、出租以牟利。这种加工也不具有独立意义，而是展览、出租牟利的预备行为，与其将加工解释为出售，不如将展览、出租解释为出售，加工本身不会带来收益，只有展览、出租才会带来收益。由于展览、出租是将野生动物制品通过

---

[1] 所谓事后帮助，是指在正犯的实行行为终了之后为正犯提供的帮助，这种帮助不属于帮助犯中的帮助，但可能由于为正犯掩饰、隐瞒犯罪所得、为正犯毁灭证据、窝藏或包庇正犯而构成其他犯罪。参见陈子平：《刑法总论》（2008 年增修版），中国人民大学出版社 2009 年版，第 205 页；［日］大塚仁：《刑法概说（总论）》（第 3 版），冯军译，中国人民大学出版社 2009 年版，第 317 页。

[2] 参见最高人民法院 2021 年《关于审理掩饰、隐瞒犯罪所得、犯罪所得收益刑事案件适用法律若干问题的解释》第 10 条第 2 款，最高人民法院、最高人民检察院 2015 年《关于办理妨害文物管理等刑事案件适用法律若干问题的解释》第 9 条第 1 款，最高人民法院、最高人民检察院、公安部 2018 年《关于办理盗窃油气、破坏油气设备等刑事案件适用法律若干问题的意见》第 5 条。

供人欣赏等方式以获得收益的过程，在实质上属于商业利润变现的"出售"。正如医院将医疗器械或一次性医用卫生材料用于病人属于"销售"一样。[1]所以，将"出售"解释为包括"展览、出租"是合理的扩大解释。

在以上五种情形中，除了帮助收购者加工自用的第二种情形属于不可罚的事后帮助行为或者掩饰、隐瞒犯罪所得行为，以及收购者自己加工自用的第三种情形属于"收购"的事后不可罚行为之外，其他三种情形中的加工都属于后续出售的预备行为，不能与作为实行行为的"出售"相提并论，不能将加工解释为"出售"的一种方式，否则就是预备行为与实行行为不分，并且会导致对预备行为与实行行为适用同一法定刑从而违背罪责刑相适应原则。虽然立法机关有权在刑法及刑法修正案中规定预备行为正犯化或帮助行为正犯化罪名，但是司法机关却无此种权限，无权将预备行为（尤其是预备阶段的帮助行为）解释为独立的正犯行为。如果说加工也是一种能获得利益的出售，则加工者所出售的是劳动力和加工技术，而不是珍贵、濒危野生动物及其制品，不能将两者混为一谈。

实际上，即使不规定"加工"，也不影响对加工者定罪量刑，因为准备出售者自己加工或者他人帮助准备出售者加工是出售行为的预备行为，加工者同时是出售者或者是出售者的共犯，对加工者以出售或出售的共犯论处即可。至于为收购者自用而加工，则属于不可罚的事后帮助行为或者掩饰、隐瞒犯罪所得行为，而收购者自己加工自己使用则不构成犯罪。

另外，从文义上来看，"以营利为目的的加工利用"中的"加工利用"，是指加工和利用、先加工后利用，加工和利用都是客观行为要素，不是指为了利用而加工，否则将与"以营利为目的"相冲突，不能在同一条文中同时规定"以营利为目的""以利用为目的"两种目的。因此，不能将"利用"理解为一种主观目的要素，不能认为只要行为人主观上具有利用目的即可。据此，所谓"以营利为目的的加工利用"，是指为了营利而加工利用，即先加工后利用以牟利。但是，若如此解释，则难以将以上所述各种情形包括在内，因为行为人只是接受收购者或准备出售者的委托或雇用为其"加工"，赚取加

---

[1] 参见最高人民法院、最高人民检察院 2001 年《关于办理生产、销售伪劣商品刑事案件具体应用法律若干问题的解释》第 6 条第 4 款，最高人民法院、最高人民检察院 2003 年《关于办理妨害预防、控制突发传染病疫情等灾害的刑事案件具体应用法律若干问题的解释》第 3 条第 2 款，最高人民检察院、公安部 2008 年《关于公安机关管辖的刑事案件立案追诉标准的规定（一）》第 21 条第 2 款。

工费或工资奖金，并未实施"利用"行为，即使能认定为"以营利为目的的加工"，也难以认定为"以营利为目的的利用"，更别说同时成立"以营利为目的的加工、利用"了。特别是在帮收购者加工自用的第二种情形中，收购者只是自己收藏、食用而未用于出售，对加工者不能以收购者的共犯论处，除了构成掩饰、隐瞒犯罪所得罪的情形之外，加工行为属于收购行为的不可罚的事后帮助行为，将这种加工解释为"出售"明显不符合刑法理论。而受委托或雇用为收购者或准备出售者加工以赚取加工费或工资奖金，是司法实践中很常见的"加工"情形，尽管"加工"不属于"利用"，但不予定罪明显不符合实际。例如，在"黄某一等人走私珍贵动物制品案"中，法院认为，黄某二受黄某一委托对黄某一等人走私进口的象牙进行加工，并收取了部分定金，其行为"属于以营利为目的的加工利用行为"，构成非法出售珍贵、濒危野生动物制品罪。[1]又如，在"张某收购、出售珍贵、濒危野生动物案"中，张某既非法收购象牙雇请工人加工以出售牟利，又为他人代为加工象牙从中牟利。法院认为，张某为他人加工并收取加工费的行为属于以营利为目的的加工利用行为。[2]

而估计是由于认识到了"加工"仅是"加工"而没有"利用"，有的判决干脆仅认定"加工"而不认定"利用"。例如，在"王某出售珍贵、濒危野生动物制品案"中，被告人陈某偶然捡到一只游隼死体，送至被告人王某店内让其帮忙加工成动物标本，支付加工费 500 元，后将游隼标本拿至路边兜售，被巡逻民警查获。法院认为，被告人王某"以营利为目的加工"国家二级重点保护野生动物制品游隼一只，价值 1670 元，其行为已构成非法出售珍贵、濒危野生动物制品罪。[3]在此案中，假如陈某没有将动物标本拿到路边去兜售，则对其行为无法定罪，因为其没有实施猎捕、杀害、收购、运输、出售行为。但根据司法解释，对加工者王某又可以定罪，从而对陈某又可以作为王某犯罪的教唆犯来定罪。又如，在"李某出售珍贵、濒危野生动物案"中，被告人李某是从化安城山庄的厨师，在工作期间宰杀了一条客人拿来加工的巨蜥（俗称"五爪金龙蛇"），后被公安机关现场查获，收缴了该已被

---

〔1〕 参见福州市中级人民法院［2016］闽 01 刑初 132 号刑事判决书。

〔2〕 参见中山市中级人民法院［2014］中中法刑一终字第 60 号刑事裁定书。

〔3〕 参见新疆昌吉州昌吉市人民法院［2017］新 2301 刑初 91 号刑事判决书。

切碎的野生动物。法院认为，被告人李某"加工出售"国家一级重点保护的珍贵、濒危野生动物圆鼻蜥蜴，其行为已构成非法出售珍贵、濒危野生动物罪。[1]在本案中，李某帮客人宰杀活体巨蜥，构成非法杀害珍贵、濒危野生动物罪，客人教唆李某杀害，是教唆犯；若客人的野生动物是猎捕或收购来的，则客人构成"猎捕"或"收购"，只定"猎捕"或"收购"即可，"杀害"是事后不可罚行为；若客人的野生动物是别人赠送的或自己捡拾的因受伤无法行动的，则不构成犯罪，而应当以教唆李某"杀害"定罪。再如，在"陈某等人收购、运输、出售珍贵、濒危野生动物案"中，法院认为，"本案中，有证据证明陈某实施了以营利为目的的加工行为"，因此判决陈某构成该罪。[2]以上三案都未认定"利用"而只认定了"加工"，若严格执行司法解释的规定，将由于加工者没有实施"利用"行为而难以定罪。以上分析表明，司法解释同时规定"加工""利用"两种客观行为要素明显不妥。而在"收购、运输、出售"都不需要以营利为目的的情况下，规定"加工利用"必须以营利为目的，也值得商榷。

此外，最高人民检察院、公安部于2008年颁布实施的《关于公安机关管辖的刑事案件立案追诉标准的规定（一）》第65条第2款与上一司法解释第2条的文字表述完全相同，因此两者存在同样的缺陷。

二、《决定》规定加重处罚违背罪刑法定原则

全国人民代表大会常务委员会于2020年2月颁布《关于全面禁止非法野生动物交易、革除滥食野生动物陋习、切实保障人民群众生命健康安全的决定》，对于促进野生动物保护具有重大意义。然而，《决定》第1条的规定明显不妥。

该条第1款规定："凡《中华人民共和国野生动物保护法》和其他有关法律禁止猎捕、交易、运输、食用野生动物的，必须严格禁止。"这种文字表述容易引人误解。因为"负负得正"，仅从文义来看，"凡其他法律禁止实施某种行为的，必须严格禁止"，等于"必须严格禁止其他法律禁止实施某种行为"，这显然违背了该款的本意，而要理解该款本意，却只能根据"立法目

---

〔1〕 参见从化市人民法院［2014］穗从法刑初字第768号刑事判决书。
〔2〕 参见南京市玄武区人民法院［2016］苏0102刑初193号刑事判决书。

的"而无法根据其文字表述，这显然不妥。将"必须严格禁止"修改为"必须严格执行"就不会产生歧义。

该条第 2 款规定："对违反前款规定的行为，在现行法律规定基础上加重处罚。"由于禁止猎捕、交易、运输、食用野生动物的法律，除了《野生动物保护法》之外还包括《刑法》中的相关规定（例如，《刑法》第 341 条第 1款规定了非法猎捕、杀害珍贵、濒危野生动物罪，非法收购、运输、出售珍贵、濒危野生动物、珍贵、濒危野生动物制品罪，第 2 款规定了非法狩猎罪），因此所谓"违反前款规定的行为"，包括违反《刑法》第 341 条规定的行为。根据该款规定，对违反《刑法》第 341 条规定的行为也要在现行法定刑的基础上加重处罚。由于现行刑法中没有加重处罚的规定，因此《决定》规定加重处罚明显违背了罪刑法定原则。

首先，罪刑法定原则的主要内容之一是禁止绝对不定期刑，因为绝对不定期刑相当于没有规定刑期或没有判处刑期，刑期的长短完全由法院或监狱自由裁量，这明显不利于保障犯罪人的人权，有损刑法的人权保障机能。所以无论是法定刑还是宣告刑，都不允许规定绝对不定期刑。[1]由于现行刑法没有规定加重处罚的具体规则，因此到底要如何加重就成了一个疑难问题。

例如，《刑法》第 341 条第 1 款规定："非法猎捕、杀害国家重点保护的珍贵、濒危野生动物的，或者非法收购、运输、出售国家重点保护的珍贵、濒危野生动物及其制品的，处五年以下有期徒刑或者拘役，并处罚金；情节严重的，处五年以上十年以下有期徒刑，并处罚金；情节特别严重的，处十年以上有期徒刑，并处罚金或者没收财产。"以"情节一般"的情形为例，其法定刑为 5 年以下有期徒刑或者拘役、并处罚金，若要加重处罚，无疑必须在 5 年有期徒刑以上判处刑罚，否则便只是从重处罚而不是加重处罚。但是，就主刑而言，是只能加重至 5 年以上 10 年以下，还是只能加重至 10 年以上，还是既可以加重至 5 年以上 10 年以下又可以加重至 10 年以上，甚至可以加重至无期徒刑或者死刑？就附加刑而言，能否将罚金加重至没收全部财产？显然，无论怎样加重，实际上都是将本来情节一般的情形按照情节严重甚至情节特别严重的法定刑去量刑，导致刑法分别为"情节一般、情节严重、情节特别严重"规定相应法定刑的目的落空，也直接违背了罪责刑相适应原则。

---

〔1〕 参见马克昌：《比较刑法原理——外国刑法学总论》，武汉大学出版社 2012 年版，第 65~66 页。

实际上，与其加重处罚，不如将本来情节一般的情形直接认定为情节严重或者情节特别严重，或者将情节严重的情形直接认定为情节特别严重，从而适用对应档次的法定刑，这样不至于明显违反刑法规定，但可能违背司法解释对以上三种情形定罪量刑标准的规定。同理，对情节特别严重的，原本应处10年以上有期徒刑，并处罚金或没收财产，若要加重处罚，能否加重至判处无期徒刑或死刑？这显然给司法机关出了难题。

其次，虽然我国刑法立法史上曾经有过加重处罚的规定。例如，全国人民代表大会常务委员会于1981年6月颁布的《关于处理逃跑或者重新犯罪的劳改犯和劳教人员的决定》（已失效）第2条第2款规定："劳改犯逃跑后又犯罪的，从重或者加重处罚。刑满释放后又犯罪的，从重处罚。刑满后一律留场就业，不得回原大中城市。"第3条规定："劳教人员、劳改罪犯对检举人、被害人和有关的司法工作人员以及制止违法犯罪行为的干部、群众行凶报复的，按照其所犯罪行的法律规定，从重或者加重处罚。"[1]但是随着这些决定的废除，目前广义刑法中已经没有"加重处罚"的规定。虽然有人曾主张对加重处罚仅能加重"一格、一等"。例如，全国人民代表大会常务委员会法制工作委员会在《关于加强法律解释工作等三个决定（草案）的说明》中指出："至于如何加重判刑，不是可以无限制地加重，而是罪加一等，即在法定最高刑以上一格判处。如法定最高刑为10年有期徒刑的，可以判处10年以上至15年的有期徒刑；法定最高刑为15年有期徒刑的，可以判处无期徒

---

〔1〕 另一规定加重处罚的决定是全国人民代表大会常务委员会1983年9月颁布的《关于严惩严重危害社会治安的犯罪分子的决定》（已失效）。其第1条规定："对下列严重危害社会治安的犯罪分子，可以在刑法规定的最高刑以上处刑，直至判处死刑：1. 流氓犯罪集团的首要分子或者携带凶器进行流氓犯罪活动，情节严重的，或者进行流氓犯罪活动危害特别严重的；2. 故意伤害他人身体，致人重伤或者死亡，情节恶劣的，或者对检举、揭发、拘捕犯罪分子和制止犯罪行为的国家工作人员和公民行凶伤害的；3. 拐卖人口集团的首要分子，或者拐卖人口情节特别严重的；4. 非法制造、买卖、运输或者盗窃、抢夺枪支、弹药、爆炸物，情节特别严重的，或者造成严重后果的；5. 组织反动会道门，利用封建迷信，进行反革命活动，严重危害社会治安的；6. 引诱、容留、强迫妇女卖淫，情节特别严重的。"更早期的立法如政务院于1951年2月颁布的《惩治反革命条例》（已失效）。其第4条第2款规定："其他参与策动、勾引、收买或叛变者，处十年以下徒刑；其情节重大者，加重处罚。"政务院于1952年4月颁布的《惩治贪污条例》（已失效）第4条第1款规定："犯贪污罪而有下列情形之一者，得从重或加重处刑：一、对国家和社会事业及人民安全有严重危害者；二、出卖或坐探国家经济情报者；三、贪赃枉法者；四、敲诈勒索者；五、集体贪污的组织者；六、屡犯不改者；七、拒不坦白或阻止他人坦白者；八、为消灭罪迹而损坏公共财物者；九、为掩饰贪污罪行嫁祸于人者；十、坦白不彻底，判处后又被人检举出严重情节者；十一、犯罪行为有其他特殊恶劣情节者。"

刑；法定最高刑为无期徒刑的，可以判处死刑（包括死刑缓期 2 年执行）。"但是，对于何谓"一格、一等"、何谓"法定最高刑"，仍会有争议。因为同一罪名可能同时规定两至三档法定刑，是以最低档法定刑中的最高刑为基础来加重，还是以最高档法定刑中的最高刑为基础来加重，仍然不明确。而对于只有一档法定刑的罪名，其上一格的上限是多少？如果该一档法定刑中有多个刑种，则应在哪一刑种的基础上加重、加重多少都难有定论。例如，《刑法》第 341 条第 2 款规定："违反狩猎法规，在禁猎区、禁猎期或者使用禁用的工具、方法进行狩猎，破坏野生动物资源，情节严重的，处三年以下有期徒刑、拘役、管制或者罚金。"其法定刑为 3 年以下有期徒刑、拘役、管制或者罚金，若要加重"一格、一等"，则该"格、等"的上限是 5 年、7 年还是10 年？如果在具体案件中对行为人本来应单处罚金，则加重处罚时所应适用的上一格是没收财产还是管制、拘役或者有期徒刑几年？如果具体案件中对行为人本来应判处管制，则加重处罚时所应适用的上一格是拘役还是有期徒刑几年？如果在具体案件中对行为人本来应判处拘役，则加重处罚时所应适用的上一格是有期徒刑 3 年还是有期徒刑几年？有学者提出，对加重处罚应当有所限制。例如，《决定》所规定的加重处罚原则上只能适用于疫情防控期间，因为犯罪的社会危害性既是一种客观存在，又是一种主观认知和体验，同样的罪行在紧急状态下和非紧急状态下社会危害程度是有差别的。《决定》之所以规定加重处罚，是因为考虑到猎捕、交易、运输、食用野生动物的行为在疫情防控期间比在非疫情防控期间的危害性和风险性更大，所以疫情防控结束之后应当不用或者少用"加重处罚"规定。[1]这是有一定道理的，只是并未说明规定加重处罚的弊端，更未说明加重处罚在实践中完全没法适用，因而是美中不足的。

再次，从罪刑法定原则的思想基础来看，规定加重处罚违背了刑法的尊重人权主义。罪刑法定原则的核心是保障犯罪嫌疑人的权利，这不仅要求在程序法上保障人权，而且要求在实体法上保障人权，不仅要求在司法方面保障人权，而且要求在立法方面保障人权。根据尊重人权主义的要求，刑法必须事前向国民宣告什么行为是犯罪、犯罪应当受到什么刑罚，并且只能在所宣告的范围内适用刑罚，禁止以事后的法律处罚行为人，以保障犯罪嫌疑人

---

〔1〕 参见叶良芳："《野生动物保护决定》若干适用问题探讨"，载《法治研究》2020 年第 3 期。

的自由和人权。如果犯罪嫌疑人在事前无法得知刑罚的幅度，不知道自己是否会受到加重处罚，会受到何等程度的加重处罚。这无疑会造成行动萎缩，是对人的极大不尊重。[1]

综上，由于目前刑法对如何加重处罚没有作出明文规定，若适用加重处罚，很可能造成刑罚过重的后果，既违背罪责刑相适应原则，又可能形成残虐的刑罚，违背罪刑法定原则实质方面的禁止残虐刑罚原则和刑罚法规应当明确的明确性原则。因此，虽然《决定》是有法律效力的，但事实上很难被司法机关遵照适用。

此外，《决定》第 2 条第 2 款规定："全面禁止以食用为目的的猎捕、交易、运输在野外环境自然生长繁殖的陆生野生动物。"该款规定相当于把任何时期、任何地点都变成禁猎期、禁猎区，因为猎捕基本上都是以食用为目的，况且，既然以食用为目的的猎捕都要禁止，那么以营利为目的的猎捕就更应禁止，从而与《刑法》第 341 条第 2 款、《野生动物保护法》第 20 条规定的"禁猎区、禁猎期、自然保护区域、迁徙洄游通道"不一致，会导致法律之间的适用冲突问题。

三、刑法对野生动物保护的规定不尽合理

《刑法》第 151 条第 2 款的立法目的也是保护珍贵、濒危野生动物。该条规定："走私国家禁止出口的文物、黄金、白银和其他贵重金属或者国家禁止进出口的珍贵动物及其制品的，处五年以上十年以下有期徒刑，并处罚金；情节特别严重的，处十年以上有期徒刑或者无期徒刑，并处没收财产；情节较轻的，处五年以下有期徒刑，并处罚金。"其存在的问题主要有如下几点：

首先，规定错位。由于犯罪社会危害性的大小与犯罪情节有很大关系，因此我国刑法习惯于根据情节轻重来配置不同档次的法定刑。一般而言，情节显著轻微、危害不大的，不予定罪量刑（第 13 条）；情节轻微的，要定罪但可免予刑罚处罚（第 37 条）；其后依次是情节较轻、情节一般、情节较重、情节严重、情节特别严重，只是"情节一般"往往省略而无须表述，情节较轻和情节较重的规定比较少见，大多数条文只依次规定情节一般、情节严重、情节特别严重。为了使法定刑与情节严重程度相对应，应当从轻到重依次规

---

〔1〕 参见张明楷：《刑法学》（第 5 版），法律出版社 2016 年版，第 46~47 页。

定"情节较轻、情节一般、情节严重、情节特别严重"，而此条却规定"情节一般、情节特别严重、情节较轻"，遗漏了"情节严重"。那么对于"情节严重"的情形应该怎么办？是将其认定为"情节一般"还是"情节特别严重"？

其次，"珍贵动物及其制品"的表述与 2018 年《野生动物保护法》及《刑法》第 341 条第 1 款的表述不一致，容易使人误以为任何珍贵的动物及其制品都属于该罪的保护范围。例如，有学者认为："珍贵的野生动物，是指在生态平衡、科学研究、文化艺术、发展经济以及国际交往等方面具有重要价值的陆生、水生野生动物。"[1]但实际上，根据最高人民法院、最高人民检察院于 2014 年颁布的《关于办理走私刑事案件适用法律若干问题的解释》第 10 条的规定："刑法第一百五十一条第额款规定的'珍贵动物'，包括列入《国家重点保护野生动物名录》中的国家一、二级保护野生动物，《濒危野生动植物种国际贸易公约》附录 I、附录 II 中的野生动物，以及驯养繁殖的上述动物。"这说明该罪的保护范围与《刑法》第 341 条第 1 款的保护范围完全一致，都是国家重点保护的珍贵、濒危野生动物，而不包括其他类别的珍贵动物，《野生动物保护法》第 2 条所规定的"有重要生态、科学、社会价值的陆生野生动物"并不包括在内。

最后，对走私进口与走私出口规定同一法定刑，与两者的社会危害性不相适应。因为，刑法是主权国家用于维护国内社会秩序、保护本国和民众利益的工具，不是为了保护外国和外国人的利益。即使要同时保护外国和外国人的利益，也应当在保护力度上内外有别，对走私进口和走私出口应当规定不同的法定刑，甚至应像对文物、黄金、白银和其他贵重金属那样，只禁止出口而不禁止进口。

《刑法》第 341 条第 2 款的规定也或多或少存在问题。

第一，该款对禁止狩猎的区域仅表述为"禁猎区"，这与《野生动物保护法》第 20 条将禁止猎捕的区域表述为"相关自然保护区域、禁猎（渔）区、迁徙洄游通道"不一致，容易使人误以为在"相关自然保护区域、迁徙洄游通道"狩猎虽被禁止但不构成犯罪，这显然违背了该款的本意。因此，司法机关不得不将该款中的"禁猎区"扩大解释为包括"禁猎区"和"相关自然保护区域、迁徙洄游通道"。从实质上看，所谓自然保护区域和迁徙洄游通道

---

〔1〕 参见张明楷：《刑法学》（第 5 版），法律出版社 2016 年版，第 1133 页。

当然也是禁止狩猎的，刑法中的"禁猎区"，本来就应当指所有禁止狩猎的区域，因此这也可以说是文义解释。

第二，由于该款规定构成非法狩猎罪要以"违反狩猎法规"为前提，导致对相关行为是否违反狩猎法规的判断，必须适用其他法规的规定，而其他法规的范围和数量又没有限制，因此很容易遭遇难以预料的问题。例如，《野生动物保护法》第 24 条规定："禁止使用毒药、爆炸物、电击或者电子诱捕装置以及猎套、猎夹、地枪、排铳等工具进行猎捕，禁止使用夜间照明行猎、歼灭性围猎、捣毁巢穴、火攻、烟熏、网捕等方法进行猎捕，但因科学研究确需网捕、电子诱捕的除外。前款规定以外的禁止使用的猎捕工具和方法，由县级以上地方人民政府规定并公布。"第 20 条第 2 款规定："野生动物迁徙洄游期间，在前款规定区域外的迁徙洄游通道内，禁止猎捕并严格限制其他妨碍野生动物生息繁衍的活动。迁徙洄游通道的范围以及妨碍野生动物生息繁衍活动的内容，由县级以上人民政府或者其野生动物保护主管部门规定并公布。"由于一部分禁用的工具和方法，以及禁止猎捕的迁徙洄游通道的范围是由县级政府规定的，因此很可能出现使用同样的工具和方法狩猎，或者在同一条迁徙洄游通道内猎捕，在此县构成犯罪而在彼县却不构成犯罪的情况。这既容易导致"同案不同判"现象，又会产生许多法理问题。例如，县级政府制定的红头文件是不是第 20 条第 2 款所规定的狩猎法规？即便县级政府制定这种红头文件是得到《野生动物保护法》明文授权的，这种授权是否有效、是否违反《立法法》的规定，本身也值得怀疑。因为根据《立法法》第 8 条的规定，对涉及犯罪与刑罚的事项，只能由全国人民代表大会或其常委会制定法律来规定，不能由地方性法规及以下级别的规范性文件来规定。

第三，任何非法狩猎行为都会破坏野生动物资源，而在养殖场上捕杀人工饲养的动物则不会被认为是狩猎。因此，条文中的"破坏野生动物资源"纯属多余。

第四，构成此罪要求"情节严重"，且法定刑仅为 3 年以下有期徒刑，与第 1 款相比其法定刑太轻，并且也与《决定》全面禁止狩猎的规定与全国民众要求禁止狩猎的呼声不符。因此，应当取消只有"情节严重"才构成犯罪的限制，并且应当提高该罪的法定刑。

此外，《刑法》第 341 条第 1 款中的"国家重点保护的"几个字完全多余，应当删除，留着反而容易引起歧义。因为所有的珍贵、濒危野生动物都是受国家重点保护的。从《国家重点保护野生动物名录》来看，凡是被列入该名录的，都是应受国家重点保护的一、二级珍贵、濒危野生动物。该名录并未列入不受国家重点保护的其他级别动物。比如，未列入应受地方重点保护的野生动物以及具有重要生态、科学、社会价值的陆生野生动物。若将这几个字修改为"列入《国家重点保护野生动物名录》的"，就不容易引起歧义了。

四、对野生动物刑法保护规定的完善建议

有感于野生动物刑法保护规范的不足，许多学者已经开始研究如何更好地完善相关立法。例如，有学者提出增设破坏关键性栖息地罪，非法持有珍贵、濒危野生动物及其制品罪；[1]有学者提出增设破坏野生动物资源罪，非法利用野生动物及其制品罪，非法提供、运输、获取野生动物及其制品罪。[2]本文基本赞同以上观点，这里仅补充如下。

第一，增设非法持有珍贵、濒危野生动物及其制品罪。设置持有型犯罪的目的主要在于查缺补漏，当现有证据不足以证实行为人实施了非法猎捕、杀害、收购、运输、出售等行为时，只要查证属实行为人非法持有珍贵、濒危野生动物及其制品，就可以定罪量刑。即使行为人确实是在野外或其他地方捡到的，或者他人无偿赠送的，也应当定罪，目的在于防止由于证据不足而放纵犯罪，正如刑法有必要在走私、贩卖、运输、制造毒品罪之外规定非法持有毒品罪一样。例如，行为人完全可能先非法猎捕，并将野生动物死体放到某偏僻地点，再安排两名证人跟他去现场观看他"无意中"捡到野生动物的情景，若不惩罚非法持有行为，对这种情形将无法定罪。其法定刑可以比猎捕、杀害、出售等行为的法定刑轻一些。

第二，增设食用珍贵、濒危野生动物及其制品罪。2018年《野生动物保护法》第30条规定："禁止生产、经营使用国家重点保护野生动物及其制品制作的食品，或者使用没有合法来源证明的非国家重点保护野生动物及其制品制作的食品。禁止为食用非法购买国家重点保护的野生动物及其制品。"

---

〔1〕 参见张瑜："珍贵、濒危野生动物资源的刑法保护向度"，载《湖南科技学院学报》2018年第12期。

〔2〕 参见刘凯："野生动物资源刑事保护研究"，载《行政与法》2020年第6期。

《决定》第2条规定："全面禁止食用国家保护的'有重要生态、科学、社会价值的陆生野生动物'以及其他陆生野生动物，包括人工繁育、人工饲养的陆生野生动物。全面禁止以食用为目的猎捕、交易、运输在野外环境自然生长繁殖的陆生野生动物。……"而现行刑法并未将食用野生动物的行为规定为犯罪，如果没有证据证明行为人实施了猎捕、杀害、购买、运输、出售、加工等行为，则对于单纯的食用行为，无法追究刑事责任。例如，物理学家甲在郊游时捡到了一只野生动物死体，发现很新鲜，就带回家。隔壁动物学家乙告诉他这是国家重点保护的一级珍贵、濒危野生动物。刑法学家丙告诉他这种动物是严格禁止猎捕、杀害、收购、运输、出售的，但单纯的食用则不构成犯罪。因此，他们三人就放心大胆地将该动物油炸食用了。根据现行刑法及司法解释，三人既未实施猎捕、杀害、收购、运输、出售行为，又未实施以营利为目的的加工利用行为，因此无罪。而没有买卖就没有杀害，正是因为许多人渴望食用山珍海味、奇禽异兽，才导致野生动物受到猎捕和杀害，从保护野生动物、拯救珍贵、濒危野生动物、维护生物多样性和生态平衡、推进生态文明建设的目的出发，至少有必要将食用珍贵、濒危野生动物及其制品的行为规定为犯罪。其法定刑可以比猎捕、杀害、出售等行为的法定刑轻一些。

第三，增设加工珍贵、濒危野生动物及其制品罪。如前所述，司法解释将"出售"解释为包括"以营利为目的的加工利用"，存在将出售行为的预备行为解释为出售行为等诸多问题，并且加工者主观上的目的也难以认定为"以营利为目的"，客观上的加工行为也不是"利用"行为，导致法院在判决中不得不只认定"加工"而不认定"以营利为目的"和"利用"。从加强野生动物保护的立法宗旨出发，有必要将加工行为单独规定为犯罪，并且不需要以营利为目的。无论是为自己加工还是帮他人加工，无论是为收购者加工还是为准备出售者加工，无论加工者主观上有无营利目的，都不影响加工行为构成犯罪，属于帮助行为正犯化、预备行为正犯化罪名。其法定刑应当比猎捕、杀害、出售等行为的法定刑更轻。

第四，修改刑法相关规定。包括：①将《刑法》第151条第2款修改为："走私国家禁止出口的文物、黄金、白银和其他贵重金属以及珍贵、濒危野生动物及其制品的，处五年以下有期徒刑，并处罚金；情节严重的，处五年以上十年以下有期徒刑，并处罚金；情节特别严重的，处十年以上有期徒刑或者无期徒刑，并处没收财产。"一是取消对走私进口的处罚，对于偷逃关税的问题，可以适用走私普通货物、物品罪的规定；二是弥补未规定"情节严重"的不足；三是将"珍贵动物"修改为"珍贵、濒危野生动物"。②将《刑法》第341条第1款修改为："非法猎捕、杀害珍贵、濒危野生动物，或者非法收购、运输、出售珍贵、濒危野生动物及其制品的，处五年以下有期徒刑或者拘役，并处罚金；情节严重的，处五年以上十年以下有期徒刑，并处罚金；情节特别严重的，处十年以上有期徒刑或者无期徒刑，并处罚金或者没收财产。"一是删除"国家重点保护的"这一多余词语；二是将本罪的法定刑提高到无期徒刑，以响应《决定》加重处罚的要求。③将《刑法》第341条第2款修改为："在禁止猎捕的区域或者禁止猎捕的时期狩猎的，或者使用禁用的工具、方法进行狩猎的，处五年以下有期徒刑或者拘役，并处罚金；情节严重的，处五年以上十年以下有期徒刑，并处罚金。同时构成其他犯罪的，以处罚较重的犯罪论处。"一是降低入罪标准，取消"情节严重"才定罪的限制；二是提高法定刑并增加一档法定刑；三是修改不恰当的表述，删除"违反狩猎法规"等不必要的词语；四是顾及本罪与相关犯罪的想象竞合问题。

总之，相对完善的立法是司法实践中迅速而正确地适用的前提，为了更好地保护野生动物，有必要充分重视刑法规定的修改完善问题。

论编造、故意传播虚假信息的刑法规制

——虚假疫情信息的依法从严治理

敬力嘉*

一、问题提出

在我国新型冠状病毒肺炎（本文以下简称"新冠肺炎"）疫情防控逐步向好，但仍面临促进国内逐步复产复工与防止由境外输入病例骤增所催生的疫情风险，以已深刻嵌入社会组织结构的互联网为语境，网络空间内虚假疫情信息的编造与故意传播是最重要的颠覆性活动，可能给疫情的有效防控制造较大障碍，引发社会化的法益侵害风险。[1]面对这一严峻形势，刑法具备不可替代的重要功能。本文拟以虚假疫情信息的依法从严治理为视角，围绕编造、故意传播虚假信息的技术治理机制及其限度，以及编造、故意传播虚假信息罪的依法从严适用两个方面展开探讨，以期为编造、故意传播虚假信息的刑法规制提供法律适用参考。

二、编造、故意传播虚假信息的技术治理及其法治限度

（一）编造、故意传播虚假信息的技术治理

总体来讲，对编造、故意传播虚假信息的治理是一项需要多方主体参与、

* 武汉大学法学院讲师，法学博士。本文系 2017 年教育部哲学社会科学研究重大课题攻关项目"提高反恐怖主义情报信息工作能力对策研究"（编号：17JZD034）阶段性研究成果；2018 年第 64 批中国博士后科学基金面上资助项目（2018M642886）阶段性研究成果；2019 年中国法学会部级研究课题青年调研项目"'深度伪造'问题的刑事规制与限度研究"（编号：CLS（2019）Y04）阶段性研究成果。

[1] 参见敬力嘉："网络参与行为刑事归责的'风险犯'模式及其反思"，载《政治与法律》2018 年第 6 期。

综合、体系化的系统工程。根据美国著名网络法学家劳伦斯·莱斯格所提出并被广为接受的理论框架，网络空间由现实世界的市场规则、社群规范、技术架构以及法律规范所规制。[1]互联网控制的焦点是网络服务提供者，网络空间的市场规则、社群规范、技术架构以及法律规范都围绕它形成与运行。在以 TCP/IP 协议为基础的互联网现有中立技术架构下，法律规范难以直接有效地规制编造、故意传播虚假信息的行为，但在政府疫情防控的公共政策与商业利益的驱动下，网络服务提供者正在推动网络空间架构向更有利于规制的方向转变。按照功能标准，互联网可以被大致分为网络链接层、网络互联层、传输层与应用层，[2]从传统的 IP 地址追踪、cookies、SSO 身份验证、标识层技术直至当前愈加发达的生物信息识别技术，互联网基础架构的中立性允许通过改写其任意一层的代码，加强网络空间的身份验证与行为追踪机制。随着国家网信办陆续颁布相关具体规定，[3]网络空间身份验证与行为追踪机制的构建与完善逐步有了规范依据。

网络空间架构的这一转变，使网络监管部门以及网络服务提供者（特别是网络媒体平台、社交服务平台等），以《网络安全法》《刑法修正案（九）》为参与网络活动的一般企业与公民创设的法定义务为依据，[4]事实上具备了巨大的规制权力。比如，微信可以对用户实施封号、删帖，微博可以禁言，视频网站违规违法的音视频内容可以被网站下架。基于此，它们应当承担起编造、故意传播虚假信息的治理责任。

（二）编造、故意传播虚假信息技术治理的法治限度

虽然技术治理是规制编造、故意传播虚假信息行为的利器，但除了应当要求网络服务提供者认真履行其法定义务，加强政府部门与相关企业间以及

---

〔1〕 参见［美］劳伦斯·莱斯格：《代码2.0——网络空间中的法律》（修订版），李旭、沈伟伟译，清华大学出版社 2018 年版，第 132~150 页。

〔2〕 Felix Francke, "Netzneutralität in Europa", *Baden-Baden*：*Nomos*, 2019, p.42.

〔3〕 包括《互联网跟帖评论服务管理规定》《互联网论坛社区服务管理规定》与《互联网群组信息服务管理规定》等。

〔4〕 《网络安全法》第四章为网络服务提供者创设了网络信息安全保护义务，《刑法修正案（九）》所增设的第 287 条之一非法利用信息网络罪、第 287 条之二帮助信息网络犯罪活动罪、第 291 条之一第 2 款编造、故意传播虚假信息罪，以及修改之后的第 253 条之一侵犯公民个人信息罪，事实上是给参与网络空间活动的一般企业与公民，包括网络服务提供者，增加了对信息网络犯罪风险广泛、多层次的管控义务。

行业内部的协同合作，最大限度地控制虚假疫情信息在公共网络空间的传播以外，还应当对网络监管部门与网络服务提供者的技术治理进行规范，明确其法治限度，力求取得公民个人信息权利保护、信息流动自由保障与虚假疫情信息防控之间的平衡。

为了实现以上目标，我们首先应当明确什么是"虚假"疫情信息。在刑法学界，虚假信息通常与谣言在同一意义上被使用，其核心特征为未经证实，"是'没有根据的信息'，而非'与事实不符的信息'"。[1]但是，未经证实的信息未必是虚假信息，未经有关部门证实的信息更是如此。[2]从本次新冠肺炎疫情防控来看，从疫情初露端倪，到快速发展以致全面爆发，医学专家、政府与公众的认知都有一个渐进深化的过程，这也是研究与认识新型病毒的科学规律。在未对 SARS-CoV-2（这个是病毒名，COVID-19 是新冠肺炎名）病毒形成确切认知之前，及时向政府决策机构与社会公众预警对于防控重大疫情具有关键意义。2019 年 12 月，李文亮等 8 位医生因发布了警告疫情的信息，[3]被武汉警方以制造传播谣言予以训诫，引发了巨大争议。原因在于，事后证明 SARS-CoV-2 病毒与 SARS 病毒基因序列的相似度较高，传染性比 SARS 病毒更强，且有正规三甲医院的病毒检测报告为依据，将其认定为虚假信息确实有待商榷，也难以认定是"编造"行为。对于此类信息的传播，网络服务提供者与网络监管部门应当抱以最大限度的宽容。[4]

三、严格编造、故意传播虚假信息罪的适用标准

当编造、故意传播虚假疫情信息已符合我国《刑法》第 291 条之一第 2 款[5]

---

〔1〕 苏青："网络谣言的刑法规制：基于《刑法修正案（九）》的解读"，载《当代法学》2017年第 1 期。

〔2〕 我国《传染病防治法》第 38 条明确了各级卫生行政部门公布疫情信息的权责，但对于公民个人，特别是医学专业人士披露疫情信息并无禁止性规定。

〔3〕 他们在各自微信群发布了"华南海鲜市场确诊 7 例 SARS"类似信息。

〔4〕 2020 年 3 月 19 日，国家监委调查组公布的《关于群众反映的涉及李文亮医生有关情况调查的通报》认定武汉警方对李文亮医生"出具训诫书不当"，督促公安机关撤销训诫书并追究有关人员责任，也体现了本文所主张的宽容导向。参见国家监委调查组："关于群众反映的涉及李文亮医生有关情况调查的通报"，载中央纪委国家监委网站：http://www.ccdi.gov.cn/toutiao/202003/t20200319_213880.html，访问日期：2020 年 3 月 19 日。

〔5〕 我国《刑法》第 291 条之一第 2 款规定："编造虚假的险情、疫情、灾情、警情，在信息网络或者其他媒体上传播，或者明知是上述虚假信息，故意在信息网络或者其他媒体上传播，严重扰乱社会秩序的，处三年以下有期徒刑、拘役或者管制；造成严重后果的，处三年以上七年以下有期徒刑。"

规定的编造、故意传播虚假信息罪的适用标准时，应依法从严适用本罪予以精准打击，从而为疫情防控提供有效的法治保障。

（一）编造、故意传播虚假信息罪的适用前提

对于编造、故意传播虚假信息行为，可适用编造、故意传播虚假信息罪与寻衅滋事罪进行规制。鉴于前者明确了编造、故意传播虚假信息的构成要件行为以及虚假信息类型，对于此类行为进行规制的基础罪名应为前者。对于编造、故意传播的四类虚假信息内容[1]应作严格文意解释，编造、故意传播这四类以外的虚假信息不能构成本罪。尽管如此，司法实践中仍较为普遍地适用寻衅滋事罪规制编造、故意传播这四类以外虚假信息的行为。[2]

本罪所规制的虚假信息应是虚假的事实陈述，[3]但只作此限定还不够，实务界往往认为通过网络实施此类行为的社会危害性不证自明，[4]进而将制造、传播虚假信息的行为入罪。这样的认识无疑是将已被我国刑法单独入罪、在网络空间制造、故意传播虚假信息造成法益侵害的行为，再次作为量刑情节进行了重复评价。因此，明确本罪的适用标准，最重要的是明确本罪所保护的法益，并以此为基础，厘定本罪中的"严重扰乱社会秩序"和"造成严重后果"。

有观点认为，《刑法修正案（九）》生效后，利用信息网络或其他媒体编造、故意传播虚假信息的行为原则上不再处以寻衅滋事罪，[5]因为这类行为侵犯的是独立的网络空间管理秩序。[6]但本罪与寻衅滋事罪所保护的法益均为现实的社会公共秩序，网络只作为工具存在。基于这样的认知，本

---

〔1〕 包括险情、疫情、灾情、警情。

〔2〕 最高人民法院、最高人民检察院、公安部、司法部《关于依法惩治妨害新型冠状病毒感染肺炎疫情防控违法犯罪的意见》第2条第（六）项有关依法严惩造谣传谣犯罪的规定，即鲜明体现了这一立场。

〔3〕 不应当包括行为人的主观评价和判断。

〔4〕 于志刚、郭旨龙："'双层社会'与'公共秩序严重混乱'的认定标准"，载《华东政法大学学报》2014年第3期。

〔5〕 法律依据是最高人民法院、最高人民检察院《关于办理利用信息网络实施诽谤等刑事案件适用法律若干问题的解释》。该解释第5条第2款规定："编造虚假信息，或者明知是编造的虚假信息，在信息网络上散布，或者组织、指使人员在信息网络上散布，起哄闹事，造成公共秩序严重混乱的，依照刑法第二百九十三条第一款第（四）项的规定，以寻衅滋事罪定罪处罚。"

〔6〕 敬力嘉："网络空间秩序与刑法介入的正当性"，载《刑法论丛》2017年第4期。

文认为只能以造成现实公共场所秩序的混乱为本罪成立的构成要件结果。[1]

（二）"严重扰乱社会秩序"与"造成严重后果"的认定

需要明确，作为认定本罪构成要件结果的前提，对作为本罪保护法益的现实公共秩序的侵害，是以侵害其相关的个体法益为前提的。[2]学界有论者在认可存在独立网络空间秩序的前提下，认为本罪应当参照放火罪等抽象危险犯的立法模式，认定本罪的基本犯为抽象危险犯，只要实行编造、故意传播法定类型虚假信息的行为，即推定具备抽象危险，允许被告人进行反证，[3]"造成严重后果"的才是实害犯。基于对其理论前提的否定，本文不赞同这一解释路径。本文认为，既然编造、故意传播虚假恐怖信息罪中"严重扰乱社会秩序"需要认定造成了对现实公共场所秩序的实害，[4]"造成严重后果"属于对结果加重犯的规定，作为与其并行的罪名，编造、故意传播虚假信息罪的入罪标准也不能低于以上要求。

以最高人民检察院发布的第二批妨害新冠肺炎疫情防控犯罪典型案例之四——"辽宁省鞍山市赵某某涉嫌编造、故意传播虚假信息案"为例，本文拟对编造、故意传播虚假疫情信息"严重扰乱社会秩序"与"造成严重后果"的判断予以分析。[5]本案中，可以认定赵某某编造、故意传播虚假疫情

---

[1] 网络空间是相对于现实空间的独立的公共场所。因此，造成网络空间秩序混乱的是基本犯，落实到现实空间造成现实社会公共秩序混乱的属于加重犯的观点不能成立。参见于志刚："'双层社会'中传统刑法的适用空间——以'两高'《网络诽谤解释》的发布为背景"，载《法学》2013年第10期。

[2] 公共场所秩序并不是真正的集体法益，作为现实的法益，它应当是特定公共场所中个体法益的集合。更具体来说，公民个体在公共场所从事活动的自由与安全被侵害是不特定或多数人在公共场所从事活动的自由与安全被侵害的前提，公共场所秩序作为法益存在的唯一正当性，在于保护个体在公共场所的相关自由与权利。Claus Roxin, "Strafrecht Allgemeiner Teil（Band I, Grundlagen. Der Aufbau der Verbrechenslehre）", Berlin: C. H Beck, 2006, p. 38.

[3] 苏青："网络谣言的刑法规制：基于《刑法修正案（九）》的解读"，载《当代法学》2017年第1期。

[4] 2013年最高人民法院《关于审理编造、故意传播虚假恐怖信息刑事案件适用法律若干问题的解释》第2条与第4条，分别对"严重扰乱社会秩序"与"造成严重后果"的情形进行了界定。依据该解释的规定，编造、故意传播虚假恐怖信息的行为必须对现实社会公共秩序造成了严重影响。例如，造成码头、商场等人员密集场所秩序混乱，影响船舶、列车等大型交通运输工具运行，以及造成国家机关、学校、医院等单位的工作、教学、科研等工作中断等。

[5] 本案中，无业人员赵某某将自己身着警服的照片设为微信头像，同时将微信昵称设为"鞍山交警小龙"，在朋友圈发布虚假的鞍山市区公交、长途汽车停运，高速路口封闭的消息，被多名网友

信息，但是否"严重扰乱社会秩序"？本文认为，仅凭大量市民向相关部门打电话核实该信息真实性，便将其行为认定为"严重扰乱社会秩序"仍显牵强。对于该信息对疫情防控工作造成的负面影响，通过技术手段与政府部门及时、有效地予以澄清即可消除。

结　语

首先应明确，在疫情防控的紧急状态下，应合理限制言论自由。我国《宪法》第51条对此作出了原则性规定，[1]具体划分自由与权利界限的是部门法。"就言论自由而言，无论是民法中关于保护名誉权、人格尊严的规定还是刑法中规定的若干煽动型犯罪及侮辱、诽谤、诬告陷害等主要以言论作为其基本行为方式的犯罪，都显示出为了维护其他权利或者公共利益的需要而对言论自由作出的限制。由于这些限制性规定指向的是言论自由这种基本自由，对于社会健康发展至关重要。为了避免强调对其他法益的保护而忽略了言论自由的实现，应当对这种限制本身给予限制。"[2]

其次，鉴于有关事件信息的模糊度与虚假信息的滋生、传播一般成正比关系，政府在疫情防控中及时回应社会公众的关切，及时、准确地发布疫情信息，对于虚假疫情信息的治理非常关键。例如，在武汉封城初期，武汉市红十字会与慈善总会未及时、准确公布所接收捐赠款物的收支明细，引发了社会公众对其公信力的强烈质疑。又如，2020年2月24日，武汉市防疫指挥部轻易废止了早先发布的通告，[3]虽然之后作出了解释，表示通告的废止是由于该通告系未经市指挥部与主要领导同志同意擅自发出，但政府发布疫情信息的不准确，已然给虚假疫情信息的滋生与传播制造了土壤。只有政府部

（接上页）转发至朋友圈和微信群，大量市民向相关部门电话咨询，鞍山市交通管理局接听95人次，鞍山市8890民生服务平台接听24人次，110接警中心接听78人次。参见最高人民检察院网上发布厅："全国检察机关依法办理妨害新冠肺炎疫情防控犯罪典型案例（第二批）案例四"，载最高人民检察院官网：https://www.spp.gov.cn/spp/xwfbh/wsfbh/202002/t20200219_454775.shtml，访问日期：2020年3月19日。

〔1〕 我国《宪法》第51条规定："中华人民共和国公民在行使自由和权利的时候，不得损害国家的、社会的、集体的和其他公民的合法自由和权利。"

〔2〕 高金桂：《利益衡量与刑法之犯罪判断》，元照出版公司2003年版，第218页。

〔3〕 该日，武汉市防疫指挥部发布了第18号通告，内容为将早先发布、关于解禁部分人员和车辆进出武汉的第17号公告废止。

门及时、准确、全面地发布疫情信息，而非适用行政权力加持的技术手段，对未经政府部门证实的疫情信息一律予以封锁，才能真正提高编造、故意传播虚假疫情信息的技术治理效能。

因此，只有厘清技术与刑法机制的功能限度，确保依法治理编造、故意传播虚假疫情信息，才能实现对此类行为的精准从严打击，保障疫情防控工作的顺利进行。

（原文载于《中国西部》2020 年第 3 期）

新冠肺炎疫情防控背景下妨害传染病防治罪的司法适用

——以法律方法为视角

王 瑞[*]

　　面对突如其来的新型冠状病毒肺炎（COVID-19，本文以下简称"新冠肺炎"）疫情，习近平总书记在 2 月 14 日中央全面深化改革委员会第十二次会议上的讲话中指出，疫情防控越是到最吃劲的时候，越要坚持依法防控，在法治轨道上统筹推进各项防控工作，全面提高依法防控、依法治理能力，保障疫情防控工作顺利开展，维护社会大局稳定。在依法防疫的过程中，刑法作为所有法律的最后一道屏障，自然必不可少。最高人民法院、最高人民检察院、公安部和司法部更是联合印发《关于依法惩治妨害新型冠状病毒感染肺炎疫情防控违法犯罪的意见》（法发〔2020〕7 号）（本文以下简称《意见》），将处于"僵尸"状态的妨害传染病防治罪激活。相较于 17 年前抗击严重急性呼吸道综合征（SARS，本文以下简称"非典"）疫情时出台的《关于办理妨害预防、控制突发传染病疫情等灾害的刑事案件具体应用法律若干问题的解释》（法释〔2003〕8 号）（本文以下简称《解释》），这是一个显著变化。如此一来，在抗击新冠肺炎疫情的大背景下，妨害传染病防治罪的司法适用必须同时考虑《刑法》《解释》和《意见》的规定。但前述三项法律制度规定的不统一却给司法实践带来了一定的困惑。为了更好地服务依法抗疫工作，有必要对妨害传染病防治罪的司法适用问题进行系统研究。

---

　　* 上海师范大学博士研究生，上海市高级人民法院法官。本文系国家社科基金一般项目"行政犯入罪机制与出罪路径的实证研究"（编号：19BFX067）的阶段性成果。

一、妨害传染病防治罪的对象范围

根据《刑法》第 330 条的规定，构成妨害传染病防治罪，需要行为人违反《传染病防治法》的规定，引起甲类传染病以及依法确定采取甲类传染病预防、控制的传染病传播或者有传播严重危险。其中，甲类传染病的范围依照《传染病防治法》和国务院有关规定确定。根据《传染病防治法》第 3 条的规定，甲类传染病是指鼠疫、霍乱。当然，国务院如果另外对甲类传染病作出新的规定，也应当以妨害传染病防治罪定罪处罚。

众所周知，我国自 1997 年至 2019 年，妨害传染病防治罪一直处于"闲置"状态。很多学者认为，该法条是"僵尸法条"。其中重要的原因是，2003 年非典疫情爆发的时候，由于非典最初属于新型传染病，未被纳入法定传染病范围。根据非典疫情的形势需要，最高人民法院、最高人民检察院于 2003 年 5 月 13 日颁布了《解释》，对于故意或者过失传播突发传染病病原体，危害公共安全的，以危险方法危害公共安全罪或过失以危险方法危害公共安全罪定罪处罚，仍然没有启用妨害传染病防治罪。即使《传染病防治法》在 2004 年 8 月修订时将非典纳入了乙类传染病并实行甲类防控，[1]也依然没有改变前述情况。

直到 2008 年 6 月 25 日，最高人民检察院、公安部联合颁布的《关于公安机关管辖的刑事案件立案追诉标准的规定（一）》（公通字 [2008] 36 号）（本文以下简称《追诉标准一》）第 49 条规定："违反传染病防治法的规定，引起甲类或者按照甲类管理的传染病传播或者有传播严重危险，涉嫌下列情形之一的，应予立案追诉：……"根据该条规定，"按甲类管理的传染病"，是指乙类传染病中传染性非典型肺炎、炭疽中的肺炭疽、人感染高致病性禽流感以及国务院卫生行政部门根据需要报经国务院批准公布实施的其他需要按甲类管理的乙类传染病和突发原因不明的传染病。这是司法机关首次以规范性文件的方式，将《刑法》第 330 条规定的"甲类传染病"扩大到"按照甲类管理的传染病"，非典即位列其中。

---

[1]《传染病防治法》第 4 条："对乙类传染病中传染性非典型肺炎、炭疽中的肺炭疽和人感染高致病性禽流感，采取本法所称甲类传染病的预防、控制措施。其他乙类传染病和突发原因不明的传染病需要采取本法所称甲类传染病的预防、控制措施的，由国务院卫生行政部门及时报经国务院批准后予以公布、实施。"

按此标准，妨害非典等按甲类管理的乙类传染病和突发原因不明的传染病防控、管理的行为，如果引起按甲类管理的乙类传染病和突发原因不明的传染病传播或者有传播严重危险的，则可能构成妨害传染病防治罪。即便如此，司法机关仍然没有使用过妨害传染病防治罪这一罪名。

2020年1月20日，国家卫生健康委员会发布《中华人民共和国国家卫生健康委员会公告》（2020年第1号），将新冠肺炎纳入《传染病防治法》规定的乙类传染病，并采取甲类传染病的预防、控制措施，即属于按甲类管理的乙类传染病，其法律地位等同于非典。随后，为了配合新冠肺炎疫情防控，2020年2月6日印发的《意见》指出，故意传播新冠肺炎病原体，具有下列情形之一，危害公共安全的，依照《刑法》第114条、第115条第1款的规定，以以危险方法危害公共安全罪定罪处罚：①已经确诊的新冠肺炎病人、病原体携带者，拒绝隔离治疗或者隔离期未满擅自脱离隔离治疗，并进入公共场所或者公共交通工具的；②新冠肺炎疑似病人拒绝隔离治疗或者隔离期未满擅自脱离隔离治疗，并进入公共场所或者公共交通工具，造成新型冠状病毒传播的。其他拒绝执行卫生防疫机构依照《传染病防治法》提出的防控措施，引起新型冠状病毒传播或者有传播严重危险的，依照《刑法》第330条的规定，以妨害传染病防治罪定罪处罚。

至此，最高人民法院针对妨害传染病防治罪的司法适用明确表态。公安机关、检察院、法院三家司法意见公开达成一致。从内容上看，《意见》实际上是对《追诉标准一》的细化和落实，二者将入罪范围扩大到"按照甲类管理的传染病"的基本立场是一致的。所不同的是，《意见》除了将《追诉标准一》中危害公共安全的行为予以细化之外，还明确了其他拒绝执行疫情防控措施，危害公共安全的行为的定性问题。

二、新冠肺炎属于妨害传染病防治罪的对象

梳理相关法律制度的发展演变过程之后不难发现，司法机关遇到的首要问题是，将"按照甲类管理的传染病"扩大解释为妨害传染病防治罪的对象是否妥当。实践中还有一种观点认为，《意见》属于司法规范性文件，无权将妨害传染病防治罪的传染病范围予以扩大，属于无效解释。笔者认为，前述观点值得商榷：

首先，法概念具有相对性，刑法的概念并不必然要从属于行政法的概念。

从文理解释的角度看，在《传染病防治法》没有将新冠肺炎规定为甲类传染病的情况下，只有当国务院明确将新冠肺炎确定为甲类传染病，才能视为符合刑法的规定。至于行政法没有对国务院进行授权，这是行政法没有与刑法实现有效衔接的结果。虽然根据体系解释，所有部门法都应该保持一致性和统一性，但是从目前来看，因为种种原因，同一部门法能够保持一致性就已经很不错了。近年来争议较大的"枪支""假药"以及"提供手淫服务是否属于卖淫"等问题在行政法上和刑法上的界定截然不同就是典型的例子。在具体概念的界定上，行政法和刑法都无法做到统一。那么，更没有理由拿行政法本身的缺陷去论证刑法规定的含义，这显然是违背法律逻辑的。

其次，刑法关于妨害传染病防治罪对象范围的理解，能满足司法实践的诉求。在现实生活中，刑法及其立法解释很多时候由于种种原因不能适应社会治理的需求。司法规范性文件在性质上不属于法律，司法审判中不能直接援引，在效力上也不能与刑法、立法解释和司法解释相提并论。但是，不可否认，司法规范性文件在当前的司法实践中发挥着重要作用，绝对不能忽视它们的存在。以《意见》为例，它之所以产生，实际上是根据新冠肺炎疫情防控的形势，结合非典时期的经验，《刑法》及《解释》无法满足当前疫情防控工作的需要。如果按照非典时期的做法，将拒绝执行疫情防控措施的行为一律按照以危险方法危害公共安全犯罪定罪处罚明显太重。[1]但是，如果仅靠行政处罚显然又太轻，又无法形成足够的威慑力。眼下，不可能立即修改《刑法》，又逢新冠肺炎疫情突发，最好的选择就是出台司法规范性文件。那么，问题就集中到了司法规范性文件应不应当因为突破刑法的规定而被认定为无效呢？我们显然不能轻易得出此等结论。

再次，《意见》实际上是当前抗击新冠肺炎疫情形势下的一项刑事司法政策。所谓"司法政策是司法机关所制定的对司法活动进行指引和规范的规则，是司法机关对司法活动以及司法机关的角色所表达的基本观点和态度，从表现形式上包含处理司法领域事务的一系列路线、方针、原则和指示等。从范围上不仅包括最高司法机关针对司法活动所作出的各类文件、意见、通知、

---

〔1〕 非典时期故意或者过失造成突发传染病传播，危害公共安全的，根据《解释》的规定，按照以危险方法危害公共安全犯罪定罪处罚。如果拒绝执行疫情防控措施，没有危害公共安全的，如何处理则没有明确。

会议纪要等形式，还包括司法解释"。[1]由于我国的管理体制倾向于"能动型政府管理体制"，我国的司法政策通常紧紧追随着党和国家的各项政策。一般情况下，是当时的法律规定无法满足社会治理的需要，为了保证法律功能的正常发挥而产生的。《意见》正是在这样的背景下，紧紧追随全党全国抗疫工作这一核心政策而出台的司法政策。因此，这里的《意见》不同于普通的司法规范性文件。其效力自然也不能简单地等同于普通的司法规范性文件。

最后，司法政策应当是司法活动的重要灵魂和指向。司法政策应当与刑法规定巧妙融合，进而满足社会治理的需求。在新冠肺炎疫情爆发时，自然应当将司法政策与刑法和《解释》的规定共同适用。只有这样才能达到依法抗疫的治理需求。当然，在合适时机应当及时将司法政策的相关规定加以提炼，在修订《刑法》时加以固化，从而推动《刑法》自身的完善。如此一来，《意见》关于传染病范围的规定应当被理解为是对《刑法》的补充和完善。从这个意义上说，妨害传染病防治罪的"传染病"应当包括"甲类传染病"和"按照甲类管理的传染病"两类。另外，从实质解释的角度来看，国务院之所以将新冠肺炎确定为"按照甲类管理的传染病"，正是因为新冠肺炎虽然属于乙类传染病，但是在当前形势下新冠肺炎的社会危害性实质上已经不亚于甚至超过甲类传染病，将其纳入刑法范畴具有现实必要性。

三、妨害传染病防治罪的主体认定

妨害传染病防治罪的犯罪主体是一般主体，包括单位和个人。当前争议较大的主要是自然人违反《刑法》第330条第1款第（五）项规定的情形，因此本文主要研究该种情形。

首先，无论是新冠肺炎的确诊病例、无症状感染者、病原体携带者、疑似病例，还是密切接触者、重点风险人员以及正常人均可构成妨害传染病防治罪。根据《传染病防治法》和国家卫生健康委员会《新型冠状病毒肺炎防控方案（试行第5版）》的规定，确诊病例，是指疑似病例具备以下病原学证据之一者：①实时荧光RT-PCR检测新型冠状病毒核酸阳性；②病毒基因测序，与已知的新型冠状病毒高度同源。无症状感染者，是指无临床症状，呼吸道等标本新型冠状病毒病原学检测阳性者。主要通过聚集性疫情调查和

---

〔1〕 李大勇："论司法政策的正当性"，载《法律科学（西北政法大学学报）》2017年第1期。

传染源追踪调查等途径发现。病原体携带者，是指感染新冠肺炎病原体无临床症状但能排出病原体的人。疑似病例，是指有流行病学史中的任何 1 条，且符合临床表现中任意 2 条或者无明确流行病学史的，符合临床表现中的 3 条。流行病学史依据包括：①发病前 14 天内有武汉市及周边地区，或其他有病例报告社区的旅行史或居住史；②发病前 14 天内与新型冠状病毒感染者（核酸检测阳性者）有接触史；③发病前 14 天内曾接触过来自武汉市及周边地区，或来自有病例报告社区的发热或有呼吸道症状的患者；④聚集性发病，2 周内在小范围内，如家庭、办公室、学校班级等场所，出现 2 例及以上发热和/或呼吸道症状的病例。临床表现依据包括：①发热和/或呼吸道症状；②具有新型冠状病毒肺炎影像学特征；③发病早期白细胞总数正常或降低，淋巴细胞计数减少。密切接触者，是指从疑似病例和确诊病例症状出现前 2 天开始，或无症状感染者标本采样前 2 天开始，未采取有效防护与其有近距离接触（1 米内）的人员。重点风险人员，是指近 14 天内有武汉市及周边地区，或其他有病例报告社区的旅行史或居住史，并且出现呼吸道症状、发热、畏寒、乏力、腹泻、结膜充血等症状的人员。前述人员以外的人员，我们称之为正常人。司法实践中，除了正常人、重点风险人员和密切接触者以外的几类犯罪主体，必须经过专业的医疗卫生防疫机构进行确定。否则，不宜将其拒绝执行卫生防疫机构依照《传染病防治法》提出的预防、控制措施的行为认定为妨害传染病防治罪。

其次，前述几类主体在司法实践中往往存在转化的情况。例如，"李某某妨害传染病防治案"。据报道，2020 年 1 月 23 日，已在武汉居住 3 日的李某某得知武汉市于当日 10 时施行"封城"管理措施后，改签车票经南昌返回上海，24 日抵沪。1 月 24 日起，上海启动重大突发卫生公共事件一级响应，要求对于重点地区来沪人员实行居家或者集中隔离观察 14 天。李某某回沪后未按要求居家隔离，因担心自己感染新型冠状病毒、传染家人，隐瞒武汉旅行史入住上海市松江区某酒店，次日独居在其金山区家中，并于 1 月 25 日至 30 日多次出入超市、水果店、便利店等公共场所。1 月 26 日至 30 日，李某某出现了咳嗽、胃口差、乏力、胸闷等症状后，搭乘公交车、出租车至上海市第六人民医院金山分院看诊，在历次看诊期间违反疫情防控措施有关规定，未如实陈述，隐瞒武汉旅行史，在普通门诊看诊，并在输液室密切接触多人。1 月 30 日，经民警、居委会工作人员上门核查，李某某方承认有武汉旅行史，并签署《居家隔离观察承诺书》，承诺不擅自外出。1 月 31 日，李某某未经报告外出，搭乘公交车至医院就诊、出入药店，并在就诊时继续隐瞒武汉旅行史。2 月 2 日，其至医院就诊时在医护人员追问下承认途经武汉，后被隔离。2 月 4 日，李某某被确诊为新冠肺炎病例。确诊后，和李某某密切接触的 55 人被隔离观察，其中医护人员 11 名，到医院就诊人员 36 名，出租车司机 5 名，超市、便利店工作人员 2 名，酒店工作人员 1 名。[1]本案中的李某某在未确诊之前最多只能算作重点风险人员，在 2 月 4 日才转化为确诊病例。

最后，在定罪量刑时要针对犯罪嫌疑人实施犯罪行为时的身份进行定罪量刑。上述案件中的李某某显然不能以后来确诊的身份被认定为以危险方法危害公共安全罪。其出入公共场所和乘坐公共交通工具的主观目的是寻医问药，没有追求传染新冠肺炎的故意，定性为妨害传染病防治罪是恰当的。

另外，《意见》只规定了确诊病例、病原体携带者和疑似病例可能构成以危险方法危害公共安全犯罪的情形，未明确无症状感染者的定罪情况。笔者认为，无症状感染者对其他人员的传染性和危险性并不低于病原体携带者，病原体携带者已经可以构成以危险方法危害公共安全罪了，根据举轻以明重的原则，无症状感染者同样可以构成以危险方法危害公共安全罪。其构罪标准应当按照确诊病例和病原体携带者完全一致，即故意犯罪的构罪标准按照行为犯标准执行。考虑到疑似病例最终可能会被认定为未被感染，不具有传染性，因而对其危害公共安全的行为采取实害犯的构罪标准具有合理性。

四、妨害传染病防治罪的主观方面认定

妨害传染病防治罪的主观方面一直存在较大争议。有观点认为，本罪主观方面为过失；[2]有观点认为，本罪是故意犯，对于侵害结果，可以作为客观的超过要素对待；[3]还有观点认为，本罪的主观方面可以表现为故意，也可以表现为过失。[4]我们称之为双重说。任何法律的适用都离不开法律解释。

〔1〕 "最高检发布第三批妨害新冠肺炎疫情防控犯罪典型案例"，载搜狐网：https://www. so-hu. com/a/376171141_ 100002800，访问日期：2020 年 3 月 11 日。

〔2〕 高铭暄、马克昌主编：《刑法学》（第 4 版），北京大学出版社 2010 年版，第 642 页。

〔3〕 参见张明楷：《刑法学》（第 5 版），法律出版社 2016 年版，第 1120 页。

〔4〕 李希慧主编：《妨害社会管理秩序罪新论》，武汉大学出版社 2001 年版，第 448 页，转引自孟庆华："妨害传染病防治罪的几个构成要件问题"，载《法学论坛》2004 年第 1 期。

从法律解释的角度来看，笔者赞同过失说的观点。

我们知道，文理解释是所有法律解释方法中最基本的方法。对于刑法来说，由于罪刑法定原则是刑法的最基本原则，这就决定了刑法相较于其他部门法更加强调文理解释的重要性。不巧的是，本罪的主观方面仅仅通过文理解释获取确实比较模糊，所以才会产生较大分歧。面对分歧，我们既不能盲目地反对"客观的超过要素"概念的提倡，也不能轻易地反对主观方面双重说。尽管刑法的解释方法的位阶关系还没有统一的答案，但是除了文理解释以外，学者们的共性是都强调体系解释和目的解释的方法。[1]下面，笔者将着重从体系解释、目的解释以及社会学和心理学解释的角度进行分析。

首先，体系解释要求我们对刑法条文的理解适用，应当充分考量条文与条文之间的关系、总则与分则之间的关系，要将具体的刑法条文放在整个刑法典体系中进行解读。[2]因此，判断本罪的主观方面不能只看本罪的法律条文，应当综合整个刑法典的规定来考察其主观方面的内涵。在展开分析之前，我们还要对以下前提达成一致认识：刑法中的某个罪名如果能够确定主观方面是故意或者过失的，不宜直接认为该罪主观方面是故意与过失均可或者并存。换句话说，我国刑法中的每一个罪名的主观心态原则上均应该是故意或者过失二者居其一，这样更有利于罪名认定和量刑裁决的统一，也更有利于普法宣传和令行禁止。从刑法中的刑罚配置体系来看，妨害传染病防治罪的基本刑是3年以下有期徒刑或者拘役，加重情节的量刑最高才7年有期徒刑。显然，本罪的量刑规定与大多数的过失犯罪保持在一个队形中。如果本罪是故意犯罪，其最高刑不可能只是7年有期徒刑。因此，若认定本罪为故意犯罪，则会出现刑罚配置体系不协调的现象。这明显不符合整个刑法体系的设置，除非承认出现了立法错误。但是，这么低级的立法错误，相信立法机关不可能觉察不到。从这个意义上讲，妨害传染病防治罪应当是过失犯罪，而非故意犯罪。另外，司法人员在进行法律解释时并不仅仅是对法律进行解释，还要对案件的事实进行解释。在解释事实的过程中，很多时候就要求司法人员结合个人阅历和社会经验以及客观实际进行判断，绝不能主观臆断。现在，让我们假设妨害传染病防治罪为过失犯罪，如果《刑法》《解释》和《意见》

〔1〕 参见陈金钊、孙光宁：《司法方法论》，人民出版社2016年版，第104页。

〔2〕 参见王东海："刑法体系解释存在的问题及补全"，载《人民检察》2018年第15期。

能够针对实践中可能出现的情况形成闭合的规定体系，形成一个相对比较缜密的法网，那么就可以认定假设成立。反之，则假设不成立，妨害传染病防治罪就是故意犯罪或者故意犯罪和过失犯罪并存。下面，笔者将以实践中情况最为复杂的确诊病例的涉罪情形为例展开论证。假如某乙被确诊为新冠肺炎患者，其行为表现主要可以分为以下五种情形：

（1）确诊之后，某乙未采取任何防护措施，进入公共场所或者公共交通工具，危害公共安全的。此时，某乙明知可能导致不特定多数人被传染新冠肺炎，仍然不采取任何防护措施，主观上显然具有犯罪故意，应当认定为以危险方法危害公共安全罪。

（2）确诊之后，某乙采取防护措施，进入公共场所或者公共交通工具，危害公共安全的。此时，某乙虽然对于违反防控措施是故意的，但是从其主动采取戴口罩、护目镜或者防护服等行为的表现来看，其对犯罪的结果实际上是一种过失的心理状态，此时宜认定为过失以危险方法危害公共安全罪。

（3）确诊之后，某乙不采取任何防护措施，未进入公共场所或者公共交通工具，故意与特定人员接触的。此时，某乙显然具有通过新冠病毒传染伤害或者杀死特定人员的故意，可以按照故意伤害罪或者故意杀人罪定罪处罚。

（4）确诊之后，某乙采取防护措施，未进入公共场所或者公共交通工具，与特定人员接触的。此时，如果特定人员因为被某乙传染了新冠肺炎最终导致重伤或者死亡，可以考虑某乙构成过失致人重伤罪或者过失致人死亡罪。同时，其行为也触犯了妨害传染病防治罪的规定，构成法条竞合，应当择一重罪处罚。即使没有造成重伤或者死亡的结果，但是其社会危害性还是非常明显的，如果不定罪处罚显然不利于疫情防控，此时作为过失犯罪的妨害传染病防治罪恰好可以解决这一问题。

（5）确诊之后，某乙虽不配合治疗或者隔离，但其既未进入公共场所或者公共交通工具，也未与任何其他特定人员接触的。此时，某乙主动做到"三不"，即不到公共场所、不乘坐公共交通工具、不与其他特定人员接触，充分表明其主观上不具有犯罪故意，只是因为害怕被隔离或者主观上认为自己没事才选择了拒绝执行防控措施。其行为显然不能构成以危险方法危害公共安全犯罪，根据其行为的严重程度，此时以妨害传染病防治罪定罪处罚较为恰当。当然，如果其只是违反一次，并且综合评定下来社会危害性较小，比如属于家住人烟较少的农村，到无人的田间地头或者自家的房前屋后小心翼翼地避开其他人出去散散心的情形（尽管这种可能性极小），也可以考虑按照《刑法》第13条的但书规定，不予定罪。但是，为了禁止此种情形再次发生，相关部门可以给予其行政处罚。

至此可以看出，将妨害传染病防治罪视作过失犯罪，《刑法》和《解释》以及《意见》能够针对实际可能发生的前述五种情形分别进行定罪处罚，并且规定之间不会产生冲突，即现行法律形成了闭合的规定体系，织就了完整的刑事法网。相反，如果采纳故意说或者双重说的观点，则可能导致法律条文无法形成闭合体系，甚至会出现叠床架屋的现象。当然，这也不符合现实生活中的实际经验。因此，认定妨害传染病防治罪的主观方面为过失更加具有合理性和可行性。

其次，从目的解释的角度来看，妨害传染病防治罪的规范目的是预防主观上过失导致危害传染病防治的管理秩序的行为。所谓目的解释，是根据刑法保护法益的规范目的或刑法规范所要实现的宗旨，阐明刑法条文实质含义的具体解释方法。[1]我国《刑法》将妨害传染病防治罪置于分则第六章妨害社会管理秩序罪中的第五节危害公共卫生罪之下。[2]其危害的具体法益是国家关于传染病防治的管理秩序。正如前文所述，某乙如果是持故意的心理状态危害公共安全，其侵害的法益是《刑法》分则第二章规定的公共安全（即不特定或者多数人的生命、健康和重大公私财产的安全），而非公共卫生秩序。如果某乙故意针对特定人员实施病毒传染行为，则构成对他人的健康权或者生命权的侵害，也不是公共卫生秩序。显然，1997年《刑法》之所以在妨害社会管理秩序罪之下，而不是在公共安全罪之下增设本罪，其目的就是针对主观上过失导致危害传染病防治的管理秩序的行为。

最后，基于社会实际和人性的本能考察，同样不存在妨害传染病防治罪是故意犯罪的可能。可能仍然会有人认为，即使确诊病例、无症状感染者、病原体携带者、疑似病例（需要另外满足实害结果）可以适用前述分析，但是密切接触者、重点风险人员和正常人完全可能是故意犯罪。其实，"人天生

---

〔1〕 何萍、张金钢："刑法目的解释的教义学展开"，载《法学论坛》2019年第1期。

〔2〕 尽管有观点认为，公共卫生秩序属于公共安全秩序的一部分，危害公共卫生罪应当置于危害公共安全罪一章之中。但是，根据我国现行《刑法》的规定，二者尚不属于同一类犯罪。自然，侵害的法益在实在法层面也不属于同一类别。

具有趋乐避苦的本能"，后来有人称之为"趋利避害"。趋乐避苦也好，趋利避害也罢，都说明一个精神正常的人会选择对自己有利的做法。不管是密切接触者、重点风险人员，还是正常人，其之所以外出，绝大多数都是抱有侥幸心理，认为自己不会被感染，更不会带着自己可能被感染而外出故意传染给别人的心理。因为新冠肺炎并不会因为传染给别人而使自己痊愈，这是典型的"损人不利己"的行为，行为人完全没有做出这种选择的心理动机和理由。

例如，"尹某某无证运输妨害传染病防治案"。尹某某系湖北省嘉鱼县人，从事私人客运业务，长期驾驶东风牌九座小型客车往返于嘉鱼、武汉。2020年1月20日，国家卫生健康委员会经国务院批准发布2020年第1号公告，将新冠肺炎纳入《传染病防治法》规定的乙类传染病，并采取甲类传染病的预防、控制措施。1月23日，武汉市新冠肺炎疫情防控指挥部发布《武汉市新型冠状病毒感染的肺炎疫情防控指挥部通告（第1号）》，决定于当日10时关闭离汉通道，实施封城管理。1月23日10时至20时，被告人尹某某在无运营许可证的情况下，先后2次驾驶其东风牌九座小型客车接送乘客往返于武汉、嘉鱼两地。2月4日，尹某某被确诊为新冠肺炎病例。截至2月7日，与尹某某密切接触的20人被集中隔离。2月5日，嘉鱼县人民检察院对尹某某案进行立案监督，嘉鱼县公安局于同日对尹某某立案侦查，并对其监视居住。2月10日，嘉鱼县公安局将该案移送审查起诉。2月11日，嘉鱼县人民检察院以妨害传染病防治罪对尹某某提起公诉，嘉鱼县人民法院经以速裁程序公开开庭审理，采纳了检察机关的量刑建议，当庭以妨害传染病防治罪判处被告人尹某某有期徒刑1年。[1]

本案中的尹某某主观上显然是抱着自己不会被传染的侥幸心理，借机多挣点钱，绝不会是追求或者放任新冠肺炎的传播，因而尹某某主观上应当是过失，以妨害传染病防治罪定罪是恰当的。退一步讲，如果有少数人以身试法，故意违反疫情防控措施，并且对新冠肺炎的传播持有故意心态，那么他们追求的就是对不特定多数人的生命、健康安全的危害，其行为就是危害公

---

〔1〕 "最高检发布第二批妨害新冠肺炎疫情防控犯罪典型案例"，载安徽新闻网：http://news. anhuinews.com/system/2020/02/19/008349495.shtml#0-tsina-1-40536-397232819ff9a47a7b7e80a4 0613cfe1，访问日期：2020年3月9日。

共安全的行为。此时，虽然《意见》没有明确规定，但根据《刑法》和《解释》的规定，可以以其他危险方法危害公共安全罪定罪处罚。当然，这种情况非常少。综上所述，从社会实际和人性的本能考察来看，同样不存在妨害传染病防治罪是故意犯罪的可能。在司法实践中，司法机关应当全面考察取得的各项证据、证人证言以及当事人供述，综合判断行为人的主观心态。只有主观方面是过失心态，才能对其以妨害传染病防治罪定罪处罚。否则，就可能出现罪名适用错误的危险。

五、妨害传染病防治罪客观行为表现的认定

根据《刑法》第330条和《意见》第2条"其他"情形的规定，本罪的行为表现需要具备以下条件：①违反传染病防治法的规定；②实施了其他拒绝执行卫生防疫机构依照传染病防治法提出的预防、控制措施的行为；③引起甲类传染病或者新冠肺炎传播或者有传播严重危险。如前文所述，《刑法》第330条将危害不特定多数人的行为排除出了本罪的认定范围。《解释》进一步明确，患有突发传染病或者疑似突发传染病的人员危害公共安全的，分别以危险方法危害公共安全罪和过失以危险方法危害公共安全罪定罪处罚，实际上也验证了笔者的分析。有观点认为，《解释》将妨害传染病防治罪的传染病范围由甲类传染病扩大到突发传染病，属于越权解释，这显然是对《解释》的误解。《意见》第2条将新冠肺炎确诊病例、病原体携带者和疑似病例危害公共安全的行为归入《刑法》第114条和第115条的范畴，实际上是对《解释》的沿袭，其中并未涉及妨害传染病防治罪的问题，因而并无不妥。需要指出的是，《意见》第2条未将确诊病例、病原体携带者和疑似病例进入公共场所或者公共交通工具作出故意或者过失的区分的做法，确有不妥。笔者认为，实际案件处理过程中还是应当结合《解释》第1条的规定，分为故意和过失两种情况进行处理，这样才符合主客观相一致的原则要求。新冠肺炎疫情防控期间，妨害传染病防治罪客观行为表现的司法认定应当注意以下几个方面的问题：

第一，"违反传染病防治法的规定"中的"传染病防治法"不能仅仅拘泥于《传染病防治法》，应当作扩大解释。因为传染病防治，尤其是新冠肺炎等传染性较强的疾病防治工作不是仅仅《传染病防治法》一部法律就能够胜任的。国务院及其各部委以及地方政府及其相关部门，依据《传染病防治法》

《突发事件应对法》《突发公共卫生事件应急条例》和其他相关法律法规、部门规章、地方政府规章等决定采取的关于疫情防控的相关措施，均可视为依照传染病防治法提出的预防、控制措施。只要行为人拒绝执行相应的防控措施，引起甲类传染病或者按照甲类管理的传染病传播或者有传播严重危险的，即应考虑可能构成妨害传染病防治罪。例如，2020 年 3 月，网传长期居住于美国的女士某丙，其在美国已经被确诊为新冠肺炎患者，但因不满意美国的医疗手段，坐飞机回到中国治病。但是，由于担心过不了安检，某丙在美国登机前服用了大量的退烧药，并对乘务人员隐瞒了自己的病情，还说自己没有同行者，仅称自己有点不适，让乘务员将自己安排到了飞机的后排就座。直到临近飞机落地前 2 小时，某丙才吐露真相，说自己任职的公司有人确诊，她自己也发烧了，但吃了退烧药，还说自己有丈夫和孩子在机上同行。本案中的某丙在被确诊为新冠肺炎患者之后，乘飞机回到中国，应当按照中国的防控管理规定进行如实申报，以便做好后续的隔离、治疗等防控工作。甲的隐瞒行为实际上就是拒绝执行我国医疗卫生防疫机构依照《传染病防治法》提出的预防、控制措施的行为。尽管让其配合登记相关信息的人员很多并不是专门的医疗卫生或者疾控防疫部门的工作人员，但是不管是海关人员、机务工作者、社区工作者，还是专业的医疗卫生疾控人员，都是在依法执行我国的传染病防治措施。只要某丙不予配合、弄虚作假或者明显对抗，其行为就有可能构成妨害传染病防治罪。另外，从体系解释角度来看，《刑法》第 330条第 1 款和第 3 款分别采用"违反传染病防治法的规定"和"依照《中华人民共和国传染病防治法》和国务院有关规定确定"。显然，第 1 款的"传染病防治法"应当是广义的概念，而不是单指第 3 款的《传染病防治法》，否则没有必要在同一法条中采用两种不同的表述。同时，将"传染病防治法"作扩大解释，既没有超出文理解释的射程，也没有违背普通社会人的一般认识，具有合理性和可行性。

第二，"其他拒绝执行卫生防疫机构依照传染病防治法提出的预防、控制措施"中的"拒绝执行县级以上人民政府、疾病预防控制机构依照传染病防治法提出的预防、控制措施"的理解适用，上文已经述及，不再赘述。这里的"其他"，如果单纯地从《意见》的规定看，很容易理解为"已经确诊的新型冠状病毒感染肺炎病人、病原携带者和疑似病人以外的人员"。其实不然，文中虽然将"其他"与"已经确诊的新型冠状病毒感染肺炎病人、病原携带者和新型冠状病毒感染肺炎疑似病人"相并列，但根据《刑法》关于妨害传染病防治罪主体是一般主体的规定可以看出，这里的"其他"并不是从主体角度作出的规定。如果用体系解释的理论分析就会发现，这里的"其他"是从客观行为表现的角度所作的规定，即除了《意见》第2条规定的依照《刑法》第114条和第115条第1款定罪处罚以及《解释》第1条规定的按照《刑法》第114条和第115条第2款定罪处罚的情形以外，其他拒绝执行相应防控措施的行为，不管犯罪主体是确诊病例、无症状感染者、病原体携带者或者疑似病例，还是密切接触者、重点风险人员或者正常人，均应认定为妨害传染病防治罪。

第三，从文理解释的角度看，由"引起甲类传染病或者新冠肺炎传播或者有传播严重危险"的规定可以看出，妨害传染病防治罪有两种情况：一种是产生了实际的危害后果，即"引起甲类传染病或者新冠肺炎传播"的后果，这种情况属于实害犯，较好认定；另一种情况是产生了"引起甲类传染病或者新冠肺炎有传播严重危险"的后果，学界一般将此种情况称为过失危险犯。我国刑法学界传统观点认为，过失犯罪只能是实害犯，不能是危险犯，即不承认过失危险犯。但是，自1997年《刑法》规定妨害传染病防治罪之后，刑法学界对过失危险犯的态度发生了转折。笔者赞同将过失危险犯中的"危险"理解为"危险状态"的观点。[1]也就是说，"结果犯可分为实害犯和危险犯两种，危险状态本身也是犯罪结果的一种"。[2]并且，这种结果只能是一种具体危险状态。这种危险状态"通常至为严重……不发生则已，一旦发生，则其对于国家/社会或个人法益莫不予以严重之危害"。[3]新冠肺炎具有高度的传染性，一旦传染开来，将会产生严重的社会危害性，《刑法》和《意见》针对此种情形作出过失危险犯的规定，是顺应社会现实的结果。尤其是近年来科学技术迅猛发展，带动社会各方面均发生了巨大变化，风险社会已然到来，再也不能仅仅将实际危害结果的发生作为风险社会刑法结果犯的唯一结果。否则，风险一旦实际发生，危害后果将无法估量。对于妨害传染病防治罪来说，是否具有传播的严重危险要参考专门的医疗卫生防疫机构的专业意

---

〔1〕 参见臧冬斌："过失危险犯之危险研究"，载《法商研究》2006年第3期。

〔2〕 刘仁文："过失危险犯研究"，载《法学研究》1998年第3期。

〔3〕 蔡墩铭：《刑法基本理论研究》，汉林出版社1980年版，第203页。

见，根据法律规定，结合具体案情和证据情况进行综合认定。

总之，在新冠疫情防控期间，只有合理运用法律方法，才能准确理解并完美适用《刑法》《解释》和《意见》等相关规定，为维护当前社会大局贡献刑法智慧。

（原文载于《法律方法》第 31 卷）

后疫情时代专门教育的挑战及其应对

周 颖*

一、后疫情时代背景

2020 年初新型冠状病毒肺炎疫情的爆发，给我国乃至整个世界的政治经济全局带来了不可预估的深度冲击。早在疫情爆发之初，教育部门便首当其冲地遭遇危机。如何在保障师生健康的前提下，同时保证教学活动的正常开展成了一个棘手的问题题。为阻断疫情向校园蔓延，确保师生生命安全和身体健康，教育部要求 2020 年春季学期延期开学，学生在家自主学习。与此同时，随着疫情形势的进一步严峻，学校在短期内复学的可能性越来越低，为了保证教育活动的正常进行，教育部进一步提出"停课不停教、不停学"的政策方针。[1]因此，采用"互联网+教育"的模式，及时推广网络教学，运用线上学习平台成了落实政策的关键。值得庆幸的是，近年来我国网络教学平台逐步搭建，教育领域的线上教学、虚拟课堂、远程教育等也有了迅速的发展。这些都为借助网络平台保障教育活动的正常开展打下了很好的基础。

突发的疫情对教育提出了新的要求，在要求改变教育场域，改变教育形式的同时，也给教育的内容带来了冲击，给未成年学生的身心健康带来了新的挑战。未成年人处于人生成长的特殊阶段，心理层面极易产生波动。受到疫情影响，学生们需要应对居家隔离、上网课、返校复学、延期考试等各种变化，一些未成年人的心理健康问题被激化和放大，甚至出现了自杀等极端

---

* 上海政法学院刑事司法学院讲师。本文系 2020 年度上海政法学院校级项目"中美比较视野下的工读教育再定义"（编号：2020XJ14）阶段性研究成果。

〔1〕 参见朱永新："面对疫情，教育大有可为"，载新华网：http://www.xinhuanet.com/commen-ts/2020-02/07/c_ 1125540730.html，访问日期：2020 年 2 月 7 日。

问题。在疫情好转学生陆续复学后，全国各地一度出现学生自杀率上升的态势，引起了教育界和全社会的广泛关注。

基于新型冠状病毒在世界各地的持续蔓延，未来疫情的不确定性已经将整个世界拖入了后疫情时代。突发的疫情刺激提升了教育的应急能力，然而随着后疫情时代的来临，教育需要更深远地思考未来的应对和变革之路，专门教育也不能例外。与传统普通教育相比，专门教育通常有着更为严格的学校纪律要求，学业方面除了义务教育的内容外，更加注重职业教育，并且在一定意义上，教育有着矫正行为偏差的功能。作为一种特殊的义务教育，专门教育未来需要面对哪些挑战？相对于普通教育更为保守和落后的专门教育，该如何改变、完善自己的教育生态以迎接变化？这些都需要我们进行系统性的思考，从而建成更加立体的、更加适应未来发展变化的专门教育。

二、专门教育的现状

什么是专门学校？专门学校是对有违法、轻微犯罪行为和品行偏常的未成年中学生进行有针对性教育的半工半读学校，是普通教育中的特殊形式。《预防未成年人犯罪法》第 35 条、第 36 条对此进行了规定。在整个少年司法的矫正体系中，工读教育是预防青少年犯罪的重要措施之一，常被人们称为预防少年犯罪的"最后一道防线"。2019 年，中共中央办公厅、国务院办公厅下发的《关于加强专门学校建设和专门教育工作的意见》指出，专门学校是教育矫治有严重不良行为未成年人的有效场所。专门教育是国家教育体系的组成部分，也是少年司法体系中具有"提前干预、以教代刑"特点的重要保护处分措施。

相比于法律上的简单定义，现实中的专门学校显得更为纷繁复杂。有些偏重司法，有些则注重教育。专门学校的地理分布相对集中在大城市，各地的发展极不平衡，有些人口大省甚至连一所专门学校都没有。在以北京、上海为代表的专门学校，生源近些年来也发生了极大的变化。一方面，整体生源数量日趋减少；另一方面，校园中真正具有"严重不良行为"的学生十分罕见。大部分在校学生的问题都仅仅是行为问题、心理问题，例如上网成瘾、厌学等。除此之外，一些偏重司法的特殊专门学校显得格外引人注目，例如海南省海口市的未成年人法制教育中心以及贵州省各地的一些专门学校。这些学校的特殊之处在于：学生在入学前大多具有严重不良行为甚至违法犯罪行为，入学往往具有一定的强制性，公安或者司法机关在一定程度上参与了学校工作等。

（一）具有行为偏差问题的教育对象

法律上，专门学校的教育对象包括两类：一类是有严重不良行为的学生；另一类是有一般不良行为的学生，主要是一些由于家长缺乏管教能力，或者各种原因无法继续在原学校学习的学生。实际上，专门学校中有罪错或者严重不良行为的学生极少，后一种情况占绝大多数。

与过去单一转化、矫治违法犯罪未成年人的模式不同，各地专门学校经过多年的探索，在职能上进行了延伸和拓展，已经逐步形成了多层次的办学模式。专门学校的在校学生被分四类：工读生、托管生、职校生和高中生。区分工读生和托管生主要是为了进行分级管理。早期的工读生是指有违法犯罪行为的学生，人们印象中的工读生更多地指具有严重不良行为的学生，托管生则指具有一般不良行为的学生。职校生和高中生的存在是为了解决专门学校学生初中毕业后的出路问题，同时也是为了提升专门学校学生未来的职场竞争力。有高中阶段班级的工读学校极少，并且有继续萎缩的趋势。

在专门学校的教育对象中，还有一种学生被称为预控生。该类学生不在专门学校上学，而是仍然在原普通学校就读。[1]预控生的设立，是向前延伸服务的重要举措。专门学校主动参与普通学校的德育工作，采取个别帮教、小班教学的形式，为预控生提供教育服务。

（二）严格且多元的教学管理手段

由于教育对象和教育目的不同，与传统教育相比，专门教育往往没有升学压力，对于学习成绩的要求较低，但是在日常学习以及个人行为管理制度方面则更为严格。专门学校通常采用半封闭、半军事化管理等形式。在一些倾向于教育属性的专门学校，类似于住宿制学校学生周一到周五住宿，周末回家；另外一些具有司法性质的专门学校则更为严格，更多的是准军事化管理。从班级管理上看，低师生比、小班化教学等都是专门学校的重要特征。传统的惩戒手段已经不再适用于专门学校学生，但是仍然需要有替代性

---

〔1〕 20世纪90年代，上海市的专门学校在办学模式上进行了较大的拓展，简单可以概况为"前伸后延"。张民生主编：《上海工读教育四十年》，上海教育出版社2001年版，第4页。

的手段。[1]

在教育实践中，专门学校的教师们尤其注重心理健康教育、个性化教育，创造了许多适合于差生个性特征的有效教育方法，如"闪光点扩大法"、"成功激励法"、"表扬激励法"（正强化刺激法）、"批评惩戒激励法"（负强化刺激法）、"心理需求补偿法"、"兴趣移情法"等。[2]未来在个性化的教学方法上，还需要有更多的探索。

（三）义务教育为主的多层次办学模式

在《预防未成年人犯罪法》中，专门教育被定位为义务教育的一种形式。法律明确，工读学校对就读的未成年人应当严格管理和教育。专门学校除按照《义务教育法》的要求，在课程设置上与普通学校相同外，应当加强法制教育的内容，针对未成年人严重不良行为产生的原因以及有严重不良行为的未成年人的心理特点，开展矫治工作。不过，随着历史的发展，专门学校逐渐形成了以义务教育为主的多层次办学模式。

从20世纪90年代起，专门学校继续朝着预防和矫治违法青少年的中心方向发展。上海市多年试行一校五部制，即专门学校由工读部、委托管理部、职业教育部、校外教育部和心理行为咨询服务部组成。北京市由原来的单一制发展为四位一体，深圳市把专门学校办成了一个集军训、劳动、法制教育和开展假期活动于一体的多功能、综合性的学校德育基地。丹东市则试验"社区综合性中学模式"，尝试以普通中心为依托，建立工读班、委托管理班、初级职业班、中学生行为规范班多层级办学的综合性中学。[3]

三、疫情带来的挑战

疫情给教育带来了严重冲击，其中给专门教育带来的冲击尤为严重。从专门教育的特点来看，无论是教育的内容还是教育的形式，专门教育都更依赖于传统教育中面对面的线下模式。然而，随着后疫情时代的来临，使专门教育不得不应对来自各方面的挑战。

---

〔1〕 陈晨："规训与惩罚：工读教育中的情感体制"，载《福建论坛（人文社会科学版）》2019年第3期。

〔2〕 高妙根："我国工读教育的历史地位及展望——写在我国工读教育创立50周年之际"，载《教育发展研究》2005年第21期。

〔3〕 杨安定、江晨清主编：《世纪之交的工读教育》，上海教育出版社1996年版，第160~163页。

（一）教学场域受到限制

疫情之下，基于隔离政策的需要，教学场域受到严格限制。线上课程的普遍开展为传统专门教育的改革提供了新的契机。全国各地的教育部门都在积极尝试开展远程教学，师生交流、信息共享等都需要通过网络平台完成。相比于传统的普通教育，专门教育的设施相对落后，师资能力也相对更弱，开发线上课程的能力有限。在疫情的倒逼之下，从师生对话、内容结构、学习者自主性三者之间的动态关系来分析专门教育，对线上课程的设计与教学具有指导意义。专门教育中有很大一部分内容是行为规范、人际交往能力以及职业教育，其教育的内容和目的决定了其教育的场域不能单一化，从长期来看，专门教育在未来注定应当探索一条复合多元的道路。

（二）学生心理健康遭遇危机

疫情不仅仅影响了人们的日常生产和生活，还给人们的心理施加了巨大的压力。未成年学生容易受到外界环境的影响，在疫情中是最为薄弱的一环。专门学校的学生大多具有行为偏差或者心理偏差问题，疫情之下其承受能力更弱。尤其是多数专门学校学生的家庭，在亲子关系上并不和睦，往往存在各种各样的问题。在学校无法正常开展教学工作的情况下，当学生缺乏自控和自制力时，他们既得不到老师的帮助，也无法及时获得家庭给予他们的有力支持，更容易遭遇心理健康危机，需要学校和家庭的高度关注，及时给予帮助，并进行必要的介入。

（三）网络沉迷现象加剧

网络沉迷现象已然成为现代的一大社会问题。专门学校中的学生属于未成年群体，自我管理、自我控制能力较差，网络沉迷等行为问题尤为突出。后疫情时代，线下教学活动受到限制，开始依赖网络教育平台。半军事化的"断网"管理在一定程度上将无法适用，更多的是不定期的居家学习，网络成了教学不可或缺的一部分。这无疑给专门教育提出了一个难题，即在利用网络开展教育时，如何能够让学生不"沉迷"。如何能够合理有节制地、科学地使用网络，恐怕将成为未来教育以及教学管理改革的重要内容之一。

（四）网络犯罪影响增加

随疫情滋长的并不只有心理问题和网络沉迷，网络犯罪也呈现迅猛增长的特点。从2020年初疫情爆发后，我国犯罪数据出现"疫情综合征"，网络诈骗犯罪、违反社会秩序管理犯罪增加，而传统的侵犯财产犯罪、接触性犯罪、街面犯罪则相应减少。[1]当然，随着国家经济生活的正常化，犯罪的形态将会逐步恢复常态。不过，随着专门教育在线教学场域的增加，未成年学生不可避免将更多地改变以往日常"断网"的模式，而更多地、全方位地接触网络平台，增强未成年人自身的"免疫力"恐怕才是治本之策。

四、专门教育的应对

疫情是一场突如其来的社会危机，同时也是推动后续社会变革的动力。在当今社会，信息网络技术与传统领域的相互渗透、相互结合是不可逆的时代洪流。专门教育并不能够因为网络的负面效应而将自己和学生与网络世界"隔离"。后疫情时代的来临，需要专门教育更多地思考如何更好地融入未来新的网络世界，如何更好地服务学生。

（一）转变教育场域开启多元化

疫情后，教学秩序逐步全面恢复，但这对在线教育而言，并不意味着全盘退出。我们需要继续关注当学生回到正常的线下课堂之后，专门学校该如何赋能教师，开启教育场域的多元化时代。

专门教育秉持的是个性化教育原则，更需要融入多元元素。由原来单一的线下教学模式转变为线上线下混合式学习的模式；由原来教育主要依赖学校教师，转变为更多地依赖家庭、学校、社区的联动；由依赖学校为主的资源，转变为广泛调动、集合所有有用的社会资源，以实现学生全面的身心健康成长为教育目标。

（二）提升心理健康服务水平

随着人们生活水平的提高，心理健康越来越多地受到人们的关注，学校心理健康教育的地位也越来越高。2012 年，教育部修订了《中小学心理健康教育指导纲要》，规定每所中小学校都需要配有一名专兼职心理教师，同时要求建立配套的心理辅导室。我国学校心理教育得到了迅速发展。学校心理教育的历史，根据关注人群和理念的不同，经历了医学模式、教育模式和服务模式的发展。从心理健康教育走向心理健康服务成了学校心理健康教育发展

---

〔1〕 靳高风、郭一霖、李昂霖："疫情防控背景下中国犯罪形势变化与趋势——2019—2020 年中国犯罪形势分析与预测"，载《中国人民公安大学学报（社会科学版）》2020 年第 3 期。

的必然趋势。[1]

专门教育面对的是特殊的学生群体,更需要提升心理健康服务的水平和能力。首先,需要加强心理专业教师的引进和培训,加强专业人才培养建设;其次,需要结合这个年龄段学生的特点,开发针对专门学校学生的心理健康课程;最后,要完善校外心理健康服务资源的导入机制,建立校内外合作平台。

(三) 合力防治学生"网络沉迷"

"网络沉迷"是专门学校多数学生固有的顽症,在后疫情时代,网络教学平台不可避免地会与学校防治网络沉迷发生一定的冲突。对专门学校来说,要让学生在触网的情况下防沉迷,无疑是一种更大的挑战。学校应该有计划地加强对学生正确上网的引导,开设网络安全相关课程;丰富教学形式,设计线上线下相结合的课程;加强家校沟通,开展家校合作,改善亲子关系,提升家长的亲职教育水平;完善预防及干预系统,建立多层级的预警机制,培养自我管理、自我控制的能力。

(四) 引入学校社会工作服务

学校社会工作是以学校为工作场域的社会工作,其专业优势在于整合校内外资源,连接学校、社区与家庭,形成组合优势,而这正是学校教育无力顾全、受到各类资源制约的短板。社会工作与学校教育的结合是一种打破现有学校内部解决问题模式的尝试,是一种对学校制度及功能改革的尝试,是一种整合校内外资源、改善学校环境的尝试。[2]

早在我国学校社会工作本土化初期,学校社会工作与专门教育的联结就已经开始了。社会工作在学校领域的专业化之路上,首先选择的是随迁子女学校、职业学校和专门学校。然而,考察专门学校的社会工作我们会发现,其中大多数的学校社会工作开展得并不顺利。由于缺乏政策法律的支持,学校社会工作并没有被所有的专门学校接纳。还有些尽管引入了社会工作,但是仍然停留在开展活动、举办讲座等十分浅层的水平。基于社会工作与学校教育的互补性,引入学校社会工作将会使专门学校大获裨益。我国未来应该在制度层面给予更大的支持。

---

[1] 俞国良、侯瑞鹤:"论学校心理健康服务及其体系建设",载《教育研究》2015年第8期。

[2] 彭华民:"需要为本的中国本土社会工作模式研究",载《社会科学研究》2010年第3期。

结　语

疫情是一次危机，也是一个推动器。如今的专门教育不仅落后于普通教育，更远远落后于整个社会的发展。无论是后疫情时代的来临、网络与教育的深度结合，还是未成年人时代属性的变迁都需要专门教育及时进行调整和应对。

"南医大奸杀案"追诉时效的法教义学
分析及其反思

彭文华* 董文凯**

一、问题的提出

2020年2月23日晚,南京警方发布通报,1992年3月发生的"南医大奸杀案"得以侦破,强奸并杀害南京医科大学(原南京医学院)在校女学生林某的犯罪嫌疑人麻某某被抓获归案。由于该案至今已有28年,大大超过了20年的最长追诉时效期限,令人不禁产生如下疑问:该案已过追诉时效,能否追诉麻某某的刑事责任?于是,有关该案的追诉时效问题引发了广泛热议,人们众说纷纭、莫衷一是。有人指出,"南医大奸杀案"无论在过去还是在现在都是犯罪,所以应当根据1997年《刑法》总则第四章第八节的规定来判断是否追诉,适用新刑法,故该案追诉可能无须最高检核准。[1]有人认为:"依据刑法的从旧兼从轻原则,本案应适用犯罪行为发生时的法律,即1979年《刑法》。由此,本案中的犯罪行为已经过了追诉时效。"[2]还有人通过分析得出结论:"要不要追究麻某某的刑事责任呢?没看案卷,我也说不清。"[3]一时间,关于"南医大奸杀案"的追诉时效问题变得扑朔迷离。

* 上海政法学院刑事司法学院院长、教授,博士生导师,法学博士。

** 上海政法学院刑事司法学院研究生。

〔1〕参见涂龙科:"南医大奸杀案追诉可能无需最高检核准",载搜狐网:https://www.sohu.com/a/376638924_120068564.

〔2〕陆青:"'追诉时效'与司法正义",载《检察日报》2020年3月3日。

〔3〕王复春:"'南医大奸杀案'追诉时效问题",载微信公众号"法律读库",访问日期:2020年2月26日。

从网络以及报纸上的诸多观点来看，尽管站在不同立场有各自可取之处，但总体上，各观点均未将问题分析透彻。"南医大奸杀案"绝非只涉及追诉时效制度的某个方面。首先需要解决的是，该案的追诉时效能否延长？如果该案符合刑法规定的追诉时效延长条件，则尽管距今已有 28 年，仍将不受追诉期限的限制，可以追究犯罪嫌疑人的刑事责任。而能否延长追诉时效，关键要看该案是否符合刑法规定的追诉时效延长的条件，这涉及《刑法》第 88 条第 1 款规定的理解与适用。其次，如果该案不符合追诉时效延长的条件，因其至今远超刑法规定的最长追诉期限，故而需要进一步判断是否符合核准追诉条件。由于麻某某强奸杀人的法定最高刑为死刑，根据《刑法》第 87 条的规定，虽然超过了 20 年的追诉期限，但如果符合核准追诉条件，报请最高人民检察院核准，可以继续追诉；否则，不能追诉。

本文立足于刑法教义学，以"南医大奸杀案"为视角，拟对我国刑法规定的从旧兼从轻原则、追诉时效延长制度加以全面、具体的分析。期待借此抛砖引玉，从刑法教义学的角度促进理论界与实务界进一步关注追诉时效制度的理解和运用。

二、"南医大奸杀案"不符合追诉时效延长条件

研究"南医大奸杀案"能否延长追诉时效，需要解决两个问题：一是该案适用 1979 年《刑法》（旧刑法）规定还是现行刑法（新刑法，即 1997 年《刑法》）规定。由于 1979 年《刑法》与现行刑法规定的追诉时效延长条件不同，适用不同规定会产生完全不同的后果。二是犯罪嫌疑人有没有"逃避侦查或者审判"。由于 1979 年《刑法》与现行刑法均将"逃避侦查或者审判"作为适用追诉时效延长制度的条件，故而需要判断该案犯罪嫌疑人有无"逃避侦查或者审判"的行为。

（一）"南医大奸杀案"可以适用现行刑法规定

关于追诉时效延长制度，1979 年《刑法》第 77 条规定："在人民法院、人民检察院、公安机关采取强制措施以后，逃避侦查或者审判的，不受追诉期限的限制。" 1997 年，修改后的《刑法》第 88 条对该规定作了重大修改，即将 1979 年《刑法》规定的"采取强制措施以后"修改为"立案侦查"或者"受理案件"。显然，现行刑法规定更为宽松，因为"采取强制措施"较"立案侦查"要严格得多。"南医大奸杀案"发生于 1979 年《刑法》生效期

间，犯罪嫌疑人被抓获归案则是在现行刑法生效时，这就关系到现行刑法的溯及力问题。由于该案发生后警方已立案侦查，却并未采取强制措施。这样一来，若根据1979年《刑法》规定，因该案未采取强制措施而不能适用追诉时效延长制度；若根据现行刑法的规定，则该案已被立案侦查而能适用追诉时效延长制度。那么，现行刑法对"南医大奸杀案"有无溯及力呢？

《刑法》第12条规定："中华人民共和国成立以后本法施行以前的行为，如果当时的法律不认为是犯罪的，适用当时的法律；如果当时的法律认为是犯罪的，依照本法总则第四章第八节的规定应当追诉的，按照当时的法律追究刑事责任，但是如果本法不认为是犯罪或者处刑较轻的，适用本法。"这便是从旧兼从轻原则。据此，"南医大奸杀案"若要适用现行刑法，必须是根据现行刑法不认为是犯罪或者处罚较轻，否则就要适用1979年《刑法》。问题在于，《刑法》第12条中的"处刑较轻"，是否包括有利于行为人的追诉时效规定？若包括，判断"南医大奸杀案"是否延长追诉时效应适用1979年《刑法》的规定。若不包括，可适用现行刑法的规定。

对于"处刑较轻"是否包括有利于行为人的追诉时效规定，学界有两种不同观点。否定说认为，有利于行为人的时效规定不属于"处刑较轻"之范畴。一方面，"处刑较轻"只是指法定刑较轻，具体需要通过法定刑幅度、主刑以及附加刑等来判断。[1]另一方面，时效的规定属于程序性规定，因为时效并不属于犯罪的构成要件或刑罚效果内容，它只影响司法机关追究行为人的刑事责任的时间范围。[2]肯定说则认为："所谓'按当时的法律追究刑事责任'，不仅包括适用当时法律的定罪量刑规定，也应当包括适用当时法律关于追诉时效的规定。"[3]

不仅理论界存在争议，司法机关与立法机关在该问题上也存在分歧。1997年9月25日，最高人民法院发布的《关于适用刑法时间效力规定若干问题的解释》（以下简称《时间效力解释》）第1条规定："对于行为人1997年9月30日以前实施的犯罪行为，在人民检察院、公安机关、国家安全机关立案侦查或者在人民法院受理案件以后，行为人逃避侦查或者审判，超过追

---

〔1〕 参见范旭斌、叶巍："新刑法溯及力问题的理论与实践探微"，载《江海学刊》2000年第6期。

〔2〕 参见曲新久：《刑法的精神与范畴》，中国政法大学出版社2000年版，第56页。

〔3〕 聂昭伟："新旧刑法交替后追诉时效的适用"，载《人民司法（案例）》2018年第5期。

诉期限或者被害人在追诉期限内提出控告，人民法院、人民检察院、公安机关应当立案而不予立案，超过追诉期限的，是否追究行为人的刑事责任，适用修订前的刑法第七十七条的规定。"根据该规定，犯罪虽经公安机关立案侦查，若超过追诉时效，是否追究行为人的刑事责任需要适用 1979 年《刑法》第 77 条的规定。这显然是认定《刑法》第 12 条中的"处刑较轻"，包含有利于行为人的追诉时效规定。《时间效力解释》还将其他有利于行为人的非处罚性质的处遇（如有利于行为人的累犯、假释等方面的规定），认定为"处刑较轻"。[1] 2001 年，最高人民法院、最高人民检察院《关于适用刑事司法解释时间效力问题的规定》规定："对于新的司法解释实施前发生的行为，行为时已有相关司法解释，依照行为时的司法解释办理，但适用新的司法解释对犯罪嫌疑人、被告人有利的，适用新的司法解释。"该规定将"对被告人有利的"作为司法解释溯及力适用的依据，明确了"处刑较轻"包括一切有利于被告人的规定。这可以被看作是在刑法溯及力的理解和运用中，司法解释正式确立"从轻"应坚持有利于被告人主义。

不过，立法机关与司法机关在该问题上的态度有所不同。2014 年 7 月 17 日，全国人大法工委作出的《对刑事追诉期限制度有关规定如何理解适用的答复意见》（法工办发［2014］277 号）明确规定："对 1997 年前发生的行为，被害人及其家属在 1997 年后刑法规定的时效内提出控告，应当适用刑法第八十八条第二款的规定，不受追诉期限的限制。"该答复虽说针对的是《刑法》第 88 条第 2 款，但其意义却不容小觑。这是因为，较之 1979 年《刑法》，1997 年《刑法》第 88 条第 2 款属于新增条款，且其明显属于不利于行为人的追诉时效规定。认可其溯及既往的效力，就说明立法机关的态度是，有利于行为人的追诉时效规定不属于"处刑较轻"，否则便会与《刑法》第 12 条规定相冲突。据此，关于追诉时效的规定不应适用《刑法》第 12 条的规定，《刑法》第 88 条第 1 款对刑法生效前发生的行为具有溯及力。

笔者认为，根据《刑法》第 12 条的规定，"处刑较轻"不应包括有利于被告人的追诉时效规定。根据该条规定，"处刑较轻"是以行为构成犯罪为前

---

[1] 例如，该解释第 8 条规定："1997 年 9 月 30 日以前犯罪，1997 年 10 月 1 日以后仍在服刑的累犯以及因杀人、爆炸、抢劫、强奸、绑架等暴力性犯罪被判处十年以上有期徒刑、无期徒刑的犯罪分子，适用修订前的刑法第七十三条的规定，可以假释。"

提的，即 1979 年《刑法》认为是犯罪，才会在逻辑上得出处罚较轻的结论，否则就不存在处罚轻重之别。然而，追诉时效是与犯罪及其处罚无关的，它是指刑法规定的对犯罪人进行刑事追诉的有效期限，在性质上属于刑罚消灭事由。过了追诉时效，即意味着法律后果消灭，既不能行使求刑权、量刑权和行刑权，也不能适用非刑罚的法律后果。[1]不能行使求刑权、量刑权和行刑权，也就不存在是否构成犯罪及处罚轻重的问题。可见，追诉时效在性质上无关犯罪及其处罚，只涉及对被告人有利与否。因此，不应将有利于被告人的追诉时效规定理解为"处刑较轻"，有关追诉时效延长的规定不应受从旧兼从轻原则的约束。对于"南医大奸杀案"，现行刑法具有溯及力，即可以根据《刑法》第 88 条第 1 款的规定来判断"南医大奸杀案"的追诉时效是否需要延长。

（二）"南医大奸杀案"不符合延长追诉时效的实质条件

"南医大奸杀案"虽然可以适用刑法规定，但判断其追诉时效是否延长还要看其是否符合刑法规定的条件。《刑法》第 88 条第 1 款对追诉时效延长制度适用规定了两项条件：一是前提条件，即在人民检察院、公安机关、国家安全机关立案侦查或者在人民法院受理案件以后；二是实质条件，即行为人逃避侦查或者审判。只有符合这两项条件，才能适用追诉时效延长制度。

1. "南医大奸杀案"早已立案侦查

既然第 88 条第 1 款对"南医大奸杀案"具有溯及力，那么只要公安机关对该案立案侦查，该案就具备了延长追诉时效的前提条件。可是，何谓"立案侦查"呢？对此，学界存在不同看法。一种观点认为，"立案侦查"是指立案并侦查，如果只是立案但还没有开始侦查，就不存在时效延长的问题。[2]另一种观点认为："所谓立案侦查，是指人民法院、人民检察院或者公安机关对于报案、控告、举报和自首的材料，按照管辖范围进行审查，认为有犯罪事实需要追究刑事责任的时候，决定将其作为刑事案件进行侦查或者审判。"[3]根据该观点，只要司法机关立案就应认定为"立案侦查"。第二种观点为多数说。主要理由在于，"虽然从字面上理解，'立案侦查'是指联合侦查二者兼

---

〔1〕 参见张明楷：《刑法学》（第 5 版·上），法律出版社 2016 年版，第 648 页。

〔2〕 参见陈兴良主编：《刑法疏议》，中国人民公安大学出版社 1997 年版，第 194 页。

〔3〕 黎宏：《刑法学总论》（第 2 版），法律出版社 2016 年版，第 414 页。

备，但由于立案后行为人也可能实施逃避侦查的行为，因此，从有利于追诉犯罪的角度来讲，将立案侦查解释为立案则较为妥当"。[1]显然，第二种观点更具合理性，更符合立法原意。

与认定"立案侦查"密切相关的问题是，"立案"究竟是对人立案还是对事立案？该问题与"南医大奸杀案"是否适用追诉时效延长制度直接相关。因为，警方虽然在案发后对"南医大奸杀案"立案，但由于无法知晓犯罪嫌疑人，因而只是对事立案而非对人立案。如果"立案"是指对事立案，则该案可以适用追诉时效延长制度，否则便不能适用。关于"立案侦查"之"立案"究竟是对人立案还是对事立案，理论上主要存在三种不同观点：一是对事说。认为从立法上看，只要侦查机关已经立案，无论是否确定为犯罪嫌疑人，只要行为人逃避侦查就属于延长时效的情形。[2]二是对事且对人说。认为"立案不仅是'对事'而且是'对人'，仅仅对于犯罪事实而没有对犯罪嫌疑人立案的，不属于暂停追诉时效进行的事由"。[3]三是折中说。"不能过于强调形式而忽视实质，机械地认为必须针对特定的人和事进行立案，也不能片面地认为只要立案即可，而不考虑是否有确定的犯罪嫌疑人，需要综合全案进行分析判断，如果公安机关已经对该事实进行立案侦查，并在侦查过程中有一定证据指向特定人员时，仍然应当适用该款的规定。"[4]

笔者赞成第一种观点，主要理由是其具有法律依据。我国《刑事诉讼法》第112条规定："人民法院、人民检察院或者公安机关对于报案、控告、举报和自首的材料，应当按照管辖范围，迅速进行审查，认为有犯罪事实需要追究刑事责任的时候，应当立案；认为没有犯罪事实，或者犯罪事实显著轻微，不需要追究刑事责任的时候，不予立案，并且将不立案的原因通知控告人。……"据此，立案的依据是"有犯罪事实需要追究刑事责任"，这显然是对事而言的，并不涉及对人。另外，在司法实践中，案发后难以即刻查找出犯罪人的情况极为常见，甚至在很长时间内无法查找出犯罪嫌疑人也不鲜见。在这样

---

〔1〕 高铭暄、马克昌主编：《刑法学》（第 7 版），北京大学出版社、高等教育出版社 2016 年版，第 306 页。

〔2〕 参见董丽君、赖早兴："追诉时效制度适用中的疑难问题"，载《河南警察学院学报》2018 年第 4 期。

〔3〕 曲新久："追诉时效制度若干问题研究"，载《人民检察》2014 年第 17 期。

〔4〕 任开志、何涛："'以事立案'情形下如何适用追诉时效"，载《检察日报》2019 年 8 月 18 日。

的情形下，若认为立案乃对人，等于否定了这些案件之立案，乃至无法延长追诉时效，这是不合理的。

在"南医大奸杀案"中，警方在案发后业已立案侦查。尽管警方当时不知犯罪嫌疑人是谁，直到28年后才发现犯罪嫌疑人是麻某某，但这并不影响"南医大奸杀案"之立案侦查。因此，"南医大奸杀案"符合延长追诉时效的前提条件。

2. 犯罪嫌疑人麻某某没有"逃避侦查"

根据刑法的规定，犯罪嫌疑人或被告人"逃避侦查或者审判"是延长追诉时效的实质条件。何谓"逃避侦查或者审判"？对此，理论上有积极说和消极说之别。积极说以行为人积极逃避侦查或者审判为判断依据。根据积极说，"逃避侦查或者审判"在方式上"应限于积极的、明显的、致使侦查、审判工作无法进行的逃避行为，而不是指消极的不自首"。[1]如果行为人通过消极的不作为方式干扰侦查和审判，不能认定为"逃避侦查或者审判"。例如，"犯罪人犯罪之后，始终居住于原来居住的地方，或者正常外出打工、经商，没有隐姓埋名，也没有隐瞒新居住地的，不属于逃避侦查或者审判"。[2]消极说则主张，只要行为人明知司法机关要自己归案而消极不归案，就应认定为"逃避侦查或者审判"。"行为人犯罪之后，始终居住于原来的地方，或者正常外出打工、经商，没有隐姓埋名，也没有隐瞒新居住地的，但明知司法机关要自己归案仍消极不予到案，亦应属于逃避侦查或者审判。"[3]根据消极说，行为人是否消极不到案是判断有没有"逃避侦查或者审判"的关键，至于其保持镇静、不动声色地照常工作、学习以及生活等，不影响"逃避侦查或者审判"之认定。

积极说又有广义与狭义之别。广义的积极说认为，只要使侦查或者审判无法进行，便均属逃避。这意味着，只要犯罪嫌疑人或者被告人逃跑或者藏匿，致使侦查或者审判无法进行，就可认定为逃避侦查或者审判，至于逃跑或者藏匿的方式不受特别限制，包括采取销毁证据、收买证人、伪造身份证据等使侦查活动难以有效展开的积极行为。[4]狭义的积极说则立足于行为人

---

〔1〕 陈兴良主编：《刑法总论精释》（第3版·下），人民法院出版社2016年版，第938页。

〔2〕 曲新久主编：《刑法学》（第3版），中国政法大学出版社2009年版，第252页。

〔3〕 史卫忠等："核准追诉中的若干实务问题考察"，载《人民检察》2016年第10期。

〔4〕 参见黎宏：《刑法学总论》（第2版），法律出版社2016年版，第414页。

的场所变换等对"逃避"加以限缩，具体主张有所不同。逃匿说认为，"'逃避'指以逃匿方式躲避侦查、审判"。[1]潜逃说认为，"逃避侦查或者审判，主要是指行为人在犯罪被立案之后潜逃，致使司法机关不能传讯或者采取强制措施"。[2]指控说认为，"'逃避侦查或者审判'必须以获悉正式的指控为前提，如果行为人不知侦查机关立案侦查，或者即使知道而没有得到正式的告知，即使逃跑也不能符合这个规定"。[3]根据狭义的积极说，行为人只是实施毁灭罪证、串供等行为，并没有逃跑或者藏匿的，不宜认定为"逃避侦查或者审判"。[4]

笔者赞成积极说。理由主要在于：其一，"逃避侦查或者审判"本身就是具有积极作为特征的行为，其在语义上应与无任何逃避特征的正常工作、学习以及生活等消极行为相对应。其二，如果将行为人不归案作为"逃避侦查或者审判"的判断标准，则刑法将"逃避侦查或者审判"作为适用追诉时效延长的条件纯属画蛇添足，因为无此规定更有利于将行为人消极不归案囊括其中。其三，在行为人知道或者应当知道司法机关立案后，要求其自动归案不具有期待可能性，若以之作为追诉时效限制适用的依据，实属强人所难。积极说中，广义的积极说最贴合立法本意。刑法将"逃避侦查或者审判"作为延长追诉时效的条件，目的在于确保侦查、审判活动的顺利进行。只要行为人的逃避行为能使侦查或者审判活动无法进行，就应认定为"逃避侦查或者审判"。这显然不应限于行为人在物理空间上的逃跑或者藏匿，以及是否获悉正式指控等。因此，对"逃避侦查或者审判"不应进行刻意限定。即使行为人仍然在原居住场所生活，如果积极实施串供、毁灭罪证等行为，造成侦查或者审判活动无法进行，就应当认定为"逃避侦查或者审判"。

消极说表面上看似乎有道理，实质上却有转嫁注意力之嫌。行为人照常工作、学习以及生活，表面上看可能会给司法机关带来迷惑，使其转换侦查目标，从而对侦查和审判活动造成干扰。其实，这种情况若真对侦查或者审判造成干扰，也是由司法机关自身能力的限制和工作方法问题造成的，不能

---

〔1〕《刑法学》编写组：《刑法学》（上册·总论），高等教育出版社2018年版，第385页。

〔2〕曲新久主编：《刑法学》（第4版），中国政法大学出版社2012年版，第268页。

〔3〕张波："论追诉时效的溯及力"，载《北京航空航天大学学报（社会科学版）》2008年第2期。

〔4〕参见赵秉志主编：《当代刑法学》，中国政法大学出版社2009年版，第410页。

按逃避侦查、审判论处，不能追究行为人的刑事责任。[1]事实上，行为人积极逃避更容易引起司法机关注意，因为许多案件的侦查活动取得突破性进展，恰恰是因为行为人有异常举动。这或许是刑法将"逃避侦查或者审判"作为追诉时效延长条件的内在原因之一。从这一点来看，积极说更有利于实现刑法目的。

那么，"南医大奸杀案"的犯罪嫌疑人麻某某有没有"逃避侦查或者审判"呢？从麻某某被抓获后的相关报道来看，麻某某的住处离南京医学院案发地只有5公里，案发后他并没有被司法机关发现有犯罪嫌疑，也没有潜逃外地或者藏匿起来，而是照常工作、学习、生活，根本没有引起周围人的警惕与察觉。同时，案发时麻某某已经将被害人林某强奸杀害，抛尸窖井，案发现场可以说处置得较为干净，以至于公安机关经过多年侦查都未能发现麻某某是犯罪嫌疑人。此外，该案时间已经过去28年，公安机关要想查实麻某某立案侦查后逃避侦查并不容易。在这样的情况下，认定麻某某逃避侦查极其勉强。

综上所述，根据《刑法》第12条的规定，《刑法》第88条第1款对"南医大奸杀案"具有溯及力，对该案可以适用现行刑法规定的追诉时效延长制度。但是，由于犯罪嫌疑人麻某某在公安机关立案侦查后没有逃避侦查，故而不符合追诉时效延长的实质条件。因此，对"南医大奸杀案"不应延长追诉时效。

三、"南医大奸杀案"符合核准追诉条件

《刑法》第87条规定："法定最高刑为无期徒刑、死刑的，经过二十年。如果二十年以后认为必须追诉的，须报请最高人民检察院核准。"这便是核准追诉制度，它使得严重犯罪即使过了追诉期限也存在被追诉的可能。在"南医大奸杀案"中，麻某某罪行极其严重，其极有可能被判处无期徒刑或者死刑，即便不能适用追诉时效延长制度追究犯罪嫌疑人的刑事责任，也可以根据核准追诉制度追究犯罪嫌疑人的刑事责任。不过，这需要符合两个条件，即"必须追诉"和报请最高人民检察院核准。其中，"必须追诉"是核准追诉的关键。

---

[1] 参见周光权：《刑法总论》，中国人民大学出版社2007年版，第467页。

（一）"必须追诉"的学理分析

1. "必须追诉"的判断依据

如何理解"必须追诉"，学界存在分歧，大体可分为主观说和客观说。主观说从认识主体出发，主张司法机关的主观认识是决定"必须追诉"的核心要素。"必须追诉是指虽然已经完成追诉时效期限，但是司法机关认为该罪的恶劣影响依然存在，犯罪人的人身危险性依然较大，犯罪行为对社会正常秩序所造成的冲击与破坏依然未得到恢复等。"〔1〕客观说则立足于客观事实来判断"必须追诉"。"特别是对于法定最高刑为无期徒刑、死刑的犯罪，即使已经过了20年追诉期限，但如果从性质、情节、后果等方面综合考虑，认为仍有追诉必要的，还可以通过报请最高人民检察院核准继续对其追诉。"〔2〕通说主张客观说，只是并不限于犯罪事实本身，还包括行为人的再犯危险性以及犯罪造成的社会影响。"'认为必须追诉的'犯罪，应限于那些罪行特别严重，行为人的再犯可能性特别大，所造成的社会影响极大、经过20年以后仍没有被社会遗忘的一些重大犯罪。"〔3〕

主观说的主要理由，是刑法之"认为必须追诉"规定，其中"认为"显然是司法机关的主观认识。主观说所忽视的是，即使以司法机关的认识和评价为依据，但在具体判断时司法机关仍然离不开客观事实。如果只是强调司法人员的主观认识和评价，容易造成判断上的个别化和差异化，有所不妥。在客观说中，以犯罪事实作为判断依据是有缺憾的。核准追诉不同于罪刑裁断，它不但注重犯罪时的事实情况，也要考虑犯罪后的客观因素，特别是犯罪后的"人"的因素。"核准追诉的不是'事'，而是'犯罪事实'的'事'与'犯罪嫌疑人'的'人'的有机统一。"〔4〕犯罪后"人"的因素主要包括行为人的再犯危险性和社会大众的感受。如果犯罪后经过若干年行为人仍然具有再犯危险性，就会成为核准追诉的理由之一。"刑法上的消灭时效制度主要出于团结社会、制约国家刑罚权的考虑。在我国，该制度还有因为犯罪人

〔1〕 贾凌、于志刚："论追诉时效超期适用制度"，载《现代法学》2000年第6期。

〔2〕 郭洪平、徐日丹："打击犯罪保障人权，依法准确适用核准追诉制度"，载《检察日报》2015年7月10日。

〔3〕 高铭暄、马克昌主编：《刑法学》（第7版），北京大学出版社、高等教育出版社2016年版，第304~305页；张明楷：《刑法学》（第5版·上），法律出版社2016年版，第650页；黎宏：《刑法学总论》，法律出版社2016年版，第413页；等等。

〔4〕 王牧、张萍："核准追诉制度实务问题研究"，载《法学杂志》2018年第3期。

长期不犯罪，表明其不再有社会危害性，故不再需要追究其刑事责任的考虑。"[1]至于社会大众的感受，既是犯罪社会危害性的反映，也能揭示被犯罪破坏的社会关系的恢复程度，这是刑法设置追诉时效制度的重要目的之一。当然，即使立足于客观事实，也有赖于司法机关和司法人员的具体判断，因而不可避免地会介入人的主观认识和评价，故"必须追诉"是立足于客观事实的主观认识和评价。

通说不仅考虑了犯罪事实，还考虑了犯罪后"人"的因素，相对来说较为全面。据此，"必须追诉"的判断依据主要有三：一是犯罪事实，包括客观事实和主观事实；二是犯罪后行为人的再犯危险性；三是犯罪后所产生的社会影响。其中，犯罪事实存在于行为时，再犯危险性所要考评的是犯罪至核准追诉时的整个时间段行为人的人身危险性，犯罪后所产生的社会影响则主要指核准追诉时犯罪所具有的社会影响。

2. "必须追诉"的判断方法

报请核准追诉的是法定最高刑为无期徒刑、死刑的案件，这种案件都是罪刑极其严重的犯罪。但是，对于法定最高刑为无期徒刑、死刑的案件，并非都是必须追诉的，否则刑法规定"必须追诉"就纯属多余了。因此，在明确"必须追诉"判断依据的基础上，还需要进一步厘定具备怎样的犯罪事实、再犯危险性以及社会影响才是必须追诉的案件。这需要与不是必须追诉的案件对比，才能更好地厘定出"必须追诉"的案件范畴。因此，确定不属于"必须追诉"而不予核准案件的基本特征很有必要。

在司法实践中，报请核准追诉的案件通常属于暴力重刑犯罪，对其是否予以核准主要有两种不同意见：一是认为应以核准追诉为原则，不核准追诉为例外；二是认为应以不核准追诉为原则，核准追诉为例外。后一种观点为多数说，因为其充分考虑了刑事司法实践的局限，有利于维护刑事法律的权威和尊严以及社会秩序的稳定。[2]而且，如果以核准追诉为原则，将意味着只要报请核准原则上就核准。这将变相使得法定最高刑为无期徒刑、死刑的案件的追溯时效形同虚设，违背立法本意。如果以不核准追诉为原则，

---

[1] 徐国栋："论《惩治通奸的优流斯法》秉承的追诉时效制度及其近现代流变"，载《法学家》2013年第2期。

[2] 参见史卫忠等："核准追诉中的若干实务问题考察"，载《人民检察》2016年第10期。

那么对于报请核准的一般性暴力重刑案件，就应当原则上不核准追诉；以核准追诉为例外，表明只有较一般性暴力重刑案件更重的案件，才能例外地核准。

为了厘清不核准追诉与核准追诉案件的具体范畴，笔者将一般意义上的社会危害性、再犯危险性以及不良社会影响的因素称为中性评价因子，将减轻犯罪的社会危害性、再犯人身危险性以及不良社会影响的因素称为正向评价因子，将加重犯罪的社会危害性、再犯危险性以及不良社会影响的因素称为负向评价因子。据此，不属于"必须追诉"的案件包括三类：一是无正向评价因子与负向评价因子，只存在中性评价因子的一般暴力重刑犯罪；二是正向评价因子与负向评价因子之价值相当的犯罪；三是正向评价因子较负向评价因子价值加功更大的暴力重刑犯罪；四是只存在正向评价因子的暴力重刑犯罪。属于"必须追诉"的案件有两类：一是只存在负向评价因子的暴力重刑犯罪；二是负向评价因子较正向评价因子价值加功更大的暴力重刑犯罪。在具体评价时，需要综合不同评价因子加以价值判断。

一般来说，中性评价因子具体包括各种常规性、一般性犯罪情节，主要是指常规性、一般性的行为方式、行为结果、行为对象、犯罪时间、地点以及犯罪动机等。正向评价因子主要指较常规性、一般性犯罪情节要轻微的各种情节，如致一人死亡乃适用死刑的一般性情节，那么致人重伤就属于正向评价因子。负向评价因子主要指较常规性、一般性的犯罪情节要严重的各种情节，如致一人死亡乃适用死刑的一般性情节，那么一死一伤或者二人死亡等就属于负向评价因子。对于再犯人身危险性来说，中性评价因子主要是指普通犯罪人犯罪后的常规性、一般性表现，如隐姓埋名正常工作、生活和学习等。正向评价因子则为犯罪后悔过自新，积极、主动地做有益于国家、社会和他人的事情等。负向评价因子则指犯罪后不思悔改，继续从事有害于国家、社会和他人的违法犯罪行为。对于社会影响，中性评价因子主要指暴力重刑犯罪所具有的一般性社会影响，正向评价因子是指核准追诉时不良社会影响消失或者显著减少，负向评价因子是指核准追诉时不良社会影响更大。

值得注意的是，由于刑法将法定最高刑为无期徒刑和死刑的犯罪追诉时效均规定为20年，当报请核准的是法定最高刑为死刑的案件时，确定原则上不予核准的一般暴力重刑犯罪应当是可能判处死刑的犯罪，而非可能判处无期徒刑的犯罪。这是因为，我国刑法在规定死刑时，一般会将无期徒刑规定为死刑的前缀刑种，若将可能判处无期徒刑的犯罪作为原则上不予核准的一般重犯罪，那么可能判处死刑的犯罪就必然是较重的重罪，将不可避免地成为应予核准的"必须追诉"的犯罪，如此将导致可能判处死刑的犯罪成为必须核准追诉的案件，这是背离立法本意的。

（二）司法解释规定的判断依据

近年来，报请最高人民检察院核准追诉的案件明显增多。一方面，司法机关不断加大追逃和清理积案的力度起到显著效果；另一方面，科技发展与刑事侦查手段的革新，特别是 DNA 技术的广泛应用等，使得不少超过 20 年的陈年命案得以侦破。核准追诉案件增多，让如何理解与适用核准追诉条件、核准追诉程序等备受关注。为此，最高人民检察院于 2012 年 8 月 21 日发布《关于办理核准追诉案件若干问题的规定》（以下简称《核准追诉规定》），从程序上对核准追诉案件进行了规范。2012 年，最高人民检察院又颁布了《人民检察院刑事诉讼规则（试行）》，对核准追诉的条件和程序作了进一步规定。

根据《核准追诉规定》第 5 条第（三）项以及《人民检察院刑事诉讼规则（试行）》第 353 条第（三）项的规定，涉嫌犯罪的性质、情节和后果特别严重，虽然已过 20 年追诉期限，但社会危害性和影响依然存在，不追诉会严重影响社会稳定或者产生其他严重后果，而必须追诉的。不难看出，司法解释重点关注的是犯罪事实和社会影响，并未提及犯罪人的再犯危险性，令人遗憾。如果说犯罪人在犯罪后依旧违法犯罪，再犯危险性仍然存在，自不待言。但是，如果犯罪人在犯罪后痛改前非，不但没有实施违法犯罪，而且作了一些有益于社会的事，甚至成了道德楷模、励志榜样等。此时，若不考虑犯罪人的人身危险性良性转化，只是关注过去的犯罪事实及其产生的社会影响，显然有违刑法设置核准追诉制度的初衷。因此，在司法实践中，应当将犯罪人的人身危险性良性转化及其对社会作出的贡献等纳入"必须追诉"的评价体系之中。

（三）指导性案例中"必须追诉"的判断标准

2015 年 7 月 9 日，最高人民检察院发布第六批指导性案例，旨在以案例形式对各级检察机关办理核准追诉案件作出规范。不过，这并非意味着核准追诉案件的适用条件就具体、清晰了。一方面，指导性判例具有自身的局限性。"上级法院的判例也只是对成文刑法的一种解释（当然不同于现在的司法解释），其权威主要不在于判例本身，而来自于成文刑法；判例不是具有独立权威的法源，而是下级法院对于特定案件适用特定刑法条文的一个依据或基准。"[1]另一方面，指导性案例只是以典型案例的形式对核准追诉条件等进行指导，谈不上对核准追诉条件加以具体规范。但是，最高人民检察院发布指导性案例，对准确理解与适用刑法有关核准追诉案件的规定，是具有积极的指导作用和现实意义的。"它既有助于各级司法机关正确理解法律和司法解释关于核准追诉条件的有关规定，又能使其准确把握办理核准追诉案件的具体要求，提高办案效率。"[2]

最高人民检察院发布的第六批指导性案例共包括 4 个案例，其中 2 个属于核准的"必须追诉"的案件，2 个属于不核准的非"必须追诉"案件。通过对判例的评价因子进行分析，笔者发现核准追诉的案件正向评价因子少于负向评价因子，而不核准追诉的案件则正向评价因子多于负向评价因子。例如，在核准追诉的判例中，"马某龙抢劫案"无正向评价因子，负向评价因子有 6 个。在"丁某山等故意伤害案"中，正向评价因子为被害人过错，负向评价因子有 4 个。在不核准追诉的判例中，"杨某云故意杀人案"有正向评价因子 3 个，负向评价因子 1 个。"蔡某星、陈某辉等抢劫案"有 3 个正向评价因子，3 个负向评价因子。如上所述，对抢劫罪、故意伤害罪判处死刑的一般情形，原则上是不核准的，这就需要剔除其中可能判处死刑的影响因子。在"蔡某星、陈某辉等抢劫案"中，由于数额巨大、携带凶器和入户 3 个负向评价因子权重较轻，任何一个均难以使该案适用死刑，甚至 3 个负向评价因子的综合权重才能满足可能判处死刑之要求，也是有可能的。这意味着该案需要剔除 2 个到 3 个负向评价因子。在其他判例中，由于造成"一人死亡"是足以判处死刑的影响因子，故应予剔除。如此一来，"马某龙抢劫案、丁某山等故意伤害案"的负向评价因子便分别为 5 个、3 个，均大大多于正向评价因子。"杨某云故意杀人案"的负向评价因子为 0，"蔡某星、陈某辉等抢劫案"的负向评价因子可能为 0 到 1 个，均大大少于正向评价因子（参见表 1）。

---

[1] 张明楷："法治、罪刑法定与刑事判例法"，载《法学》2000 年第 6 期。
[2] 薛应军："最高检发布第六批指导性案例"，载《民主与法制时报》2015 年 7 月 11 日。

表1　指导性判例的正向评价因子与负向评价因子

评价指标 \ 判例		马世龙（抢劫）案	丁某山等（故意伤害）案	杨某云（故意杀人）案	蔡某星、陈某辉等（抢劫）案
核准结果		核准	核准	不核准	不核准
正向评价因子	1		被害人过错	家庭矛盾和纠纷	赔礼道歉、赔偿损失
	2			被害人家属原谅	被害方谅解
	3			没有再犯危险性	没有再犯罪危险性
负向评价因子	1	一人死亡	一人死亡	一人死亡	数额巨大
	2	携带管制刀具	手段极残忍（装麻袋棒打）		携带凶器
	3	入户	不计后果（吊房梁离去）		入户
	4	妻儿患病生活极困难	被害方家属强烈要求		
	5	严重影响安全感			
	6	被害方、群众强烈要求			

　　通过分析可知，指导性案例还是较好地实现了对"必须追诉"的公正、客观判断，这必将发挥良好的指导司法实践作用。但是，指导性案例也存在一些问题。例如，关于行为人的再犯危险性评价，不核准追诉的2个案例均有所提及，核准追诉的2个案件中无一提及，明显厚此薄彼，既不协调也不公正。对核准追诉的案例来说，则让人有避重就轻之感。因此，即使是核准追诉的案例，也应当有行为人再犯危险性的评价。[1]又如，在"丁某山等故

---

　　[1]　事实上，在"马某龙抢劫案"与"丁某山等故意伤害案"中，由于负向评价因子较多，即使行为人无再犯危险性甚至人身危险性良性转化，乃至于被正向评价，综合正向评价因子与负向评价因子加以价值判断，认为必须追诉也在情理之中。

意伤害案"中，将"未通过赔礼道歉、赔偿损失等获得被害方谅解"当成负向评价因子，作为"必须追诉"的理由之一，有所不妥。这是因为，赔礼道歉、赔偿损失等获得被害方谅解，属于积极消除社会影响的表现，应认定为正向评价因子。2起不核准追诉案例将之作为正向评价因子，就是例证。若无赔礼道歉、赔偿损失等而没有获得被害方谅解是行为人犯罪后的一般表现，则可能属于中性评价因子，不宜作为"必须追诉"的理由。

（四）"南医大奸杀案"属于"必须追诉"的案件

自 2020 年 2 月 23 日晚南京警方发布通报后，"南医大奸杀案"的一些细节逐渐浮出水平，报刊与网络上也出现不少对当时的案情以及行为人麻某某工作、生活状况的描述。从各方面反映的情况来看，麻某某在犯罪后装作若无其事，似乎没有受到实施犯罪的影响，属于一种正常生活、工作、学习的状态。下面，笔者将根据报刊与网络整理的相关情况，就"南医大奸杀案"的评价因子加以分析，并就其是否属于应予核准的"必须追诉"案件加以简要评述。

在"南医大奸杀案"中，可以确定的负向评价因子是被害人林某死亡，有强奸行为，在公共场所（大学校园）实施犯罪，毁尸灭迹（抛尸窨井）手段恶劣，社会影响巨大。若剔除造成林某死亡这一属于可能适用死刑并须报请核准追诉的情节，则负向评价因子仍有 4 个。至于正向评价因子，根据现有报道尚未发现，需要警方进一步查明。至于网络上所说的麻某某脾气好、待人客气，邻里之间关系也一直不错，大家对他的评价不错，等等，充其量也只是中性评价因子，并非正向评价因子。另外，鉴于行为人一直隐瞒犯罪事实至今，故其积极赔偿损失、赔礼道歉等消除影响的举措，基本上可以说不会存在（见表 2）。

表 2 "南医大奸杀案"的正向评价因子与负向评价因子

正向评价因子	负向评价因子				
1	1	2	3	4	5
无	一人死亡	公共场所（校园）	抛尸窨井	强奸	社会影响巨大

通过上述分析，对"南医大奸杀案"可以形成初步结论：这是一起社会危害性极大的恶性强奸杀人案件，行为人闯入校园将被害人强奸杀害，抛尸

灭迹，社会不良影响巨大。至于行为人的再犯可能性如何，有待警方查证后确定。一般来说，不外乎三种情形：一是麻某某悔过自新，主动、积极地做对国家、社会和他人有益的突出事情，其再犯危险性实现良性好转；二是麻某某可能实施了其他违法犯罪行为，再犯危险性仍然较大；三是麻某某既没有做对国家、社会和他人有益的突出事情，也没有实施其他违法犯罪行为，而是正常工作、生活和学习。不过，就算麻某某的再犯危险性良性转化，该案的正向评价因子也极为有限，远远少于负向评价因子。立足于该案的社会危害性、再犯危险性以及社会影响等，结合最高人民检察院发布的指导性判例所确定的核准追诉条件和依据，可以得出初步结论："南医大奸杀案"符合"必须追诉"的条件，最高人民检察院对该案予以核准追诉具有可行性。

四、对"南医大奸杀案"追诉时效之反思

通过上述对"南医大奸杀案"相关的追诉时效制度进行分析，我们可以发现我国刑法的相关规定总体上虽然有其合理性，但还是存在一些缺憾的，值得反思。未来，有必要对相关制度加以进一步改进或者完善。

（一）从旧兼从轻原则的修改与完善

如前所述，由于我国刑法将"处罚较轻"作为刑法是否溯及力的评价依据，而追诉时效从性质上讲并非一种"处罚"，故而有利于行为人的追诉时效规定不能适用从旧兼从轻原则。尽管这样的规定对诸如"南医大奸杀案"等案件而言，为延长追诉时效提供了可能性，从而为追究行为人的刑事责任提供了便利。但是，这样规定有可能使刑法溯及力的适用范畴大受影响，不利于实现刑法目的。

从不同国家或地区刑法规定的"从轻"内容来看，大致可以分为两种不同类型，即法定刑主义和有利于行为人主义。法定刑主义也称一元主义，即将从旧兼从轻原则中的"从轻"的内容限定为法定刑。例如，《瑞士刑法》就规定："在本法生效前所为之重罪或轻罪于本法生效后判处的，惟本法处刑较轻者，始可适用本法。"[1]如前所述，我国《刑法》第 12 条规定也是采取法定刑主义。有利于行为人主义亦称多元主义，即对从旧兼从轻原则中的"从轻"的内容不作限制，凡是有利于行为人的规定均可认定为"从轻"。如

---

〔1〕　徐久生译：《瑞士联邦刑法典》，中国法制出版社 1999 年版，第 1 页。

《意大利刑法典》第 2 条规定："如果行为实施时的法律与后来的法律不同，适用其规定对犯罪较为有利的法律，除非已经宣告了不可撤销的判决。"[1]西班牙等国刑法也采用多元主义。法定刑主义和有利于行为人主义各有利弊。由于法定刑是由刑法明文规定的，故采取法定刑主义较为直观、简明，易于操作，有利于防止司法的不协调与不一致。缺陷是从轻的范畴受限缩，不利于充分保障行为人权益。有利于行为人主义不限制从轻的范畴，有利于全面、充分地保障行为人权益。缺陷是导致"从轻"之适用具有一定的模糊性，有可能放纵司法自由裁量权。

笔者赞同对"从轻"不作为限制的有利于行为人主义。理由在于：首先，从现代刑事法治国的发展里程来看，侧重人权保障成了一种趋势。我国宪法、刑事程序法就有"尊重和保障人权"之规定，若采取有利于行为人主义，则能全面、充分地保障犯罪嫌疑人、被告人的人权，与宪法、刑事程序法的意旨契合，更具合理性。其次，如果将"从轻"限定为犯罪及其处罚之从轻，将极大地限缩从旧兼从轻原则的适用范畴。在刑法中，除追诉时效制度外，累犯、自首、立功等量刑情节以及缓刑、假释等刑罚执行制度实质上都不属于"处罚"。这意味着该类制度适用都将被排除在从旧兼从轻原则的射程之外，使得刑法溯及力的适用范围大受限缩，不利于实现刑法目的。最后，有利于行为人主义不局限于新法与旧法之法定刑轻重的衡量，而是将有利于被告人原则贯彻到刑罚裁量、执行、消灭等一切与被告人的刑事处遇有关的条款中，更符合刑事法治改革的发展潮流。[2]至于采取有利于行为人主义，虽然可能会纵容司法自由裁量权，但规制司法自由裁量权显然不宜通过限缩刑法适用范围来实现。一方面，司法自由裁量权滥用是个普遍问题，并不限于"从轻"的理解与适用。另一方面，从国外的经验来看，通过程序规则等制约司法自由裁量权，往往会收到很好的效果。因此，没有必要通过限缩刑法适用范围的方式来约束司法自由裁量权。

既然有利于行为人主义更具有合理性，那么如何使其在司法实践中得到贯彻呢？对此，学界有两种不同意见：一是认为，在现行法律文字存在瑕疵

---

〔1〕 黄风译注：《最新意大利刑法典》，中国政法大学出版社 2007 年版，第 6 页。

〔2〕 参见陈志军："中国刑法适用范围立法之完善研究"，载《中国人民公安大学学报（社会科学版）》2011 年第 1 期。

的情况下，可通过法律解释将"处刑较轻"从"法定刑较轻"扩大解释为包括其他有利于被告人的规定。[1]二是主张对《刑法》第12条的规定作出必要修正，即将其中的"如果本法不认为是犯罪或者处刑较轻的，适用本法"修改为"如果本法有利于被告人的，适用本法"。[2]笔者赞成第二种观点。在立法规定为法定刑主义的情况下，通过法律解释来将法定刑主义扩大解释为有利于行为人主义，显然有类推解释之嫌，会违背罪刑法定原则，故第一种观点并不可取。未来，我国对《刑法》第12条可作如下修改："第十二条 中华人民共和国成立以后本法施行以前的行为，如果当时的法律不认为是犯罪的，适用当时的法律；如果当时的法律认为是犯罪的，依照本法总则第四章第八节的规定应当追诉的，按照当时的法律追究刑事责任，但是如果本法不认为是犯罪或者有利于行为人的，适用本法。"

（二）核准追诉制度的缺憾及完善

1. 核准追诉的实体法规定与程序法规定之不协调

追诉时效是限制刑罚权发动的一项特殊制度，它意味着超过一定期限就不能再对犯罪人追究刑事责任。而核准追诉制度则可谓是我国的一项创举，它属于追诉时效的例外。其实践意义在于，对于某些重大犯罪，即使超过追诉时效期限，国家仍保持对其发动刑罚权的可能性。为了不至于架空追诉时效，核准追诉需要满足一定的条件。应当说，这项制度的理论价值与实践意义是值得肯定的。但是，由于该制度具有独特性，因而不可避免地给实体法与程序法带来了一系列的挑战。

众所周知，在追诉时效期限内，对犯罪需要追究刑事责任，并作出相应的处罚。然而，作为刑罚消灭事由，追诉时效期满就表明刑罚消灭，不能再对犯罪人追究刑事责任。关于这一点，《刑事诉讼法》第16条也规定得非常明确，即犯罪已过追诉时效期限的，不追究刑事责任，已经追究的，应当撤销案件，或者不起诉，或者终止审理，或者宣告无罪。问题在于，刑法却规定已过追诉时效的行为，符合核准追诉条件的仍旧可以追诉。这意味着，如果最高人民检察院核准追诉，就要再次发动刑罚权。如此一来，在司法机关

---

〔1〕 参见刘仁文："关于刑法溯及力的两个问题"，载《现代法学》2007年第4期。

〔2〕 参见陈志军："中国刑法适用范围立法之完善研究"，载《中国人民公安大学学报（社会科学版）》2011年第1期。

启动立案侦查或者人民法院受理案件后，最高人民检察院核准之前，被报请核准追诉的行为既不同于正当行为，亦不同于犯罪，究竟在刑法上如何定位，无疑是个问题。

与此同时，就我国《刑事诉讼法》而言，其所规定的诉讼程序显然是针对普通刑事犯罪的，并未将极具特殊性的核准追诉行为考虑在内，因而没有对核准追诉程序作出相匹配的规定也就在情理之中了。例如，《刑事诉讼法》第16条只是针对已满追诉时效的情形作出程序性规定，但对追诉时效期限之例外的核准追诉程序却只字未提。实体法有规定而程序法无匹配规定，难免会导致程序法与实体法不协调。"《刑事诉讼法》第15条的规定就与《刑法》第87条的规定不完全协调统一。因为该条规定未能将经最高人民检察院核准追诉的情形排除在外。"[1]针对上述情况，需要思考的是：如何看待我国法律对核准追诉制度的规定呢？未来应当如何加以改进和完善？

从世界各国的立法状况来看，对于超过追诉时效期限作出保留追诉规定的并不多见。除我国外，俄罗斯刑法也作出了类似规定，但与我国刑法的规定有很大不同。《俄罗斯刑法》第78条规定："对实施应处以死刑或终生剥夺自由的犯罪的人，适用时效期的问题由法院决定。如果法院不认为可以因时效期届满而免除该人的刑事责任，则不再适用死刑或终身剥夺自由。"[2]该规定将超期追诉决定权赋予法院，即由司法决定是否继续追诉，可以说较好地解决了超期追诉案件的性质、定位及程序问题。因为，将待定事实交由法院认定，等于让司法裁定行为的性质和属性，这在各国司法实践中还是很常见的。例如，在英美法系国家，一些侵权行为往往由检察官确定性质，若作为刑事案件起诉就是犯罪，若作为民事案件起诉就是侵权行为。司法裁定的好处是既能解决行为在实体法上的定位，又无须程序法作特别规定，只要根据普通程序追诉便可以，因而不存在实体法和程序法的协调问题。

我国刑法规定的核准追诉行为则不然。它要求犯罪已过追诉时效，在刑罚消灭的前提下，报请核准追诉。在最高人民检察院核准追诉之前，根据《刑事诉讼法》的规定是不应当追究刑事责任的，即行为在性质上不是犯罪行为。一方面不能追究刑事责任，另一方面又要报请核准追诉，只能说这是刑

---

[1]　申君贵："论我国《刑事诉讼法》与《刑法》的失衡及其解决"，载《法学》1998年第8期。
[2]　黄道秀译：《俄罗斯联邦刑法典》，中国法制出版社1996年版，第37页。

法规定的既非犯罪行为又不属于非犯罪行为的特殊行为。基于可能追诉之需要，在最高人民检察院核准之前，需要对报请核准追诉的行为立案侦查或者采取强制措施，这显然需要在刑事诉讼法上有相匹配的特殊程序。遗憾的是，我国《刑事诉讼法》并无相应规定。虽然，《核准追诉规定》和《人民检察院刑事诉讼规则（试行）》对核准追诉有规定，但它们毕竟属于司法解释，以司法解释替代立法规定总让人感觉不那么名正言顺。

2. 核准追诉的内容和启动报请核准的时间

核准追诉的关键是司法机关"认为必须追诉"，其核心在于"追诉"的必要性，这是能否核准的决定性因素。因此，如何理解"追诉"的含义就非常重要，这关系到需要核准的内容以及启动报请核准的时间。

对于何谓"追诉"，理论界与实务界存在不同意见。一种意见认为，追诉是指起诉，核准追诉是指核准起诉，不包括核准立案。主要理由在于："一是从文义理解角度看，核准追诉即核准起诉，核准追诉不是核准'立案'，立案与追诉是完全不同的两个法律概念。二是根据《人民检察院刑事诉讼规则（试行）》第 352 条之规定，'未经最高人民检察院核准，不得对案件提起公诉'，可以认为追诉时效的停止点为提起公诉，只要案件至提起公诉时尚未经过追诉期限，就可以提起公诉。否则，应当报请最高人民检察院核准。且未经最高人民检察院核准，不得提起公诉。"[1]另一种意见认为，追诉应当包含立案在内。主要理由有二：其一，核准追诉的不是诉讼中的一个"点"，而是一个"区间"，这个"区间"原则上指从立案至侦查终结前，在特殊情况下可延至起诉前。其二，在符合报请核准追诉的事实、证据标准的前提下，报请核准应当越早越好，因为追诉活动特别是追诉中的强制措施必然会对犯罪嫌疑人的权益造成损害，也会给诉讼资源造成消耗，报请核准越早，损害犯罪嫌疑人权益和消耗诉讼资源就越少；报请核准越迟，损害犯罪嫌疑人权益和消耗诉讼资源就越多。[2]

笔者赞成第二种观点。一方面，即使从文义上也不能将"追诉"理解成起诉。"追诉"本身应当包含追查和起诉的含义，追查当然包含立案侦查。另一方面，根据《人民检察院刑事诉讼规则（试行）》的规定来推断"追诉"

---

〔1〕 王牧、张萍："核准追诉制度实务问题研究"，载《法学杂志》2018 年第 3 期。

〔2〕 参见朱孝清："'核准追诉'若干问题之我见"，载《人民检察》2011 年第 12 期。

是指起诉，值得商榷。该规定也只是明确未经最高人民检察院核准，不得对案件提起公诉，其强调的是最高人民检察院核准对于提起公诉的意义，旨在阻却非经核准的案件进入审判程序。至于未经最高人民检察院核准，是否可以对案件肆意进行立案侦查，并未明确。即使按照《人民检察院刑事诉讼规则（试行）》的规定，能够推断未经最高人民检察院核准可以立案侦查，也是没有法律效力的。这是因为，根据《立法法》第8条的规定，对于犯罪与刑罚必须制定法律。这意味着，非经法律规定或者授权，不得对公民作出犯罪认定与刑罚处罚。可见，如果要对行为人立法侦查，不能根据司法解释进行推定，同样必须根据刑法规定报经最高人民检察院核准。

可能有人会提出，《人民检察院刑事诉讼规则（试行）》第352条规定，"须报请最高人民检察院核准追诉的案件，公安机关在核准之前可以依法对犯罪嫌疑人采取强制措施"。这表明对犯罪嫌疑人采取强制措施不必报请最高人民检察院核准。笔者认为，这种理解是片面的。公安机关在发现犯罪事实或者犯罪嫌疑人后，采取一定的措施应对是其应有职责。特别是对于需要报请核准追诉的重大恶性案件的犯罪嫌疑人来说，有时采取临时性强制措施是必要的。但是，公安机关基于办案需要先采取一定措施，并不等于所采取的临时性措施不受相关程序制约。例如，《刑事诉讼法》第138条规定："进行搜查，必须向被搜查人出示搜查证。在执行逮捕、拘留的时候，遇有紧急情况，不另用搜查证也可以进行搜查。"该规定并不意味着搜查无须搜查证，而是明确在紧急情况下进行搜查可以不另用搜查证。换句话说，不另用搜查证是在迫不得已的情况下实施的一种应急措施，它恰恰强调了搜查是需要搜查证的。另外，我们从司法解释规定"可以"依法对犯罪嫌疑人采取强制措施也可以看出端倪。"可以"蕴含着在未核准之前，根据特定需要能选择采取强制措施，而非无原则地放任不管。这也从另一方面说明，立案侦查是需要报请核准的。因此，不能以前述规定为由，否认核准追诉包括核准立案侦查。

既然核准追诉的内容包括核准立案侦查，那么报请核准追诉的时间就不应限于侦查终结后或者公安机关将案卷材料移送检察机关后的特定节点，而应该是某个时间段。在通常情况下，正如第二种观点所指出的，应该是从立案至提起公诉前，均可提起核准追诉。具体地说，追诉时效届满前未经立案的，从一经发现犯罪嫌疑人至提起公诉前，均可报请核准追诉。对于像"南医大奸杀案"这样在追诉时效届满前已经立案的，则在第一个侦查行为开始时就可报请核准追诉。"也有的案件，在追诉期限未超过前就已立案，根据1979年《刑法》，由于当时未采取强制措施，导致诉讼期限超过。对这种案件，核准追诉的则是在追诉期限超过后所进行的第一个侦查行为至侦查终结前或审查起诉前的追诉活动区间。"[1]

除了核准追诉内容和时间节点外，司法解释的某些规定，如关于报请核准的主体以及提起核准追诉的证据标准等，也需要进一步斟酌、规范。例如，对于报请主体，司法解释规定由公安机关报请同级检察机关审核同意后，再层报最高人民检察院核准。不过，有学者以防止擅自开始行使诉讼活动和侵犯已经完成追诉时效期限的犯罪人的合法权益为由，认为由直接侦查的公安机关报请公安部转请最高人民检察院核准较为可取。[2]这种观点并非没有道理。因为，公安机关在按照司法解释规定的要求向同级人民检察院报请核准时，可能早已对犯罪嫌疑人采取强制措施，而同级检察机关向最高人民检察院报请核准又需一定时间，这使得在未经最高人民检察院核准进入正式的刑事程序的情况下，犯罪嫌疑人已经被羁押了很长时间，这是不利于保障人权的。特别是最高人民检察院不核准的案件，由于当事人不受刑事追诉，羁押时间越长对当事人越不公平。

综上所述，刑法只是规定了核准追诉制度，并未明确核准追诉行为的性质，再加上程序法对核准追诉缺乏相应的程序规定，留下遗憾在所难免。核准追诉制度作为我国独具特色的追诉时效制度，需要在法律上明确其性质并规定相应的核准程序，使程序法与实体法之规定相衔接。尽管《核准追诉规定》和《人民检察院刑事诉讼规则（试行）》有规定，但其毕竟属于司法解释，不能代替立法。笔者认为，鉴于追诉时效制度的特殊性，完善核准追诉制度在所必然。具体方式有两种：一是在程序法中制定专门的核准追诉程序。一方面，在程序法中作出专门规定，有利于明确报请追诉行为的性质。无论是英美法系国家还是德日等大陆法系国家，均有将行为性质置于程序法中解决的规定。另一方面，在程序法中作出专门规定，可以较好地解决核准追诉程序问题，实现程序法与实体法的有效对接。二是由立法机关制定、颁布有关核准追诉程序的专门立法解释，明确核准追诉行为的性质及核准追诉程序。

---

〔1〕　朱孝清："'核准追诉'若干问题之我见"，载《人民检察》2011年第12期。
〔2〕　参见于志刚：《追诉时效制度研究》，中国方正出版社1999年版，第299~300页。

从我国的现时状况来看，由立法机关就核准追诉制度及其程序作出解释是相对可行的方案。总之，刑法只规定核准追诉及其条件是远远不够的，制定符合我国国情的核准追诉法律制度体系是有必要的。"核准追诉制度关乎公民基本权利和法治国家建设……应以现代法治精神为指导，适当借鉴法治先进国家和地区的法律制度及其司法实践，系统谋划、科学建构，形成符合我国国情的核准追诉的法律制度体系。"[1]

---

〔1〕 王牧、张萍："核准追诉制度实务问题研究"，载《法学杂志》2018年第3期。